Christine Schmid

Politisches Interesse von Jugendlichen

SOZIALWISSENSCHAFT

Christine Schmid

Politisches Interesse von Jugendlichen

Eine Längsschnittuntersuchung zum Einfluss von Eltern, Gleichaltrigen, Massenmedien und Schulunterricht

Mit einem Geleitwort von Prof. Dr. Hans Oswald

Deutscher Universitäts-Verlag

Bibliografische Information Der Deutschen Bibliothek
Die Deutsche Bibliothek verzeichnet diese Publikation in der Deutschen Nationalbibliografie;
detaillierte bibliografische Daten sind im Internet über <http://dnb.ddb.de> abrufbar.

Dissertation Universität Potsdam, 2003

1. Auflage August 2004

Alle Rechte vorbehalten
© Deutscher Universitäts-Verlag/GWV Fachverlage GmbH, Wiesbaden 2004

Lektorat: Ute Wrasmann / Anita Wilke

Der Deutsche Universitäts-Verlag ist ein Unternehmen von Springer Science+Business Media.
www.duv.de

Das Werk einschließlich aller seiner Teile ist urheberrechtlich geschützt. Jede Verwertung außerhalb der engen Grenzen des Urheberrechtsgesetzes ist ohne Zustimmung des Verlags unzulässig und strafbar. Das gilt insbesondere für Vervielfältigungen, Übersetzungen, Mikroverfilmungen und die Einspeicherung und Verarbeitung in elektronischen Systemen.

Die Wiedergabe von Gebrauchsnamen, Handelsnamen, Warenbezeichnungen usw. in diesem Werk berechtigt auch ohne besondere Kennzeichnung nicht zu der Annahme, dass solche Namen im Sinne der Warenzeichen- und Markenschutz-Gesetzgebung als frei zu betrachten wären und daher von jedermann benutzt werden dürften.

Umschlaggestaltung: Regine Zimmer, Dipl.-Designerin, Frankfurt/Main
Druck und Buchbinder: Rosch-Buch, Scheßlitz
Gedruckt auf säurefreiem und chlorfrei gebleichtem Papier
Printed in Germany

ISBN 3-8244-4574-3

Geleitwort

Es mag Leserinnen und Leser erstaunen, aber das hier vorgelegte Buch ist die erste umfassende Monographie zum politischen Interesse von Jugendlichen. Zum ersten Mal liegt eine ausschließlich diesem Thema gewidmete Auseinandersetzung mit dem grundlegenden Problem der politischen Sozialisationsforschung vor, woran es liegt, dass Jugendliche Interesse an Politik und damit eine motivationale Grundlage für politische Beteiligung entwickeln. Wir verfügen zwar über lange Zeitreihen zum politischen Interesse und einige Korrelate aus dem Bereich der Sozialdaten, aus denen sich die mehr oder weniger pessimistischen und publizistisch weit verbreiteten Ansichten und Prognosen über das Desinteresse und die Politikverdrossenheit der Jugendlichen speisen. Wie alle Kritik an der heutigen Jugend verkauft sich das gut, „Jugend ohne Politik" ist das Schreckgespenst für die demokratische Zukunft. Aber es fehlen gründliche Analysen, die herausarbeiten, weshalb sich dennoch bereits in jungen Jahren und lange bevor die jungen Menschen wählen dürfen, die Bereitschaft entwickelt, sich an politischen Wahlen zu beteiligen und sich in vielfältiger Weise politisch zu engagieren. Bei der Beantwortung solcher Fragen kann das vorliegende Buch viel helfen, bestehende Schnell- und Vorurteile zu korrigieren. „Politisches Interesse" scheint mir eines der Schlüsselkonzepte zu sein, an dessen Aufklärung wir arbeiten müssen, um die verschiedenen Verläufe politischer Sozialisation besser verstehen und unsere Wertungen und Prognosen auf eine breitere empirische Grundlage stellen zu können.

Ich habe deshalb mit großer Freude die Aufgabe übernommen, das Geleitwort zu dem vorliegenden Buch von Christine Schmid zu schreiben. Sie hat als wissenschaftliche Mitarbeiterin in einer aufwändigen Längsschnittstudie zur politischen Sozialisation in den neuen Bundesländern viel dazu beigetragen, dass diese Untersuchung ein Erfolg wurde. Über viele Jahre hinweg hat die Deutsche Forschungsgemeinschaft das Projekt gefördert, in dem Jugendliche ab der 10. Klasse über mehrere Jahre hinweg mehrfach befragt wurden, bis sie wahlberechtigt wurden und bei einer Bundestagswahl eine Partei wählten oder abstinent blieben. Christine Schmid hat in einem bereits veröffentlichten Buch über die Erstwähler das wichtige Kapitel über den Einfluss von Eltern und Gleichaltrigen auf das Wahlverhalten geschrieben (in Kuhn, Weiss & Oswald, 2001, Kapitel 6). Für ihre Dissertation hat sie sich anschließend das Thema des vorliegenden Buches „Politisches Interesse" ausgewählt und dabei die Kontexte der Eltern und Gleichaltrigen als Bedingungsgefüge aus ihrem Erstwählerkapitel um die Kontexte der Massenmedien und der Schule erweitert, um so ein umfassenderes Bild liefern zu können.

In den oben erwähnten Zeitreihen, beispielsweise in den Shell-Studien, wird politisches Interesse durch einen Single-Item-Indikator erfasst, der auf der Frage, ob sich die interviewte Person für Politik interessiere, beruht, wobei die Antworten meist als vierstufige Skala vorgegeben wurden. Obgleich diese Vorgehensweise kritisiert werden kann, hat sich Christine Schmid bewusst in diese Tradition eingeordnet, um die Ergebnisse vergleichbar zu machen und um zu erreichen, dass ihre Ergebnisse auch eine Interpretationsfolie für die bereits vorliegenden Untersuchungen bilden können. Eines der stabilen Ergebnisse vorliegender Untersuchungen mit dem Single-Item-Indikator besteht darin, dass weibliche Jugendliche weniger an Politik interessiert sind als männliche. In der vorliegenden Untersuchung wird dieser Befund repliziert. Die Verwendung derselben Befragungsmethode erlaubt nun aber die Beantwortung der weiterführenden Frage, ob sich Interesse stimulierende oder verhindernde Kontexte für die beiden Geschlechter unterschiedlich auswirken. Bei einer Veränderung der Befragungsmethode hätte man nicht entscheiden können, ob die zwischen den Geschlechtern differenzierenden Ergebnisse auch als Interpretation für ältere Untersuchungen dienen können oder ob diese Ergebnisse der veränderten Frageform geschuldet wären.

Im Nachweis geschlechtsspezifischer Kontextwirkungen auf das in der üblichen Weise gemessene politische Interesse von Jugendlichen und im Nachweis der individuellen Entwicklung über die Zeit im Alter zwischen etwa 16 und 19 Jahren ist der große Fortschritt der vorliegenden Untersuchung zu sehen. Dabei sind besonders zwei methodische Zugriffe bemerkenswert. Zunächst werden querschnittlich Moderatoreffekte geprüft, mit denen nachgewiesen wird, dass weibliche Jugendliche bezüglich ihres politischen Interesses deshalb mehr von Beziehungen profitieren als männliche, weil ihnen diese Beziehungen wichtiger sind. Der größte Vorzug der Arbeit liegt dann aber darin, dass die längsschnittliche Untersuchungsanlage dafür genutzt wird, durch die Anwendung von Kreuzpfadmodellen Kausalannahmen zu prüfen. Auch für diese Analysen war es sinnvoll, bei dem Single-Item-Indikator zu bleiben, um die Komplexität der Modelle überschaubar zu halten. Die Autorin beherrscht diese komplizierte Methodologie hervorragend und ich darf ankündigen, dass wir, diese Kenntnisse nutzend, demnächst ein gemeinsames Buch vorlegen können, das die Entwicklung der politischen Identität als Konglomerat von politischen Verhaltensweisen, Beteiligungsbereitschaften und politischen Einstellungen zum Gegenstand haben wird. Dabei werden wir auf der Fragestellung des vorliegenden Buches aufbauen und die hier entwickelten und erprobten Methoden der Datenanalyse verwenden.

Eine der Prämissen, die unserer Zusammenarbeit zu Grunde liegt, besteht in der Einsicht, dass unter den Entwicklungsaufgaben der hier untersuchten Altersgruppe die

Ausbildung einer politischen Identität *nicht* erste Priorität besitzt (Oswald, 2004). Wichtiger sind beispielsweise die Anforderungen, die die Umgestaltung der Eltern-Kind-Beziehung in Richtung auf größere Selbständigkeit bei gleichzeitigem Beibehalten emotionaler Verbundenheit stellen. Im Vordergrund steht auch die Aufgabe, Liebe und Sexualität in das Verhaltens- und Einstellungsrepertoire zu integrieren. Und die größten Anforderungen stellen Schule und Ausbildung in Hinblick auf den zukünftigen Lebensweg. Verglichen mit den Problemen in diesen Bereichen besteht im Handlungsfeld Politik kein unmittelbarer Handlungsdruck. Insofern ist es weder verwunderlich noch problematisch, dass Politik in der Prioritätenliste der meisten Jugendlichen weit unten rangiert. Eher ist erstaunlich, wie früh viele Jugendliche Interesse und Engagement entwickeln, und es ist das Verdienst der vorliegenden Arbeit, viel zur Aufklärung der Bedingungen beigetragen zu haben, die die Entwicklung von politischem Interesse und Engagement begünstigen und behindern.

Moderne empirische Sozialforschung ist Teamforschung. Je komplexer die Fragestellung einer Untersuchung ist und je komplizierter die sozialen Verhältnisse und Prozesse sind, die es aufzuklären gilt, desto wichtiger ist es, dass sich die produktive Phantasie der Teammitglieder frei entfalten kann, ohne von hierarchischen Restriktionen behindert zu werden. Gleichermaßen wichtig ist der produktive Austausch, die wechselseitige Korrektur und die Kompensation von Schwächen, die nicht durch Konkurrenzangst unterbunden werden dürfen. Christine Schmid und Hans-Peter Kuhn ermöglichten dies durch ihre intensive und vertrauensvolle Zusammenarbeit und Verlässlichkeit sowie durch ihre andauernden wissenschaftlichen Diskussionen in vorbildlicher Weise und trugen so entscheidend zum Erfolg der Brandenburger Gymnasiastenuntersuchung bei. Sie waren dabei zugleich der produktive Nukleus für weitere kooperierende Arbeitsgruppen:

– Meine Kollegin Prof. Dr. Karin Weiss organisierte an der Fachhochschule Potsdam eine Paralleluntersuchung an Real- und Gesamtschulen, sodass es uns möglich ist, Gymnasiasten und Jugendliche in Berufsausbildung und Arbeitsverhältnissen zu vergleichen (vgl. beispielsweise Kuhn, Weiss & Oswald, 2001).

– Dr. Hilke Rebenstorf organisierte die Erweiterung unseres Studienverbundes nach Israel und in die palästinensischen Autonomiegebiete zunächst an der Universität Potsdam, dann von der Universität Hildesheim aus. Sie koordinierte die Arbeitsgruppe von Professor Fishman, PhD, und Professor Eisikovic, PhD, an der Universität von Haifa sowie das Team von Professor Sabellah, PhD, an der Universität Bethlehem und ermöglichte damit Paralleluntersuchungen, die wichtige interkulturelle Vergleiche erlauben (Rebenstorf, 2004).

Alle dabei entstandenen und entstehenden Arbeiten profitierten von der Expertise, die in dem genannten Nukleus an der Universität Potsdam über viele Jahre der Datensammlung und Datenanalyse hinweg erbracht wurde. Diesem Nukleus, bestehend aus Christine Schmid und Hans-Peter Kuhn, beratend und lernend zur Seite stehen zu können, war für mich ein großer Gewinn und bildete während der letzten Jahre eine beglückende Erfahrung. Hierfür danke ich an dieser Stelle besonders der Autorin des vorliegenden Buches, das ich als Dissertation zu betreuen wenig Mühe hatte, und dem ich hiermit den gebührenden Erfolg für die künftige wissenschaftliche Diskussion wünsche.

Hans Oswald

Vorwort

An dieser Stelle möchte ich allen danken, die während des Abfassens der Dissertation viel Geduld aufbringen mussten und mich immer wieder durch aufmunternden Zuspruch unterstützt haben. Das betrifft vor allem meine Eltern und Geschwister, aber auch viele meiner Freunde.

Besonderer Dank gebührt den Mitarbeitern des Lehrstuhls Allgemeine Pädagogik, Erziehungs- und Sozialisationstheorie am Institut für Pädagogik der Universität Potsdam Pia Engel (ehem. Offenberger), Brita Schmidt, Angelika Traub, Beate Schuster, Harald Uhlendorff, Hilke Rebenstorf und Hans-Peter Kuhn. Während der Jahre, in denen unser Arbeitszusammenhang bestand, hatten sie immer ein offenes Ohr sowohl für fachliche, aber auch für über Fachliches hinausgehende Fragen und Probleme.

Besonders danken möchte ich außerdem dem Inhaber des genannten Lehrstuhls, der gleichzeitig Leiter des Forschungsprojekts und Betreuer der Arbeit war, Prof. Dr. Hans Oswald. Er hat von Anfang an großes Vertrauen in das Gelingen der Dissertation gesetzt und mir immer wieder den für das Schreiben notwendigen Freiraum zugestanden.

Christine Schmid

Inhaltsverzeichnis

Abbildungsverzeichnis XV
Tabellenverzeichnis XVII
1   Einleitung 1
2   Politische Sozialisation 3
    2.1   Begriff und Theorien 3
    2.2   Der politisch mündige Bürger als Ziel politischer Sozialisation 5
    2.3   Kognitive Voraussetzungen politischen Denkens 6
    2.4   Politische Identitätsentwicklung im Jugendalter 8
        2.4.1   Drei Dimensionen der politischen Identitätsentwicklung 8
        2.4.2   Das Konzept politischer Identitätszustände 10
3   Politisches Interesse 13
    3.1   Interesse als psychologisch-pädagogisches Konzept 13
    3.2   Politisches Interesse und seine Entwicklungsbedingungen 14
    3.3   Stellenwert des politischen Interesse für die politische
          Identitätsentwicklung 15
        3.3.1   Politisches Interesse und politisches Wissen 15
        3.3.2   Politisches Interesse und politische Beteiligungsbereitschaft 16
        3.3.3   Politisches Interesse und politische Orientierungen 17
        3.3.4   Politisches Interesse und politische Identitätsentwicklung 19
    3.4   Die Entwicklung von politischem Interesse 20
        3.4.1   Der langfristige Trend 20
        3.4.2   Periodeneffekte 21
        3.4.3   Politisches Interesse und Alter 22
    3.5   Annahmen zur Entwicklung des politischen Interesses 22
4   Kontexte der politischen Sozialisation 25
    4.1   Das Elternhaus 25
        4.1.1   Eltern zwischen Allmacht und Ohnmacht 25
        4.1.2   Einflussfaktoren des Elternhauses 28
        4.1.3   Manifeste und latente politische Sozialisation 30
        4.1.4   Die Gespräche über Politik im Elternhaus 31
    4.2   Die Gleichaltrigenwelt 32
        4.2.1   Die besondere Struktur der Gleichaltrigenbeziehung 32
        4.2.2   Die soziale und emotionale Bedeutung von Gleichaltrigen im
              Vergleich zu den Eltern 33

- 4.2.3 Der sozialisatorische Einfluss von Gleichaltrigen im Vergleich zu den Eltern 34
- 4.2.4 Einflussfaktoren der Gleichaltrigenbeziehung 35
- 4.2.5 Die Gespräche über Politik mit Gleichaltrigen 37
- 4.3 Die Schule 37
  - 4.3.1 Das Schulfach Politische Bildung 37
  - 4.3.2 Verschiedene schulische Wirkungsfaktoren 39
  - 4.3.3 Manifeste und latente schulische Sozialisation 40
  - 4.3.4 Der Erfolg schulischer politischer Bildung 41
  - 4.3.5 Politische Sozialisation und besuchter Schultyp 42
    - Exkurs: Unterschiede nach Schulbildung in deutschen Jugendstudien 44
  - 4.3.6 Schule im Zusammenhang mit anderen Sozialisationsinstanzen 48
- 4.4 Massenmedien 49
  - 4.4.1 Vom Persuasionsansatz zu handlungstheoretischen Ansätzen 49
  - 4.4.2 Der Nutzen- und Belohnungsansatz 50
  - 4.4.3 Die Verstärker-Doktrin 51
  - 4.4.4 Die Wirkung unpolitischer Inhalte 52
  - 4.4.5 Soziale Beziehungen und Medienwirkung 54
  - 4.4.6 Entwicklung der Mediennutzung 55
- 4.5 Zusammenfassende Bewertung und Annahmen für die vorliegende Untersuchung 56

5 Politische Sozialisation und Geschlecht 59
- 5.1 Geschlechtsunterschiede in politischen Orientierungen und Verhaltensbereitschaften 59
- 5.2 Grenzen der Erklärungskraft von Bildung und Lebenslage 62
- 5.3 Geschlecht als Strukturkategorie 63
- 5.4 Das Geschlechterverhältnis in der politischen Sozialisation 65
- 5.5 Annahmen für die vorliegende Untersuchung 70

6 Kontexte der politischen Sozialisation im Vergleich 73
- 6.1 Die Häufigkeit der Exploration in verschiedenen Kontexten 73
- 6.2 Der Einfluss verschiedener Kontexte aus subjektiver Sicht 75
- 6.3 Der Einfluss verschiedener Kontexte in statistischen Analysen 76
- 6.4 Fragestellung und Hypothesen 78

7 Methode 85
- 7.1 Untersuchungsanlage und Datensatz 85

	7.2	Die Messung des politischen Interesses 87
	7.3	Die Messung der Wichtigkeit von Bezugspersonen 89
	7.4	Die Messung der Exploration in den verschiedenen Kontexten 90
		7.4.1 Exploration im Kontext des Elternhauses 90
		7.4.2 Exploration im Kontext von Gleichaltrigen 91
		7.4.3 Exploration im Kontext der Schule und der Massenmedien 92
		7.4.4 Skalenbildung 93
	7.5	Umgang mit fehlenden Werten 93
	7.6	Vorgehensweise 94
8	**Ergebnisse** **101**
	8.1	Die Entwicklung des politischen Interesses der Jugendlichen 101
	8.2	Die Bedeutung von Eltern und Gleichaltrigen als Bezugspersonen im Entwicklungsverlauf 105
	8.3	Die Häufigkeit der Exploration in den verschiedenen Kontexten im Entwicklungsverlauf 114
	8.4	Der Einfluss der Wichtigkeit von Bezugspersonen auf die Häufigkeit der Kommunikation über Politik 128
	8.5	Der Einfluss der Exploration in den verschiedenen Kontexten auf das politische Interesse 131
	8.6	Die Wichtigkeit von Bezugspersonen als moderierender Faktor 141
	8.7	Die Entwicklung des politischen Interesses als rekursiver Prozess 143
9	**Zusammenfassung und Diskussion der Ergebnisse** **157**
	9.1	Die Häufigkeit der Exploration in den verschiedenen Kontexten 159
	9.2	Der Einfluss der Exploration in den verschiedenen Kontexten auf das politische Interesse 162
	9.3	Die Rolle der emotionalen Qualität von sozialen Beziehungen 165
	9.4	Kausalanalysen 167
	9.5	Fazit 168
Literatur **175**
Anhang **191**

Abbildungsverzeichnis

Abbildung 1: Formales Modell der Identitätsentwicklung 11
Abbildung 2: Erhebungsplan für das Teilprojekt B des Brandenburger
Jugendlängsschnitts 86
Abbildung 3: Grundmodell einer Kreuzpfadanalyse mit vier Messzeitpunkten 99
Abbildung 4: Entwicklung des politischen Interesses der Jugendlichen im
Längsschnitt über vier Messzeitpunkte 102
Abbildung 5: Entwicklung der Wichtigkeit von Eltern und Gleichaltrigen
über vier Messzeitpunkte 107
Abbildung 6: Entwicklung der Häufigkeit der Exploration im Kontext
von Schule, Massenmedien, Elternhaus und Gleichaltrigen
über vier Messzeitpunkte 118
Abbildung 7: Entwicklung der Häufigkeit der Mitarbeit im Schulunterricht, der
Nutzung verschiedener Medien und der Gespräche über Politik mit
Eltern und Gleichaltrigen über vier Messzeitpunkte 122
Abbildung 8: Kreuzpfadmodell für die Häufigkeit der Exploration
im Kontext des Elternhauses 146
Abbildung 9: Kreuzpfadmodell für die Häufigkeit der Exploration
im Kontext von Gleichaltrigen 148
Abbildung 10: Kreuzpfadmodell für die Häufigkeit der Exploration
im Kontext des Schulunterrichts 150
Abbildung 11: Kreuzpfadmodell für die Häufigkeit der Exploration
im Kontext der Massenmedien 152

Tabellenverzeichnis

Tabelle 1:	Vergleich der Autokorrelationen zwischen den Messzeitpunkten von politischem Interesse, gemessen als Single-Item-Indikator und als Skala	88
Tabelle 2:	Korrelationen des allgemeinen politischen Interesses mit dem Interesse für verschiedene Politikfelder	89
Tabelle 3:	Häufigkeiten, Mittelwerte, Standardabweichungen und Autokorrelationen des politischen Interesses der Jugendlichen im Längsschnitt nach Geschlecht	103
Tabelle 4:	Mittelwerte der Wichtigkeit von Bezugspersonen (ohne fester/m Freund/in) im Schnitt über alle vier Messzeitpunkte für männliche und weibliche Jugendliche	109
Tabelle 5:	Mittelwerte der Wichtigkeit von Bezugspersonen (mit fester/m Freund/in) im Schnitt über alle vier Messzeitpunkte für männliche und weibliche Jugendliche	111
Tabelle 6:	Mittelwerte der Häufigkeit der Exploration in verschiedenen Kontexten (ohne fester/m Freund/in) im Schnitt über alle vier Messzeitpunkte für männliche und weibliche Jugendliche	120
Tabelle 7:	Einfluss der Wichtigkeit von Bezugspersonen auf die Häufigkeit der Kommunikation über Politik	129
Tabelle 8:	Einfluss der Häufigkeit der Exploration in den verschiedenen Kontexten auf das politische Interesse (einfache Regressionen)	133
Tabelle 9:	Einfluss der Häufigkeit der Exploration in den verschiedenen Kontexten auf das politische Interesse (multiple Regressionen)	135
Tabelle 10:	Einfluss der Häufigkeit der Exploration in den verschiedenen Kontexten auf das politische Interesse (einfache und multiple Regressionen für zusammengefasste Kontexte)	137
Tabelle 11:	Wichtigkeit von Bezugspersonen als Moderator für den Einfluss der Häufigkeit der Kommunikation über Politik mit Bezugspersonen auf politisches Interesse	142
Tabelle 12:	Mittelwerte und Standardabweichungen für die Wichtigkeit von Bezugspersonen	191
Tabelle 13:	Mittelwerte und Standardabweichungen für die Häufigkeit der Exploration im Kontext des Elternhauses	192

Tabelle 14:	Mittelwerte und Standardabweichungen für die Häufigkeit der Exploration im Gleichaltrigenkontext	193
Tabelle 15:	Mittelwerte und Standardabweichungen für die Häufigkeit der Exploration im Kontext des Schulunterrichts und der Massenmedien	195
Tabelle 16:	Mustermatrix der explorativen Faktoranalyse zum ersten Messzeitpunkt	196
Tabelle 17:	Mustermatrix der explorativen Faktoranalyse zum zweiten Messzeitpunkt	197
Tabelle 18:	Mustermatrix der explorativen Faktoranalyse zum dritten Messzeitpunkt	198
Tabelle 19:	Mustermatrix der explorativen Faktoranalyse zum vierten Messzeitpunkt	199
Tabelle 20:	Entwicklungs- und Geschlechtseffekte für die Wichtigkeit von Bezugspersonen	200
Tabelle 21:	Personenunterschiede und deren Veränderungen über die Zeit für die Wichtigkeit von Bezugspersonen (ohne fester/m Freund/in)	201
Tabelle 22:	Personenunterschiede und deren Veränderungen über die Zeit für die Wichtigkeit von Bezugspersonen (mit fester/m Freund/in)	202
Tabelle 23:	Entwicklungs- und Geschlechtseffekte für die Häufigkeit der Exploration in den verschiedenen Kontexten	203
Tabelle 24:	Kontextunterschiede und deren Veränderungen über die Zeit für die Häufigkeit der Exploration in den verschiedenen Kontexten	205

1 Einleitung

Die vorliegende Arbeit versteht sich als ein empirischer Beitrag zur politischen Sozialisationsforschung. Im Mittelpunkt der Untersuchung steht das politische Interesse von Jugendlichen. Aus theoretischer Sicht kann dem politischen Interesse eine Schlüsselstellung im Prozess der politischen Identitätsentwicklung zugesprochen werden, denn politisches Interesse bildet die motivationale Basis, um sich mit politischen Themen auseinanderzusetzen. Die Auseinandersetzung mit politischen Themen bildet eine wesentliche Dimension (Exploration) für den Prozess der politischen Identitätsentwicklung.

Dem politischen Interesse von Jugendlichen ist in der politischen Sozialisationsforschung bisher nur wenig Aufmerksamkeit zuteil geworden. In der vorliegenden Arbeit wird die Auffassung vertreten, dass sich das politische Interesse über die Auseinandersetzung mit politischen Sachverhalten in verschiedenen Sozialisationskontexten entwickelt. Zu den wichtigsten Sozialisationskontexten von Jugendlichen gehören das Elternhaus, die Gleichaltrigenwelt, die Schule und Massenmedien.

Ein Schwerpunkt der Arbeit liegt in der Beschreibung der Entwicklung des Explorationsverhaltens der Jugendlichen. Erhoben wurde das Explorationsverhalten über die Häufigkeit von Gesprächen und Auseinandersetzungen über Politik mit den Eltern und mit Gleichaltrigen (Mitschüler, Freunde, Partner), über die Häufigkeit der Mitarbeit im Schulunterricht bei politischen Themen und über die Häufigkeit einer informationsorientierten Nutzung von Massenmedien.

Ein zweiter Schwerpunkt gilt der Berechnung von Einflüssen des Explorationsverhaltens der Jugendlichen auf ihr politisches Interesse. Dabei geht es um die Frage, wie hoch jeweils der Anregungsgehalt der Exploration in den verschiedenen Kontexten für das politische Interesse der Jugendlichen ist. Gehen stärkere Impulse vom Elternhaus oder von der Gleichaltrigenwelt auf das politische Interesse aus? Welche Rolle spielt der Schulunterricht im Vergleich zum Elternhaus und wie sieht es in Bezug auf die Massenmedien aus?

Den Berechnungen liegt ein Längsschnittdatensatz (558 Brandenburger Gymnasiasten) mit vier Erhebungswellen zugrunde. Die Teilnehmer der Untersuchung wurden zum ersten Mal in der 10. Klasse, dann drei weitere Male in der 11., 12. und in der 13. Klasse anhand eines standardisierten Fragebogens interviewt. Die erste Erhebung erfolgte im Jahre 1996, die vorletzte Erhebung vor und die letzte Erhebung nach der Bundestagswahl von 1998.

Die Anlage der Untersuchung als Längsschnitt erlaubt es, Einflüsse nicht nur querschnittlich, sondern auch im Längsschnitt zu berechnen. Längsschnittanalysen sind in der politischen Sozialisationsforschung immer wieder gefordert worden, scheitern aber zumeist an den Kosten und dem Aufwand, die mit der Erhebung von Längsschnittdaten verbunden sind. In der vorliegenden Arbeit werden längsschnittlich angelegte Kreuzpfadmodelle berechnet, anhand derer der Frage nachgegangen werden soll, inwieweit den querschnittlichen berechneten einseitigen Einflüssen in Wirklichkeit Wechselwirkungsprozesse zwischen dem politischen Interesse und der Häufigkeit der Exploration in den verschiedenen Kontexten zugrunde liegen. Die Logik von Kreuzpfadmodellen erlaubt es, kausale Interpretationen vorzunehmen.

Ein weiterer Schwerpunkt der Arbeit liegt in der Betrachtung von Geschlechtsunterschieden bei der Herausbildung des politischen Interesses von Jugendlichen. Weibliche Jugendliche gelten als stärker beziehungsorientiert und als mit größeren Hemmungen behaftet, sich in öffentlichen Kontexten zu bewegen, als männliche Jugendliche. Dieser Sachverhalt könnte dazu führen, dass sich sowohl das Explorationsverhalten als auch der Einfluss des Explorationsverhaltens auf das politische Interesse bei männlichen und weiblichen Jugendlichen unterscheidet. Geprüft wird die These, dass sich das politische Interesse von männlichen Jugendlichen stärker über die Exploration in den eher öffentlichen Kontexten entwickelt während sich die Entwicklung des politischen Interesse der weiblichen Jugendlichen stärker auf die Exploration im Nahbereich von engen persönlichen Beziehungen stützt.

2 Politische Sozialisation

2.1 Begriff und Theorien

Die vorliegende Untersuchung bildet einen Beitrag zur politischen Sozialisationsforschung. Sozialisation allgemein beschreibt nach Hurrelmann (2001, S. 70) „den Prozess der Entstehung und Entwicklung der Persönlichkeit in wechselseitiger Abhängigkeit von der gesellschaftlich vermittelten sozialen und dinglich-materiellen Umwelt". Persönlichkeitsentwicklung wird dabei verstanden als „die individuelle, in Interaktion und Kommunikation mit Dingen wie mit Menschen erworbene Organisation von Merkmalen, Eigenschaften, Einstellungen, Handlungskompetenzen und Selbstwahrnehmungen eines Menschen auf der Basis der natürlichen Anlagen und als Ergebnis der Bewältigung von Entwicklungs- und Lebensaufgaben zu jedem Zeitpunkt der Lebensgeschichte" (S. 71).

Claußen (1982a) definiert politische Sozialisation als den Teilbereich der allgemeinen Sozialisation, bei dem der Gegenstand Politik im Zentrum des Lernens steht. Politische Sozialisation konstituiert sich ihm zufolge im Wechselspiel zwischen (1) dem äußeren Bezugsrahmen des nationalen politischen Systems und der Weltgesellschaft (Makroebene), (2) den als Vermittler zwischen dem Makrobereich und den lernenden Subjekten auftretenden formellen und informellen Institutionen wie Familie, Schule, Betrieb, Vereine, massenmediale Kommunikationsnetze, Parteien und Verbände (Mesoebene) und (3) den konkreten Interaktionszusammenhängen zwischen den lernenden Subjekten und den als Repräsentanten von Instanzen wirksamen Agenten der politischen Sozialisation sowie der intrapersonalen Verarbeitung von Umwelteinflüssen (Mikroebene). Die politische Sozialisation ist als permanenter Prozess nicht irgendwann abgeschlossen, sondern findet fortwährend das gesamte Leben lang statt.

Mit Greiffenhagen (2002) kann politische Sozialisation entweder als Lernprozess definiert werden, innerhalb dessen ein Individuum sich jene Persönlichkeitsmerkmale, Kenntnisse, Fähigkeiten, Normen und Werte aneignet, welche politisches Bewusstsein und politisches Verhalten strukturieren und lenken, oder als Lernprozess, innerhalb dessen einem Individuum jene Persönlichkeitsmerkmale vermittelt werden.

Es gibt eine Vielzahl theoretischer Ansätze zur politischen Sozialisation (vgl. Greiffenhagen, 2002; Hopf & Hopf, 1997). Kulke (1982) unterscheidet grob vier Typen, die sich allerdings nicht eindeutig voneinander abgrenzen lassen, da sie in vielen Bereichen Überschneidungen aufweisen:

- Als erstes nennt sie die „Identifikations-/Legitimationskonzepte." Ihnen gemeinsam ist eine Auffassung von Sozialisation entweder als Prozess der Übertragung (Transmission) oder als Übernahme von elterlichen sozialen Wertvorstellungen und politischen Orientierungen auf bzw. durch die Kinder. Zu diesen Konzepten gehören psychoanalytisch geprägte Ansätze (z.B. Greenstein, 1965), Ansätze unter systemfunktionalistischer Perspektive (z.B. Davies, 1965; Easton & Dennis, 1969) sowie schließlich Ansätze, die sich kritisch mit beiden auseinandergesetzt haben (z.B. Jennings & Niemi, 1974).
- Als zweites führt sie die „Interaktions-/Identitätskonzepte" an. Ihnen unterliegt die Auffassung von Sozialisation als interaktionsbasiertem Erwerb von Handlungs- und Kommunikationskompetenzen. Gemäß diesen Konzepten besteht das Ziel der Sozialisation in der Entwicklung einer Identität, in der Kompetenz verbunden ist mit Flexibilität, mit Rollendistanz sowie mit der Fähigkeit zur Rollenübernahme und zu Empathie (Krappmann, 1971; Habermas, 1976; Dawson, Prewitt & Dawson, 1977). Bezogen auf politische Sozialisation drücken sich diese Ziele in einer Identität aus, in der politische Kompetenz verbunden ist mit der Bereitschaft zur Verantwortungsübernahme auf gesellschaftlicher Ebene.
- Den dritten Typ bilden die „Kognitions-/Kooperationskonzepte", bei denen das Augenmerk auf der entwicklungslogischen Abfolge einer zunehmenden Differenzierung (und Integration) von kognitiven und sozialen Kompetenzen durch die interaktive Auseinandersetzung von Individuen mit ihrer Umwelt liegt. Die Ansätze stützen sich auf die Theorien von Piaget (1973) und Kohlberg (1976; vgl. auch Kohlberg, 1996), in welchen die soziale und moralische Entwicklung von Individuen über mehrere Stufen hinweg rekonstruiert wird. Beginnend im präkonventionellen Stadium, in dem die Individuen noch weitgehend egozentrische oder an den Erwartungen konkreter Anderer orientierte Standpunkte vertreten, endet die Entwicklung idealerweise im postkonventionellen Stadium, in dem die Individuen vor dem Hintergrund einer prinzipiengeleiteten Moral und eines universalistischen Wertebewusstseins in der Lage sind, das gesellschaftliche System kritisch zu reflektieren. Zwischen dem prä- und dem postkonventionellen Stadium liegt das konventionelle Stadium, in dem sich die Individuen zwar an Regeln und Normen der Aufrechterhaltung von interpersonellen Beziehungen sowie an gesellschaftlichen Regeln und Normen orientieren, aber nicht in der Lage sind, diese kritisch zu hinterfragen.
- Der vierte Typ setzt sich zusammen aus Konzepten der „kritischen Aufklärung, Partizipation und politisch-gesellschaftlichen Emanzipation" (z.B. Behrmann,

1975; Oesterreich, 1974). Diesen Ansätzen gemeinsam sind bestimmte Annahmen über antagonistische Gesellschaftsstrukturen, über die Beeinflussbarkeit demokratischer Herrschaft sowie über eine historisch-gesellschaftliche Entwicklungsperspektive der subjektiven und objektiven Entfaltungspotentiale, die hier nicht weiter ausgeführt werden sollen.

Die vorliegende Untersuchung basiert auf Annahmen, die am ehesten unter dem Typ der Interaktions- und Identitätskonzepte einzuordnen sind. Die politische Teilsinnwelt wird für Jugendliche in sozialen Interaktionen erfahrbar, die in Kontexten ihrer konkreten Umwelt stattfinden. Die sozialen Interaktionen werden von den Jugendlichen selbst aktiv oder passiv mitgestaltet. Politisches Lernen und die Entwicklung einer politischen Identität finden vor dem Hintergrund von vorhandenem Wissen und erworbener Kompetenzen und Wertvorstellungen statt. Politisches Lernen wird somit nicht allein als das Ergebnis von Erziehungsbemühungen durch die Sozialisationsagenten verstanden, sondern als das Ergebnis eines „produktiv, realitätsverarbeitenden" Prozesses (vgl. Hurrelmann, 2001) durch die Jugendlichen.

2.2 Der politisch mündige Bürger als Ziel politischer Sozialisation

In demokratisch verfassten Staaten besteht eine wesentliche Voraussetzung für die Stabilität der politischen Ordnung in der politischen Unterstützung, das heißt im Vertrauen der Bevölkerung in die Leistungsfähigkeit des politischen Systems. Im Unterschied zu autoritär verfassten Staaten kann ein demokratischer Staat kann zum Erhalt der politischen Ordnung nicht auf Zwangsmaßnahmen zurückgreifen, ohne dabei die politische Ordnung selbst in Frage zu stellen. Eine zweite wesentliche Voraussetzung für das Funktionieren von Demokratien besteht in der Gewährleistung der Kontrolle der Macht und der Einhaltung von demokratischen Spielregeln. Dabei ist es die Aufgabe aller Bürger, nicht nur die der politischen Funktionsträger, politische Prozesse kritisch zu verfolgen, Abweichungen von Verfassungsnormen zu erkennen und gegebenenfalls von politischen Eingriffsmöglichkeiten Gebrauch zu machen.

Aus der Notwendigkeit einer grundlegenden Unterstützung der politischen Ordnung einerseits und der Aufgabe der politischen Machtkontrolle andererseits leitet sich das Konzept des politisch mündigen Bürgers ab. Idealerweise zeichnet sich der politisch mündige Bürger durch die folgenden Qualitäten aus (vgl. Fend, 1991, S. 136):
– Kenntnis der demokratischen Normen und Regeln (insbesondere des Grundgesetzes);
– Akzeptanz der Grundwerte unserer Verfassung (Menschenwürde, Freiheit, soziale Gerechtigkeit, Gemeinwohl);

- Wissen über die politische Wirklichkeit in der Bundesrepublik;
- Entwicklung einer politischen Analysefähigkeit mit dem Ziel, eine eigene politische Meinung bilden und tatsächliche politische Gegebenheiten im Lichte demokratischer Werte beurteilen zu können;
- Entwicklung einer politischen Handlungsfähigkeit im Sinne des Wissens, wie man aktiv für demokratische Werte eintritt und wie bei Diskrepanzen zwischen Verfassung und Wirklichkeit eine bessere Annäherung herbeigeführt werden kann.

Das Idealbild des politisch mündigen Bürgers bewegt sich also im Spannungsfeld zwischen zwei Dimensionen: Der Forderung nach einer grundlegenden Unterstützung der demokratischen Ordnung einerseits und der Forderung nach wachsamer Kritik gegenüber dem, was Regierungen, Parteien und Politiker tun, das heißt gegenüber der politischen Praxis andererseits. Die Problematik, die sich Jugendlichen aus dieser Perspektive stellt, besteht darin, diese beiden Dimensionen zu vereinen und gleichzeitig ein produktives Verhältnis zur Politik zu finden. Die Aufgabe der politischen Erziehung ist es, diese „schwierige Balance zwischen Wachsamkeit und Vertrauensvorschuss zu befördern." (Fend, 1991, S. 139)

2.3 Kognitive Voraussetzungen politischen Denkens

Die Jahre der frühen Adoleszenz, also das Alter von 12 bis 16 Jahren, werden als entscheidend für die Entwicklung des politischen Denkens angesehen, denn diese vollzieht sich in Abhängigkeit von den kognitiven Kompetenzen (Adelson, 1977). Aus entwicklungspsychologischer Sicht wird angenommen, dass eine prinzipielle Unterstützung demokratischer Prinzipen abstraktes Denkvermögen voraussetzt. Eine verständige und nicht bloß verbale Zustimmung zu demokratischen Prinzipien ist demnach erst mit der Entfaltung der formalen Denkoperationen möglich, das heißt ab einem Alter von ungefähr 12 Jahren (vgl. Wasmund, 1982a).

Fend (1991) fasst die Entwicklungsschritte, die sich im Übergang von der Kindheit zur frühen Adoleszenz beobachten lassen, folgendermaßen zusammen:
- Die Vorstellung von der Naturhaftigkeit politischer Prozesse wird abgelöst vom Bewusstsein der Gestaltbarkeit.
- Harmonisierendes Denken wird abgelöst durch die Wahrnehmung von Interessenvielfalt und -gegensätzlichkeit.
- Rückgang der uneingeschränkten Achtung gegenüber Autoritäten.
- Übertragung von Handlungswissen des interpersonalen Bereichs auf politische Prozesse wird (günstigenfalls) abgelöst durch Systemdenken, d.h. durch die Fä-

higkeit, die Vernetzung von Handlungszwängen und Handlungsmöglichkeiten im politischen Bereich zu durchschauen.
- Je besser politische Wirkungszusammenhänge durchschaut werden, desto größer werden die wahrgenommenen Möglichkeiten, selber aktiv zu werden.
- Einfache Regelvorstellungen und autoritative Festlegungen werden durch das Bewusstsein demokratischer Aushandlungsprozesse, Toleranzgebote und Gleichheitsforderungen abgelöst.

Politisches Denken bildet sich zwar im Jugendalter heraus, Jugendliche dürften Erwachsenen jedoch noch in mancherlei Hinsicht unterlegen sein. Oerter (1998) führt aus, dass Jugendliche ab einem Alter von ungefähr 15 Jahren zwar über dieselben kognitiven Voraussetzungen wie Erwachsene verfügen, das heißt über formal-logisches Denken, dass neben dem formal-logischen Denken im politisch-sozialen Bereich jedoch zwei weiteren Formen des Denkens Bedeutung zukommt.

Zum einen bildet politisches Denken eine typische Form des komplexen Denkens, denn im Prozess der politischen Urteilsfindung muss eine unüberschaubare Anzahl von Bedingungen mitberücksichtigt werden. Oerter nimmt an, dass Jugendliche zu komplexen Problemlösungen noch weniger in der Lage sind als Erwachsene.

Zum anderen spielt im politischen Bereich die Form des dialektischen Denkens eine wichtige Rolle. Das Wesen dialektischen Denkens besteht darin, Widersprüche, die sich nicht logisch lösen lassen, zu bearbeiten und einer Aufhebung zuzuführen. In empirischen Untersuchungen hat sich gezeigt, dass Jugendliche noch kaum dialektisches Denken anwenden, die Fähigkeit dazu aber im Alter zwischen 18 und 25 Jahren zunimmt.

In der psychologischen Forschung wird außerdem häufig zwischen fluider und kristalliner Intelligenz unterschieden (Oerter, 1998). Die fluide Intelligenz bezeichnet kultur- und wissensunabhängige Leistungen der Informationsverarbeitung (z.B. Gedächtnisleistung, Geschwindigkeit der Informationsverarbeitung). In diesem Bereich können Jugendliche mit Erwachsenen mithalten. Die kristalline Intelligenz repräsentiert im Gegensatz dazu das im Laufe des Lebens erworbene kulturelle Wissen. Dieses befähigt, vor dem Hintergrund vergangener Erfahrungen über Analogiebildungen neue Situationen einzuordnen und zu bearbeiten. Auf dem Gebiet kristalliner Intelligenz dürften Jugendliche Erwachsenen unterlegen sein. Allerdings sieht Oerter (1998) gerade darin auch einen möglichen Vorteil von Jugendlichen: Die unvoreingenommene Bearbeitung von Problemen durch Jugendliche kann unter Umständen zu angemesseneren Lösungen führen als die Anwendung althergebrachter Denkschablonen von Erwachsenen.

2.4 Politische Identitätsentwicklung im Jugendalter

Die Identitätsentwicklung stellt aus Sicht des Individuums eine Entwicklungsaufgabe dar: Es gilt herauszufinden wer man ist oder sein kann und was man tun und glauben will. Dabei muss eine Balance hergestellt werden zwischen den Anforderungen der eigenen Individualität einerseits und denen des sozialen und gesellschaftlichen Umfelds andererseits. Identitätsentwicklung findet statt im Spannungsfeld zwischen Individuation und Integration, zwischen der Herausbildung einer eigenen Persönlichkeit und dem Hineinwachsen in die Gesellschaft (Erikson, 1973; Krappmann, 1971).

Dieses allgemeine Konzept der Identitätsentwicklung wurde von Fend (1991) auf den politisch-gesellschaftlichen Bereich bezogen. Das Ziel der politischen Identitätsentwicklung beschreibt er folgendermaßen:

(1) Im Sinne der Individuation geht es um die Erarbeitung eines eigenen und unabhängigen politischen Standpunktes.

(2) Im Zuge der gesellschaftlichen Integration geht es um das Hineinwachsen in die politische Gemeinschaft und um die Teilhabe an der politischen Kultur.

2.4.1 Drei Dimensionen der politischen Identitätsentwicklung

Im Prozess der politischen Identitätsentwicklung werden in der Regel drei Dimensionen unterschieden (Claußen, 1996; Fend, 1991): die kognitive, die affektiv-motivationale und die Verhaltensdimension. Die kognitive Dimension betrifft intellektuelle Aspekte wie die Entwicklung des politischen Wissens und der politischen Analyse- und Urteilsfähigkeit. Die affektiv-motivationale Dimension umfasst die Identifikationsdynamik und das sich emotional auf Sinnangebote Beziehen. Die Verhaltensdimension betrifft den Aufbau von Handlungsbereitschaften im Sinne von politischer Partizipation.

Die kognitive Dimension

Unter die kognitive Dimension politischer Identitätsentwicklung fällt empirisch zum einen die Entwicklung kognitiver Kompetenzen wie die Fähigkeit zum abstrakten Denken und das Vermögen der Durchdringung komplexer Sachverhalte (vgl. Abschnitt 2.3). Zum anderen gehört der politische Wissensstand der Jugendlichen zu dieser Dimension. Dieses Wissen umfasst Kenntnisse über die Menschenrechte und über die Geschichte und die Verfassung des Staates sowie ein grundlegendes Verständnis des Konfliktcharakters von Demokratie. Es gehören Kenntnisse über demokratische Verfahrensweisen und -regeln sowie Kenntnisse über politische Institutionen wie beispielsweise über Parteien und deren Programme dazu. Auch die Entwicklung von Konzepten über Autorität und Herrschaft oder über Rechte und Pflichten eines Staatsbürgers kann unter diesen Bereich gefasst werden (Torney, Oppenheim & Farnen, 1975).

Im lebenslangen Prozess des Erwerbs von politischem Wissen und politischen Kompetenzen bildet das Jugendalter eine entscheidende Phase, denn im Jugendalter werden die Grundlagen gebildet, auf denen alle späteren Lernprozesse aufbauen. Zudem fällt der Schulbesuch in die Phase des Jugendalters. Dem Schulbesuch kommt insofern eine besondere Bedeutung zu als die Schule die einzige Sozialisationsinstanz bildet, in der eine systematische Vermittlung von politischem Wissen und die Förderung von politischen Kompetenzen vorgesehen ist.

Die Verhaltensdimension

Unter der Verhaltensdimension lassen sich empirisch Verhaltensbereitschaften von tatsächlichem Verhalten unterscheiden. Inwieweit sich politische Verhaltensbereitschaften in tatsächliches Verhalten umsetzen ist insbesondere bei Jugendlichen abhängig von den Gelegenheitsstrukturen (Fischer, 1997). Konzeptuell werden verschiedene Formen politischen Verhaltens differenziert. Verfasste Formen der politischen Beteiligung (z.B. wählen gehen) werden von nicht-verfassten Formen (z.B. in einer Bürgerinitiative mitarbeiten) unterschieden. Die nicht-verfassten Formen können noch einmal in legale (z.B. Demonstration) und illegale Formen (z.B. Hausbesetzung) unterteilt werden. Die illegalen Formen lassen sich zusätzlich in gewaltfreie Formen des zivilen Ungehorsams (z.B. nicht genehmigte Demonstration) und in Formen der politischen Gewalt (z.B. Sachbeschädigung oder Verletzung von Personen) einteilen (Schneider, 1995).

Jugendliche bevorzugen in der Regel die weniger verpflichtenden und mit weniger Aufwand verbundenen nicht-institutionalisierten Formen der politischen Partizipation. Neben diesen nicht-institutionalisierten Formen stehen Jugendlichen aber auch eine ganze Reihe von institutionalisierten Formen offen. Zu nennen wären hier beispielsweise die Mitarbeit in den Jugendorganisationen von Parteien und Gewerkschaften oder die Mitarbeit in Gremien der Schülermitverwaltung.

Die affektiv-motivationale Dimension

Die affektiv-motivationale Dimension bezieht sich auf die Intensität des emotionalen Bezugs zu politischen Sachverhalten. Empirisch lässt sich diese Dimension durch Konzepte abbilden, die die grundlegende Aufgeschlossenheit gegenüber dem Bereich der Politik, die Unterstützung der politischen Ordnung und ihrer Institutionen sowie den Grad an Integration in die politische Gemeinschaft messen. Indikatoren hierfür bilden beispielsweise das politische Interesse, die Befürwortung oder Ablehnung der politischen Ordnung der Demokratie, das Vertrauen in verschiedene staatliche Institutionen und die Frage nach dem Bestehen einer Parteiidentifikation, unabhängig davon, um welche Partei es sich handelt. Unter diese Dimension fallen außerdem die Bewertung inhaltlicher Aspekte der Politik, insbesondere der politischen Positionen von Parteien, die Selbstverortung im politischen Raum zwischen linken oder rechten Positionen und die inhaltliche Ausrichtung der eigenen Parteisympathie.

Die affektiv-motivationale Dimension wurde mit dem von Marcia (1980) entwickelten und von Fend (1991) aufgegriffenen Konzept politischer Identitätszustände für die Beschreibung von Jugendlichen weiter ausdifferenziert und systematisiert.

2.4.2 Das Konzept politischer Identitätszustände

In Anlehnung an Erikson (1973) hat Marcia ein auch auf den politischen Bereich anwendbares Konzept von Identitätszuständen entwickelt. Politische Identität muss gemäß diesem Konzept im Laufe der Entwicklung erarbeitet werden (vgl. auch Fend, 2001). Marcia (1980) unterschied in seinem Konzept zwei Aspekte: Krise (crisis) und Verpflichtung (commitment). Krise bezeichnet in Bezug auf den betroffenen Lebensbereich (bei Marcia die Berufsfindung und die politisch-ideologische Selbstzuordnung) die An- oder Abwesenheit eines Entscheidungsfindungsprozesses. Verpflichtung betrifft das Ausmaß an Zustimmung und Engagement für den jeweiligen Bereich und kann auch als Gradmesser der Integration betrachtet werden.

Für Fend (1991), der dieses Konzept der Identitätszustände in seiner empirischen Untersuchung zur Identitätsentwicklung in der Adoleszenz auf die Beschreibung der politischen Identitätsentwicklung von Jugendlichen angewandt hat, geht der Entscheidungsfindungsprozess mit Exploration, das heißt mit einer aktiven Auseinandersetzung mit politischen Sachverhalten, einher. Er ersetzt deshalb in seinem Konzept den Terminus der Krise durch den der Exploration.

Aus den beiden Aspekten Exploration (crisis) und Verpflichtung (commitment) können formal vier Identitätszustände abgeleitet werden (vgl. Abbildung 1). Die beiden Identitätszustände Identitätsdiffusion und übernommene Identität zeichnen sich durch ein geringes Ausmaß an Exploration aus. Im Zustand der Identitätsdiffusion (diffusion) besteht in Bezug auf den betroffenen Lebensbereich eine generelle Unentschiedenheit, ohne dass Anstrengungen unternommen werden, diesen Zustand zu ändern. Im Zustand der übernommenen Identität (foreclosure) wurden im sozialen Umfeld vorgefundene Überzeugungen (insbesondere die der Eltern) übernommen, ohne dass eigene Suchprozesse stattgefunden hätten. Für die beiden Identitätszustände Moratorium und erarbeitete Identität ist dagegen ein hohes Ausmaß an Exploration kennzeichnend. Im Zustand des Moratoriums (moratorium) finden intensive Suchprozesse statt, ohne dass bislang eine Entscheidung erfolgt wäre. Im Zustand der erarbeiteten Identität (achievement) haben sich auf der Grundlage von vorangegangenen Suchprozessen den entsprechenden Lebensbereich betreffende Überzeugungen konsolidiert.

Abbildung 1:   Formales Modell der Identitätsentwicklung (vgl. Fend, 1991, S. 18)

Ausmaß an Exploration	Ausmaß an Verpflichtung	
	niedrig	hoch
niedrig	Identitätsdiffusion (Diffuse)	übernommene Identität (früh Festgelegte)
hoch	Moratorium (Suchende)	erarbeitete Identität (Entschiedene)

Fend (1991) zog bei der empirischen Umsetzung des Konzepts der politischen Identitätszustände als Messung für das Ausmaß an Exploration das politische Interesse heran und als Messung für das Ausmaß an Verpflichtung die Sicherheit der Parteientscheidung („ist für mich schon ganz klar" versus „schwanke noch sehr"/„habe überhaupt noch keine feste Meinung").[1] Seinen Ergebnissen zu Folge zeichneten sich die „entschiedenen" und die „suchenden" Jugendlichen durch eine höhere politische Urteilsfähigkeit, eine höhere Beteiligungsbereitschaft und ein stärkeres Bewusstsein der eigenen Durchsetzungsfähigkeit aus als die „früh festgelegten" und „diffusen" Jugendlichen. Darüber hinaus gewährten die „suchenden" Jugendlichen dem Staat und der Regierung einen geringeren Vertrauensvorschuss als die „entschiedenen" und die „früh festgelegten" Jugendlichen. Am höchsten fiel der Vertrauensvorschuss bei den „diffusen" Jugendlichen aus. Die größte Distanz zu den Eltern zeigten die „entschiedenen" Jugendlichen, die niedrigste die „früh festgelegten".

Betrachtet man den politisch mündigen Bürger als Ziel der politischen Sozialisation, so wird dieses Ziel am ehesten mit dem Identitätsstatus „erarbeitete Identität" erreicht. Die Befunde von Fend bestätigen, dass Jugendliche mit diesem Status eine

---

[1] Diese Art der Operationalisierung ist sicher nicht die einzig mögliche und wurde beispielsweise von Hopf und Hopf (1997) kritisiert.

erhöhte politische Urteilsfähigkeit und Beteiligungsbereitschaft aufwiesen. Am wenigsten wurde das Ziel des politisch mündigen Bürgers mit dem Identitätsstatus „diffus" erreicht. Nach den Befunden von Fend wiesen die „diffusen" Jugendlichen eine geringe politische Beteiligungsbereitschaft sowie eine unkritische Haltung gegenüber dem Staat auf. Inwieweit Jugendliche mit dem Identitätsstatus „Moratorium" dem Ziel des kritisch mündigen Bürgers entsprechen, ist schwer zu entscheiden. Die Jugendlichen mit diesem Status zeichneten sich zwar durch eine hohe politische Urteilsfähigkeit und Beteiligungsbereitschaft aus, wollten oder konnten sich aber inhaltlich keiner Partei zuordnen. Sie bildeten zudem die Gruppe mit der größten Distanz zum Staat, was sowohl positiv als kritische Distanz als auch negativ im Sinne von Entfremdung gewertet werden kann. Die Frage, inwieweit hier das Hineinwachsen in die politische Gemeinschaft geglückt ist, muss offen bleiben. Der Identitätsstatus „übernommene Identität" entspricht dagegen kaum dem Ziel des politisch mündigen Bürgers. Jugendliche mit diesem Identitätsstatus wiesen zwar weder eine besonders unkritische noch eine besonders kritische Haltung gegenüber dem Staat auf, zeichneten sich aber durch eine niedrige Beteiligungsbereitschaft und niedrige politische Urteilsfähigkeit aus.

Zusammenfassend kann festgehalten werden, dass das politische Interesse, das die abhängige Variable der vorliegenden Arbeit bildet, unter die affektiv-motivationale Dimension der politischen Identitätsentwicklung von Jugendlichen einzuordnen ist. Als motivationale Basis für die Exploration im politischen Bereich, das heißt für die aktive Auseinandersetzung mit politischen Sachverhalten, kommt dem politischen Interesse eine Schlüsselstellung im Konzept politischer Identitätszustände zu. Die beiden Identitätszustände, die sich durch ein starkes politisches Interesse und das heißt durch einen hohen Grad an Exploration auszeichneten, erwiesen sich im Sinne des politisch mündigen Bürgers als günstiger im Vergleich zu den anderen beiden Identitätszuständen.

3 Politisches Interesse

3.1 Interesse als psychologisch-pädagogisches Konzept

Interesse bezeichnet die besondere Beziehung einer Person zu einem subjektiv bedeutsamen Gegenstand oder Wissensbereich. Für etwas Interesse zu haben, ist mit dem Gefühl verbunden, dass das Objekt oder Ereignis, auf welches das Interesse sich richtet, für das Selbst von Bedeutung ist (Valenz). Das Gefühl der Bedeutsamkeit weckt Neugier und führt zu einer Beschäftigung mit dem Gegenstand des Interesses (Interessenhandlung, vgl. Krapp, 1992a). Die Beschäftigung mit dem Gegenstand des Interesses, die hier als Exploration bezeichnet wird, bildet die Voraussetzung für Lernprozesse.

Allgemein bilden sich Interessen ontogenetisch betrachtet in einem dialektischen Zusammenspiel zwischen Individuum und Umwelt heraus und stehen dabei immer in enger Beziehung zum Selbst (Selbstkonzept, Selbstwertgefühl, Kontrollüberzeugungen). Interessen sind selektiv, indem sie sich grundsätzlich auf bestimmte Gegenstände beziehen (Inhaltsbezogenheit von Interessen). Für welche bestimmten Gegenstände (Thema, Sachverhalt, Wissensgebiet, Objektbereich usw.) eine Person Interesse entwickelt und welche anderen Gegenstände dabei ausgeblendet werden, hängt einerseits von den jeweils vorhandenen Strukturen an Fähigkeiten, Kenntnissen, Einstellungen und Werthaltungen des Individuums ab und andererseits von den je spezifischen Anregungen durch die Umwelt, der sozialen wie der gegenständlichen (Krapp, 1992a; Todt, 1995).

In der empirischen pädagogischen Forschung, die den Zusammenhang zwischen Interesse und Wissensstruktur oder Lernerfolg untersucht (Krapp, 1992b; 1992c), wird unterschieden zwischen dem Interesse als einer persönlichen Disposition, als einer relativ stabilen individuellen Präferenz für bestimmte Gegenstände (persönliches Interesse), und dem Interesse als einem einmaligen, situationsspezifischen motivationalen Zustand, der aus den besonderen Anreizbedingungen einer Lernsituation resultiert (situationales Interesse oder Interessantheit). Beide, das situationale Interesse wie das persönliche Interesses, beeinflussen den Lernprozess. Der Einfluss des situationalen Interesses hängt jedoch vom Niveau des persönlichen Interesses ab. Bei schwach ausgeprägtem persönlichen Interesse oder in der Anfangsphase einer Interessensentstehung spielt die Anregungsqualität der Lernumgebung eine wichtige Rolle. Sie veranlasst das Individuum, sich dem Gegenstand des Interesses zuzuwenden, sich längere Zeit mit ihm zu beschäftigen und neue Aspekte zu entdecken. Sofern noch überhaupt keine persönliche Disposition gegenüber einem bestimmten Interessensbereich besteht, kann situationales Interesse die Funktion einer Initialzündung haben, das heißt den Anfang der Entstehung eines persönlichen Interesses bilden. Bei stark ausgeprägtem persönlichen Interesse sind die situativen Anreizbedingungen dagegen von nur untergeordneter Bedeutung und können sogar völlig irrelevant sein.

In der empirischen pädagogischen Forschung (Krapp, 1992b; 1992c) hat sich gezeigt, dass Lernen aus Interesse zu besseren Lernergebnissen führt als Lernen ohne Interesse. Die Beschäftigung mit Gegenständen, denen Interesse entgegengebracht wird, ist in der Regel länger andauernd und konzentrierter sowie stärker selbst bestimmt und mit positiveren Gefühlen verbunden. Darüber hinaus werden bei Interesse effektivere Lerntechniken und kognitive Verarbeitungsstrategien angewendet.

3.2 Politisches Interesse und seine Entwicklungsbedingungen

Dem allgemeinen Konzept von Interesse entsprechend, definiert van Deth (1990) politisches Interesse als „the degree to which politics arouses a citizen's curiosity". Politisches Interesse bedeutet demnach Neugier, Zuwendung, Aufmerksamkeit und Wachheit gegenüber politischen Angelegenheiten.

Das gesellschaftliche Zusammenleben der Menschen wird wesentlich durch die Politik mitgestaltet. Für van Deth (1990) steht es deshalb außer Frage, dass sich Menschen, als Mitglied der Gesellschaft, für Politik interessieren sollten. Nicht die Anwesenheit, sondern die Abwesenheit von Politikinteresse sei erklärungsbedürftig. In Anlehnung an Rosenberg (1954) nennt er drei grundlegende Faktoren, die für politisches Desinteresse verantwortlich gemacht werden können:

1. Eine soziale Umwelt, in der Politik ein negatives Image hat, in der politisches Engagement möglicherweise sogar sanktioniert wird, behindert die Ausbildung von politischem Interesse.
2. Die Erfahrung oder auch nur die Annahme, dass politisches Engagement sowieso vergeblich ist, behindert ebenfalls die Ausbildung von politischem Interesse oder führt zu einer Verringerung, falls vorher politisches Interesse vorhanden war.
3. Sich politisch zu engagieren, ist für die meisten Menschen nicht unmittelbar relevant. Insofern fehlen häufig die konkreten Handlungsanreize, um sich mit Politik zu beschäftigen.

Umgekehrt sollte nach Fend (1991) eine soziale Umwelt, die viele Informationen über Politik bereitstellt (sowohl Fakten als auch grundlegende politische Positionen), die dem Jugendlichen Anreize bietet, sich mit Politik zu beschäftigen, und deren Struktur es gestattet, handelnd politische Verhaltensweisen einzuüben (Diskussion und Kritik von Entscheidungen, Rückbezug von Entscheidungen auf Wertprämissen, Mitbestimmung bei Entscheidungen, Übernahme von Eigenverantwortung) die Entwicklung von politischem Interesse fördern.

3.3 Stellenwert des politischen Interesse für die politische Identitätsentwicklung

3.3.1 Politisches Interesse und politisches Wissen

Im Vorangegangenen wurde dargelegt, dass Interesse für Politik eine förderliche Bedingung ist für die Auseinandersetzung mit politischen Themen, also für Exploration, und dass Exploration wiederum eine Voraussetzung bildet für Lernprozesse im politischen Bereich. Um diese Argumentation zu untermauern, werden im Folgenden einige empirische Befunde referiert, die einen positiven Zusammenhang zwischen politischem Interesse und politischem Wissen belegen:

- In der 12. Shell-Jugendstudie korrelierte das politische Interesse mit r = .55 signifikant positiv mit dem politischen Wissen (Fischer, 1997, S. 306).
- Fend (1991, S. 168) fand in seiner Längsschnittstudie ebenfalls positive Zusammenhänge zwischen politischem Interesse und politischem Verständnis in Höhe von ca. r = .33 zu den jeweiligen Messzeitpunkten. Zudem berichtet er, dass der Einfluss des politischen Verständnisses auf das politische Interesse größer zu sein schien als der umgekehrte Einfluss von politischem Interesse auf politisches Verständnis.
- Bei Maier (2000, S. 164) zeigten sich in einem Kausalmodell sowohl direkte als auch indirekte – über einen zusätzlich ins Modell miteinbezogenen Indikator für Medienkonsum vermittelte – Einflüsse des politischen Interesses auf (objektives) politisches Wissen in Ost wie West.
- Ingrisch (1997, S. 165f) fand in einem Kausalmodell nicht nur einen über die informationsorientierte Fernsehnutzung vermittelten Einfluss des politischen Interesses auf politisches Wissen, sondern außerdem eine Rückwirkung des Wissens auf das politische Interesse. Diese Rückwirkung zeigte sich allerdings nur bei den untersuchten ostdeutschen Jugendlichen, nicht bei den westdeutschen.

Insgesamt kann festgehalten werden, dass sich für den postulierten positiven Zusammenhang zwischen politischem Interesse und politischem Wissen durchaus empirische Evidenzen anführen lassen. Darüber hinaus scheint es sich jedoch nicht nur um einen einseitigen Einfluss des politischen Interesses auf das politische Wissen zu handeln, sondern um einen Wechselwirkungsprozess beider Größen, denn es ergaben sich auch empirische Evidenzen dafür, dass politisches Wissen das politische Interesse beeinflusst.

3.3.2 Politisches Interesse und politische Beteiligungsbereitschaft

Das politische Interesse bildet nicht nur die Voraussetzung für die kognitive Auseinandersetzung mit politischen Themen, sondern auch für die Bereitschaft, sich politisch zu beteiligen. Die politische Partizipationsforschung hat zahlreiche empirische Belege für einen positiven Zusammenhang zwischen politischem Interesse und politischer Beteiligung geliefert (Kaase, 1989a).

- Auch in unserer Untersuchung von Brandenburger Jugendlichen erwies sich das politische Interesse in multivariaten Analysen als einer der wichtigsten Prädiktoren für die Beteiligung der Jugendlichen an der Bundestagswahl 1998 (Kuhn, 2001).
- Umgekehrt fand Fend (1991) bei politisch desinteressierten Jugendlichen eine geringere Beteiligung an schulischer Mitbestimmung, weniger Explorationsverhalten, das heißt seltenere Gespräche mit den Eltern über Politik, sowie ein schwächer ausgeprägtes Bewusstsein der eigenen Handlungskompetenz.
- In der Political-Action-Studie von 1974 (Barnes, Kaase u.a., 1979) korrelierte das politische Interesse positiv sowohl mit konventioneller politischer Beteiligung, einem Maß das sich aus Explorationshandlungen (z.B. Zeitung lesen) und politischen Aktivitäten im engeren Sinne (z.B. an politischen Versammlungen teilnehmen) zusammensetzte, als auch mit dem Protestpotential, das die Befürwortung von sowie die Teilnahmebereitschaft an unkonventionellen politischen Aktivitäten (z.B. Demonstration, Boykott) umfasste.
- Entgegen den Erwartungen zeigte sich in der 12. Shell-Jugendstudie unter Kontrolle von Alter und Geschlecht weder ein Zusammenhang zwischen politischem Interesse und der Bereitschaft zu politischem Engagement noch zwischen politischem Interesse und dem tatsächlichen Engagement von Jugendlichen (Fischer, 1997). Nach Fischer reichte zu diesem Zeitpunkt offenbar die Schubkraft eines durch politisches Interesse und politisches Wissen gekennzeichneten Selbstbildes nicht bis in das tatsächliche politische Verhalten oder die Bereitschaft dazu hinein.

Politische Beteiligung kann aufgrund der Zugehörigkeit zu einem bestimmten sozialen Zusammenhang oder aus einem konkreten Interesse heraus stattfinden, ohne dass ein allgemeines Interesse an Politik besteht. In solchen Fällen kann die Beteiligung an politischen Aktivitäten im Sinne einer Initialzündung eine politisierende Wirkung entfalten und zu einer weitergehenden Beschäftigung mit politischen Sachverhalten führen. Der positive Zusammenhang zwischen dem politischen Interesse und dem politischen Engagement würde dann nicht auf einem einseitigen Einfluss des politischen Interesses auf das politische Engagement, sondern auf einem wechselseitigen Einfluss beider Größen beruhen. Mir ist leider keine Untersuchung bekannt, die den Versuch gemacht hätte, in ähnlicher Weise wie es für politisches Interesse und politisches Wissen geschehen ist, Kausalmodelle zu prüfen.

Die Befundlage wird zudem dadurch erschwert, dass in empirischen Untersuchungen häufig das politisches Interesse mit dem Explorationsverhalten – meistens der Häufigkeit oder Intensität von Gesprächen über Politik oder der informationsorientierten Nutzung von Massenmedien – und/oder der politischen Beteiligung zu einem Indikator zusammengefasst wird und damit die Wechselbeziehung der verschiedenen Größen untereinander gar nicht in den Blick kommen kann.[2]

3.3.3 Politisches Interesse und politische Orientierungen

Politisches Interesse und die damit einer gehende stärkere Beschäftigung mit politischen Themen führt also offenbar zu einem umfangreicheren politischen Wissensbestand. Vom Wissensbestand über Politik wiederum hängt es ab, ob ein differenziertes und konsistentes Meinungsbild ausgebildet werden kann. Um sich selbst einer politischen Position zuordnen zu können, müssen die inhaltlichen Standpunkte von Parteien bekannt und Konzepte über die verschiedenen politisch-ideologischen Richtungen verfügbar sein. Es ist zu erwarten, dass politisch interessierte Jugendliche ein gefestigteres Meinungsbild und stabilere politische Orientierungen aufweisen als politisch desinteressierte Jugendliche. Zudem kann angenommen werden, dass sich politisch interessierte Jugendliche häufiger mit den Positionen von politischen Parteien oder mit bestimmten ideologischen Richtungen identifizieren können. Die folgenden empirischen Befunde, stützen diese Thesen:

- Van Deth (1990) konnte zeigen, dass das politische Interesse positiv die Stabilität politischer Einstellungen (Links-Rechtsorientierung und Materialismus/Postmaterialismus) über die Zeit beeinflusste.

---

2 Ein Beispiel hierfür bildet eine seit 15 Jahren laufende Langzeitstudie, die 1985 in der BRD begonnen wurde (Boehnke, Fuß & Rupf, 2000). In dieser Studie wurde das politische Interesse mit politischer Beteiligung zum Indikator „politisches Engagement" zusammengefasst. Es zeigte sich, dass ein aktiver Umgangsstil mit politischen Problemlagen, das heißt vor allem häufige Gespräche mit Gleichaltrigen über Gesellschaftsprobleme, nicht nur zeitsynchron positiv mit dem politischen Engagement korrelierte, sondern auch langfristig einen positiven Effekt auf das politische Engagement ausübte.

- In der Political-Action-Studie von 1974 (Barnes, Kaase u.a., 1979) hing das politische Interesse von Jugendlichen positiv mit dem Niveau der ideologischen Konzeptualisierung zusammen. Das Niveau der ideologischen Konzeptualisierung wurde anhand der Beschreibung und richtigen Zuordnung ideologischer Konzepte zu rechten und linken Parteien sowie zu rechten und linken Positionen allgemein erhoben. Der positive Zusammenhang blieb auch bei Kontrolle der Bildung der Jugendlichen erhalten.
- In unserer Untersuchung ergab sich ein kurvilinearer Zusammenhang zwischen dem politischen Interesse der Jugendlichen und ihrer Selbsteinstufung auf der Links-Rechts-Skala. Politisch desinteressierte Jugendliche stuften sich eher in der Mitte der Skala ein während sich politisch interessierte Jugendliche stärker auf die beiden Pole rechter und linker Positionen verteilten (unveröffentlichter Befund).
- Auch auf das Vorhandensein einer Parteineigung hatte das politische Interesses einen deutlichen Effekt. Politisch interessierte Jugendliche gaben unter Kontrolle von Geschlecht und Bildung der Eltern häufiger eine Parteineigung an als politisch desinteressierte Jugendliche (unveröffentlichter Befund).

Einen weiteren Aspekt der Dimension der politischen Orientierungen bildet die Unterstützung für die politische Ordnung und ihre Institutionen. Die Zustimmung zur Idee der Demokratie oder das Vertrauen in die politischen Institutionen können vom politischen Wissen, insbesondere vom Kenntnisstand über die Prinzipien und Regeln der Demokratie sowie vom Kenntnisstand über die Funktion von politischen Institutionen abhängen. Von daher ist auch hier ein positiver Zusammenhang mit dem politischen Interesse zu erwarten.

- Fend (1991) fand bei politisch Desinteressierten eine stärkere Neigung, Mitbestimmung als sinnlos zu empfinden. Auf den Vertrauensvorschuss, den Jugendliche der Politik entgegenbringen, wirkte sich das politische Interesse jedoch nicht aus.
- Bei Oswald und Völker (1973) zeigten Gymnasiasten mit einem geringeren politischen Interesse eine positivere Einstellung gegenüber dem Nationalsozialismus und eine stärkere Unterstützung für antisemitische Äußerungen.
- In unserer Untersuchung befürworteten politisch interessierte Jugendliche stärker die Idee der Demokratie als politisch desinteressierte Jugendliche. Für die Zufriedenheit mit der Demokratie, so wie sie in der Bundesrepublik Deutschland besteht, und für das Vertrauen in die Responsivität des politischen Systems fanden sich hingegen keine konsistenten Zusammenhänge mit dem politischen Interesse (unveröffentlichte Befunde).

Zusammenfassend kann festgehalten werden, dass dem politischen Interesse im Rahmen eines Konzepts zur Entwicklung von politischer Identität ein herausragender Stellenwert zukommt. Es fanden sich empirische Hinweise dafür, dass das politische Interesse die motivationale Basis für politisches Explorationsverhalten bildet, über welches sich das Subjekt politisches Wissen aneignet. Außerdem fanden sich Belege für einen positiven Zusammenhang zwischen politischem Interesse und politischer Partizipation. Das politische Interesse beeinflusst die intraindividuelle Konsistenz und Stabilität von politischen Orientierungen und politisch Interessierte beziehen sich häufiger positiv auf die Sinnangebote von politischen Parteien oder identifizieren sich mit politisch-ideologischen Richtungen. Darüber hinaus bringen politisch Interessierte der politischen Ordnung der Demokratie mehr Unterstützung entgegen, was jedoch nicht mit einem größeren Vertrauen in die politischen Institutionen einher zu gehen scheint.

3.3.4 Politisches Interesse und politische Identitätsentwicklung

Politisches Interesse kann also als motivationale Basis für die politische Exploration und die politische Partizipation gelten und als solche eine treibende Kraft für den Prozess der politischen Identitätsentwicklung bilden. So wie politische Exploration den Aufbau kognitiver Verarbeitungskapazitäten und die Erweiterung des politischen Wissens fördert, so geht die politische Partizipation mit einer Erweiterung der politischen Handlungskompetenzen und dem Aufbau eines positiven Selbstbildes in Bezug auf diese Handlungskompetenzen einher (Krampen & Ebel, 1990). Ein positives Selbstbild der eigenen politischen Handlungskompetenzen wiederum bildet eine günstige Ausgangsbasis für eine weitergehende Beschäftigung mit politischen Themen und ein anhaltendes politisches Engagement (Krampen, 1990; 1998).

Der Prozess der politischen Identitätsentwicklung verläuft jedoch nicht zwangsläufig in eine positive Richtung. Inwieweit sich eine politische Identität im Sinne eines erarbeiteten Identitätsstatus herausbildet ist abhängig von den Erfahrungen, die im Zuge der Exploration und der Partizipation gemacht werden. Das Gefühl und die Erfahrung, politische Sachverhalte zu verstehen und selbst politisch etwas bewirken zu können, dürfte die Motivation erhalten und den Prozess vorantreiben. Enttäuschung und Frustration dagegen dürften dazu führen, dass die Motivation zu weiteren Anstrengungen erlahmt und letztlich auch einmal vorhandenes politisches Interesse wieder schwinden kann.

3.4 Die Entwicklung von politischem Interesse

In den 60er Jahren wurde das politische Interesse noch mehr oder weniger als Persönlichkeitskonstante, als stabiles Produkt politischer Sozialisation angesehen. Erst als sich immer wieder situationsbedingte Veränderungen zeigten, wurde das politische Interesse auch als subjektiver Aktivierungszustand wahrgenommen (Schneider, 1995). In den Politikwissenschaften wurde die Entwicklung des politischen Interesses vor allem auf der Aggregatebene der Gesamtbevölkerung oder ihrer Teilgruppen untersucht. Um den Einfluss von erklärenden Faktoren für die situationsbedingten Zu- und Abnahmen im politischen Interesse zu überprüfen, wird die Entwicklung des politischen Interesses jedoch zunehmend auch auf individueller Ebene analysiert (Maier, 2000).

3.4.1 Der langfristige Trend

Bis in die frühen 50er Jahre zurückreichende Zeitreihen erlauben es, Aussagen über den langfristigen Trend in der Entwicklung des politischen Interesses in den alten Bundesländern der Bundesrepublik Deutschland zu machen. Kaase (1989a) beschreibt einen massiven Anstieg des politischen Interesses in der bundesdeutschen Wahlbevölkerung von etwa 30 Prozent politisch Interessierter im Jahre 1960 auf rund 60 Prozent im Jahre 1983 und auf fast 70 Prozent im Jahre 1986. Er erklärt diesen Anstieg im Sinne eines Reflexes der Modernisierung: Die Ausweitung von Freizeit, die Verbreitung des Fernsehens, das Politik in alle Haushalte trägt, die veränderten Geschlechtsrollen und ein gestiegenes Bildungsniveau in den jüngeren Kohorten bilden die Ursache für den allgemeinen Anstieg im politischen Interesse. Für die 80er Jahre stellt Kaase eine Stagnation des politischen Interesses der Gesamtbevölkerung auf hohem Niveau fest (vgl. auch van Deth, 1990). Zu diesem Zeitpunkt ergaben sich jedoch schon erste Anzeichen für eine politische Demobilisierung von Jugendlichen.[3]

Die Shell-Jugendstudien bieten eine Zeitreihe für das politische Interesse von 15- bis 24-jährigen Jugendlichen an, die bis ins Jahr 1984 zurückreicht (Schneekloth, 2002, S. 92). Die Daten zeigen, dass sich zwischen 1984 und 1991 ein leichter Anstieg im Anteil politisch Interessierter von 55 auf 57 Prozent ergab, ab 1991 jedoch ein ste-

---

[3] Dass in den 80er und 90er Jahren trotz weiter steigendem Bildungsniveau das politische Interesse nicht weiter anstieg, war zunächst verwirrend. Eine Erklärung lieferte das von Nie, Junn und Stehlik-Barry (1996) entwickelte und von Hoffmann-Lange (2000) für Deutschland überprüfte „relative education model", demnach die Bildungsexpansion mit einer Entwertung von hohen Schulabschlüssen und deshalb auch mit einer Verringerung ihrer Bedeutung für das politische Interesse einher ging.

tiger Abfall auf 47 Prozent im Jahre 1996, auf 43 Prozent im Jahre 1999 und auf 34 Prozent im Jahre 2002 zu verzeichnen war. Das politische Interesse von Jugendlichen ist demnach im Laufe der 90er Jahre stark gesunken.

3.4.2 Periodeneffekte

Das politische Interesse steigt in der Regel während spektakulärer politischer Ereignisse und vor Wahlen an. Untersuchungen, die vor und nach der Wiedervereinigung Deutschlands durchgeführt wurden, zeigen, dass das politische Interesse der Jugendlichen in Ostdeutschland durch die politischen Ereignisse vorübergehend sehr stark erhöht war (Förster u.a., 1993; Friedrich & Förster, 1997, S. 53).

In den Shell-Jugendstudien lag 1991 das politische Interesse der Jugendlichen in den neuen Bundesländern noch etwas höher als in den alten Bundesländern (Kühnel, 1992). Zwischen 1991 und 1996 zeigte sich dann in beiden Teilen Deutschlands ein Rückgang, der im Osten, und dort vor allem unter den weiblichen Jugendlichen, stärker ausfiel als im Westen, so dass es 1996 zu einer Angleichung zwischen ost- und westdeutschen Jugendlichen kam (Fischer, 1997; vgl. auch Pickel, 1996). Zwischen 1996 und 1999 zeigte sich dann im Osten Deutschlands abermals ein deutlicher Rückgang, im Westen dagegen ein nur sehr geringer, so dass 1999 der Anteil politisch Interessierter unter den westdeutschen Jugendlichen höher lag als unter den ostdeutschen Jugendlichen (Fischer, 2000a).

Im DJI-Jugendsurvey zeigte sich 1992, also schon ein Jahr nach der Erhebung der Shell-Jugendstudie von 1991, kein Ost-West-Unterschied mehr. Im Unterschied zur Shell-Jugendstudie ergab sich im DJI-Jugendsurvey zwischen 1992 und 1997 bei den westdeutschen Jugendlichen ein leichter Anstieg des Anteils politisch Interessierter, bei den ostdeutschen Jugendlichen war jedoch ebenfalls ein deutlicher Abfall zu verzeichnen. In Übereinstimmung mit der Shell-Jugendstudie von 1999 lag auch im DJI-Jugendsurvey 1997 der Anteil politisch Interessierter bei den westdeutschen Jugendlichen höher als bei den ostdeutschen Jugendlichen (Gille, Krüger & de Rijke, 2000).

Ein Vergleich der Daten des DJI-Jugendsurveys mit den Daten der 18- bis 29-Jährigen des ALLBUS von 1991, 1992, 1994, 1996 und 1998 (Gille, Krüger & de Rijke, 2000, S. 213) bestätigte den negativen Trend bis 1996 unter den ostdeutschen Jugendlichen, nicht dagegen den positiven Trend unter den westdeutschen Jugendlichen zwischen 1992 und 1996. Zudem zeigte sich in den ALLBUS-Daten zwischen 1996 und 1998 ein deutlicher Wiederanstieg im politischen Interesse der ostdeutschen

Jugendlichen, was im Widerspruch zu dem stetig abfallenden Trend in der Shell-Jugendstudie (Fischer, 2000a) steht.

Die Frage, in welche Richtung sich das allgemeine politische Interesse unter den ostdeutschen Jugendlichen während unseres Untersuchungszeitraums von 1996 bis 1998 entwickelte, kann vor dem Hintergrund der angeführten Studien also nicht eindeutig beantwortet werden. Es ist jedoch wahrscheinlich, dass auf lange Sicht ein negativer Trend zu verzeichnen war, der immer wieder durch bestimmte politische Ereignisse (wie beispielsweise Wahlen) unterbrochen wurde. Aktuelle Ereignisse, die kurzfristig das politische Interesse erhöhen, können für die widersprüchlichen Ergebnisse in den angeführten Studien verantwortlich sein.

3.4.3 Politisches Interesse und Alter

Sowohl in den Shell-Jugendstudien als auch im DJI-Jugendsurvey zeigte sich über die Altersgruppen hinweg ein kontinuierlicher Anstieg im politischen Interesse (Gille, Krüger & de Rijke, 2000; Fischer, 1997, 2000a; Schneekloth, 2002). Kaase (1989a) hat anhand von Daten der Forschungsgruppe Wahlen aus den Jahren 1972, 1976, 1980 und 1987 gezeigt, dass der Anteil politisch Interessierter in der Altersgruppe der 18- bis 24-Jährigen fast immer unter dem durchschnittlichen Anteil in der gesamten Erwachsenenbevölkerung lag während er in der Altersgruppe der 25- bis 29-Jährigen darüber lag. Die Altersgruppe der 25- bis 29-Jährigen war somit im Vergleich zu den anderen Altersgruppen am stärksten politisiert. Vermutlich jedoch ist dieser hohe Politisierungsgrad einer relativ jungen Bevölkerungsgruppe als ein Spezifikum der Zeit (1972 bis 1987) zu betrachten. Gille, Krüger und de Rijke (2000) teilten die Daten des ALLBUS in die Altersgruppe der 18- bis 29-Jährigen und in die ab 30-Jährigen auf und fanden fast durchgängig niedrigere Anteile politisch Interessierter bei den 18- bis 29-Jährigen.

Allgemein wird angenommen, dass der Zusammenhang zwischen Alter und politischem Interesse dem aus der Partizipations- und Wahlforschung bekannten „start-up and slow-down" Modell entspricht. Dieses sieht einen kurvilinearen Verlauf mit Tiefpunkten am Beginn und am Ende des Lebenszyklus sowie einem Höhepunkt im Alter zwischen ungefähr 45 und 60 Jahren vor (Maier, 2000).

3.5 Annahmen zur Entwicklung des politischen Interesses

Welche Entwicklung ist vor dem Hintergrund der beschriebenen Effekte für das politische Interesse in der vorliegenden Untersuchung zu erwarten? Zum Einen ist anzunehmen, dass sich aufgrund eines mit dem Alter zunehmenden politischen Wissens und zunehmender politischer Erfahrung ein Anstieg im politischen Interesse ergibt. Zunahmen im politischen Interesse mit dem Alter hatten sich übereinstimmend in allen Jugendstudien abgezeichnet.

Zum Zweiten ist zu erwarten, dass sich – vermittelt über die konkreten Erfahrungen, die die Jugendlichen in den sozialen Interaktionen mit ihren Eltern, den Gleichaltrigen, dem Schulunterricht und den Massenmedien machen – der allgemeine Trend auf die Entwicklung des politischen Interesses niederschlägt. Dieser allgemeine Trend verlief auf der Aggregatebene der jugendlichen Gesamtbevölkerung langfristig in negativer Richtung und könnte sich somit auf die Entwicklung des politischen Interesses auf der individuellen Ebene bremsend auswirken.

Zum Dritten ist die Annahme plausibel, dass die Bundestagswahl 1998 und der damit verbundene Wahlkampf eine aktivierende Wirkung auf das politische Interesse der Jugendlichen hat. Die Bundestagswahl könnte zu einem Anstieg im politischen Interesse der Jugendlichen führen, und zwar insbesondere zu den letzten beiden Erhebungswellen unserer Untersuchung, denn diese wurden jeweils kurz vor und kurz nach der Bundestagswahl von 1998 durchgeführt.

4 Kontexte der politischen Sozialisation

Das Elternhaus, der Freundeskreis, die Schule und die Massenmedien gelten als die wichtigsten „Lernumwelten" für die politische Sozialisation von Jugendlichen (Fend, 1991). Im Folgenden soll ein knapper Überblick gegeben werden über Theorien, mögliche Einflussfaktoren und offenen Fragen, die mit den jeweiligen Kontexten verbunden sind.

4.1 Das Elternhaus

4.1.1 Eltern zwischen Allmacht und Ohnmacht

Die Familie galt lange Zeit als die mächtigste und einflussreichste Sozialisationsinstanz für die Entwicklung der politischen Persönlichkeit (Wasmund, 1982b; Geissler, 1980; Geißler, 1996). Diese Einschätzung hatte sowohl theoretische als auch empirische Ursachen. In zahlreichen Untersuchungen der politischen Kulturforschung fand sich eine hohe Kontinuität in den politischen Einstellungen von Generationen zu Generation. Für diese Kontinuität wurde die Familie verantwortlich gemacht. Aus systemfunktionalistischer Perspektive wurde angenommen, dass Eltern ihre politischen Orientierungen an ihre Kinder weitergeben und auf diese Weise die Stabilität der politischen Ordnung gewährleisten (Easton & Dennis, 1969). Der Familie wurde so die Funktion eines „Transmissionsriemens" zugeschrieben.

Gestützt wurde diese Auffassung durch die so genannte Kristallisationsthese, die einer psychoanalytischen Tradition entspringt. Als primäre Bezugspersonen sollen die Eltern den ersten und am stärksten prägenden Einfluss auf die politischen Orientierungen und die politische Persönlichkeit ihrer Kinder haben (primacy principle). Alles spätere politische Lernen wird gemäß dieser Vorstellung durch die während der frühen Kindheit erworbenen Fähigkeiten und Einstellungen strukturiert (structuring principle).

In den 60er und 70er Jahren wurde die These, dass die hohe intergenerationale Stabilität der politischen Kultur auf innerfamiliale Transmissionsprozesse zurückzuführen sei, durch eine überwiegend methodisch geführte Kritik erstmals in Frage gestellt (Connell, 1972; Zängle, 1978):

– Die intergenerationale Stabilität war zum Teil aus Daten abgeleitet worden, die nur auf Aggregatebene erhoben worden waren. Innerfamiliale Prozesse kommen in solchen Untersuchungen gar nicht in den Blick.

- Untersuchungen, in denen innerfamiliale Übereinstimmungen erhoben wurden, beruhten in der Regel entweder auf retrospektiv erhobenen Daten (Erwachsene wurden gefragt, welche politischen Einstellungen ihre Eltern früher hatten) oder auf Daten, in denen die Kinder zu den politischen Orientierungen ihrer Eltern befragt wurden. Beide Vorgehensweisen sind stark fehleranfällig und führen dazu, dass die Übereinstimmungen zwischen Eltern und Kindern überschätzt werden (vgl. Marsh, 1975).
- Ein weiterer Kritikpunkt richtete sich auf die häufig unzulängliche Repräsentativität der Stichproben. Die Stichproben, in denen unabhängige Daten von Eltern und Kindern erhoben wurden, unterlagen häufig einer hohen Selbstselektion (Überrepräsentation von intakten Familien mit hohem Kommunikationsniveau) und bestanden überwiegend aus Familien der Mittelschicht. Beide Faktoren dürften dazu führen, dass die Höhe der Übereinstimmung überschätzt wird (Connell, 1972).
- Schließlich wurde kritisiert, dass sich die meisten Untersuchungen allein auf die Erhebung von Parteiidentifikationen beschränkten und andere politische Orientierungen völlig ausklammerten.

In Untersuchungen, in denen unabhängige Daten von Eltern und Kindern erhoben wurden und die neben der Parteiidentifikation noch andere politische Orientierungen miteinbezogen, fanden sich tatsächlich überraschend niedrige Übereinstimmungen zwischen den Eltern und ihren Kindern. Ausnahmen bildeten die Parteiidentifikation, die ideologische Links-Rechts-Selbsteinstufung sowie ethnische Vorurteile oder Ansichten gegenüber bestimmten sozialen Gruppen (Jennings & Niemi, 1968; 1974; Tedin, 1974; Oswald & Völker, 1973).

Die Befunde von zum Teil nur niedrigen Übereinstimmungen in den politischen Orientierungen zwischen Eltern und ihren Kindern ließen sich jedoch ebenfalls durch methodische Argumente in Zweifel ziehen:
- In manchen Untersuchungen wurde die Übereinstimmung zwischen Eltern und Kindern in Form von absoluten Prozentwertübereinstimmungen operationalisiert. In solchen Fällen wird nur dann „Einfluss" gemessen, wenn die Kinder exakt dieselbe Position vertreten wie ihre Eltern. Eltern beeinflussen ihre Kinder aber auch dann, wenn diese nicht genau dieselbe Position einnehmen. Beispielsweise können Kinder aus gemäßigt links oder rechts eingestellten Elternhäusern jeweils dieselbe politische Richtung wie ihre Eltern, nur in extremerer Form, vertreten. Gefordert wurde deshalb die Operationalisierung von Einfluss in Form von relativen Übereinstimmungen, das heißt in Form von Korrelationen oder ähnlichen Zusammenhangsmaßen (Jennings, Allerbeck & Rosenmayr, 1979).

- Ein zweites gewichtiges Argument bezieht sich auf die Validität und Reliabilität der Messungen. Umso jünger die in die Untersuchung einbezogenen Kinder oder Jugendlichen sind, desto höher ist die Gefahr der Messung von so genannten Non-Attitudes. Zwar mögen Kinder oder Jugendliche eine Antwort auf die gestellten Fragen geben, aufgrund des noch wenig ausgebildeten politischen Verständnisses von Kindern und jüngeren Jugendlichen kann es aber vorkommen, dass diese Antworten nichts mit dem politischen Konzept zu tun haben, auf das die Fragen abzielen (mangelnde Validität) (Wasmund, 1982b). Manche politischen Konzepte und abstrakten politischen Orientierungen sind außerdem nur schwer zu messen (mangelnde Reliabilität) (Dalton, 1980). In beiden Fällen, bei mangelnder Validität wie bei mangelnder Reliabilität von Messungen, werden die tatsächlichen Zusammenhänge zwischen Eltern und ihren Kindern durch die erhobenen Daten unterschätzt.

Für neuen Stoff in der Diskussion über die politische Sozialisationsfunktion der Eltern sorgte das Aufkommen der studentischen Protestbewegung. Im aufbrechenden Generationenkonflikt schienen die Eltern jeglichen Einfluss auf die politischen Vorstellungen der nachwachsenden Generation verloren zu haben. Die Stabilität der politischen Ordnung schien gefährdet.

Die empirischen Untersuchungen dieser Zeit konnten diese Befürchtungen jedoch widerlegen (Oswald & Völker, 1973; Jennings, Allerbeck & Rosenmayr, 1979; Allerbeck, Jennings & Rosenmayr, 1979). Zwar fanden sich nur moderate, aber doch durchweg positive Zusammenhänge für die politischen Einstellungen von Eltern und Kindern. In der Mehrheit der Familien konnte somit nicht von einem Generationenkonflikt gesprochen werden. Wenn sich ein solcher abzeichnete, dann allenfalls auf der gesellschaftlichen Aggregatebene.

Die Zusammenhänge in den politischen Orientierungen zwischen Eltern und ihren Kindern fielen also höher aus als es die These eines durchgängigen Generationenkonflikts nahe gelegt hätte. Sie lagen aber deutlich niedriger als es vor dem Hintergrund des „Übertragungskonzepts" zu erwarten gewesen wäre. Zudem fanden sich Hinweise, dass neben der Familie die Schule eine wichtige Einflussgröße auf die politischen Orientierungen von Kindern sein könnte (Hess & Torney, 1967).[4] Als Konsequenz dieser Ergebnisse wurde die Vorstellung einer „einseitigen Übertragung" von elterlichen politischen Orientierungen auf die Kinder aufgegeben zugunsten der An-

---

4 Gegen die Schlussfolgerungen in dieser Untersuchung wurden ebenfalls gewichtige methodische Einwände vorgebracht (vgl. Zängle, 1978).

nahme eines eigenständigen Lernprozesses der Kinder, in dem nicht nur die Eltern, sondern zunehmend auch andere Sozialisationsinstanzen eine Rolle spielen.

Wasmund (1982b) beschreibt drei in der Forschung gängige Lernmodelle. Das „Modell des frühen Lernens" sieht vor, dass grundlegende politische Orientierungen, insbesondere die affektiv besetzten wie politische Loyalitäten, Identifikationen, Werte und Feindbilder früh und eher unbewusst von wichtigen Bezugspersonen übernommen werden. Da die ersten und wichtigsten Bezugspersonen die Eltern sind, kommt den Eltern in diesem Modell ein überragender Stellenwert zu.

Dem „Modell des frühen Lernens" wurde das „Modell der späten Kindheits- und Jugendphase" gegenüber gestellt. Eine wirklichkeitsnahe Konzeptualisierung von Politik setzt kognitive Kompetenzen voraus, die erst in der späten Kindheit und frühen Adoleszenz entwickelt werden. Weil erst mit der Entwicklung von entsprechenden Fähigkeiten eine reflektierte Übernahme von politischen Positionen möglich ist, wird diese Altersphase als besonders prägend für den Erwerb von Parteipräferenzen und das Verständnis politischer Partizipation angesehen. In diesem Modell wird zwar ebenfalls ein starker Einfluss der Eltern angenommen, die Eltern konkurrieren aber bereits mit anderen Sozialisationsinstanzen, insbesondere mit der Schule.

Ein drittes Modell, das „Modell des späten politischen Lernens", nimmt an, dass die wirklich prägenden politischen Erfahrungen erst im Erwachsenenalter gemacht werden, denn erst im Erwachsenenalter sind die intellektuellen Fähigkeiten voll entwickelt, die für das Verständnis von komplexen politischen Zusammenhängen und für die Erkenntnis, wie politische Prozesse in das eigene Leben eingreifen, nötig sind. In diesem Modell spielt der Einfluss der Eltern keine große Rolle mehr.

Nach Wasmund (1982b) ist es wenig fruchtbar, die drei Modelle gegeneinander ausspielen zu wollen. Jedes Modell betont jeweils spezifische Aspekte des politischen Lernprozesses, so dass alle drei einen Erklärungswert haben. Der Einfluss, der den Eltern während dieses Lernprozesses zugeschrieben wird, variiert, und er wird umso geringer, je älter die Kinder oder Jugendlichen werden.

4.1.2 Einflussfaktoren des Elternhauses

Der Erfolg der elterlichen Sozialisation bemaß sich in den angeführten empirischen Untersuchungen am Grad der (relativen) Übereinstimmung zwischen Eltern und ihren Kindern. Gegen diese Art der Operationalisierung gab es ebenfalls einen wichtigen methodischen Einwand: Eine Übereinstimmung zwischen Eltern und Kindern kann teilweise oder sogar vollständig auf den Einfluss von dritten Faktoren, wie beispielsweise dem geteilten sozialen Milieu oder der gemeinsamen Nutzung von Massenmedien zustande kommen, ohne dass ein Einfluss von Eltern auf Kinder oder gar von Kindern auf Eltern vorliegt. Um dieser Kritik zu begegnen, wurde für eine Reihe von Faktoren geprüft, inwieweit sie die Übereinstimmungen zwischen Eltern und ihren Kindern beeinflussen. Es handelt sich dabei überwiegend um Faktoren, die den Einflussprozess näher beschreiben:

- Es zeigte sich, dass die Übereinstimmung zwischen Eltern und Kindern mit der Wahrnehmbarkeit der politischen Einstellung oder Orientierung variierte. Im Allgemeinen waren die Übereinstimmungen bei gut „sichtbaren" oder leichter kommunizierbaren Einstellungen wie beispielsweise der Parteiidentifikation, höher als bei abstrakteren, schwerer zu fassenden, wie beispielsweise der mitbürgerlichen Toleranz (Tedin, 1974; Jennings & Niemi, 1974).
- Zudem spielte der Grad der Politisierung des Elternhauses eine Rolle. Die Übereinstimmungen zwischen Eltern und Kindern lagen höher, wenn die Eltern politisch interessierter oder aktiver waren. Offenbar bringen politisch interessierte Eltern ihre politischen Ansichten deutlicher zum Ausdruck als politisch uninteressierte Eltern. Möglicherweise legen sie außerdem einen größeren Wert auf die Einstellungen ihrer Kinder und versuchen stärker, diese aktiv zu beeinflussen (Tedin, 1974; Oswald & Völker, 1973).
- Auch die Homogenität der elterlichen Einstellungen beeinflusste den Grad an Übereinstimmung. Unterschiede zeigten sich dabei nicht nur im Vergleich von übereinstimmenden mit nicht übereinstimmenden Eltern, sondern außerdem im Vergleich zweier übereinstimmender Elternteile mit einem alleinerziehenden Elternteil. Offenbar haben zwei Elternteile mit konsistenten Einstellungen eine stärkere Vorbildwirkung als zwei Elternteile mit disparaten Einstellungen oder als ein alleinerziehendes Elternteil (Jennings & Langton, 1969; 1974).
- Die emotionale Qualität der Eltern-Kind-Beziehung (Nähe) hatte ebenfalls einen Einfluss auf den Grad an Übereinstimmung. Im Allgemeinen bildeten die Mütter im Vergleich zu den Vätern die wichtigeren Bezugspersonen für die Jugendlichen und dies führte bei abweichenden Einstellungen der Eltern untereinander zu einer stärkeren Übereinstimmung der Jugendlichen mit den Müttern (Jennings & Langton, 1969; 1974).
- Schließlich zeigte sich ein Einfluss der innerfamilialen Geschlechterkonstellation auf den Grad an Übereinstimmung. Weibliche Jugendliche stimmten stärker mit ihren Müttern und männliche Jugendliche stärker mit ihren Vätern überein. Der Grund hierfür wurde in geschlechtsspezifischen Identifikationsprozessen gesehen (Jennings & Langton, 1969; 1974).

Zusammengenommen weisen die angeführten Befunde darauf hin, dass Einflussprozesse innerhalb der Familie stattfinden und dass diese abhängig sind von kommunikativen und emotionalen Faktoren der Eltern-Kind-Beziehung.

4.1.3 Manifeste und latente politische Sozialisation

Die erzieherischen Bemühungen von Eltern richten sich nicht in erster Linie auf die politischen Orientierungen und das politische Wissen ihrer Kinder. Ein Großteil der politischen Sozialisation vollzieht sich eher unbewusst, ungeplant und unkontrolliert, sozusagen als Nebenprodukt allgemeiner Interaktion und Kommunikation innerhalb der Familie. Für die Entwicklung einer politischen Persönlichkeit relevant sind auch nicht allein die konkreten politischen Inhalte, die innerhalb der Familie kommuniziert oder transportiert werden, sondern außerdem die Art der Gestaltung der Interaktionen der Familienmitglieder untereinander sowie das emotionale Klima.

In der Forschungsliteratur wird diesbezüglich zwischen manifester und latenter politischer Sozialisation unterschieden (Wasmund, 1982b; Geißler, 1996). Manifeste politische Sozialisation meint sowohl die intendierte wie auch die nicht-intendierte Vermittlung konkreter politischer Inhalte, wie sie beispielsweise durch die Erklärung politischer Sachverhalte in Gesprächen erfolgt, aber auch durch zufällig oder nebenbei aufgeschnappte politische Äußerungen der Eltern. Die latente politische Sozialisation umfasst dagegen die Entwicklung von Persönlichkeitseigenschaften, welche selbst keinen direkten politischen Bezug haben, aber mit politischen Orientierungen und politischem Verhalten im Zusammenhang stehen (Geissler, 1980).

Die Forschung zur Übereinstimmung von politischen Orientierungen von Eltern und Kindern zielt auf die Erfassung von manifester politischer Sozialisation ab. Die Forschung zur Entwicklung bestimmter Persönlichkeitseigenschaften, insbesondere zum Autoritarismus, aber auch zu verwandten Konzepten wie beispielsweise Konformismus, Rigidität, Konfliktfähigkeit und Toleranz, zielt auf die Erfassung latenter politischer Sozialisationsprozesse ab. Die moralische Entwicklung und Bindungsrepräsentationen sind ebenfalls mit latenter politischer Sozialisation in Zusammenhang gebracht worden.

Als wichtigste Einflussfaktoren der familialen latenten politischen Sozialisation gelten die familiäre Struktur (Dominanz- und Autoritätsverhältnisse), Kommunikationsstile, Erziehungsstile, Familienklima sowie Persönlichkeitsmerkmale der Eltern (Hopf & Hopf, 1997).

4.1.4 Die Gespräche über Politik im Elternhaus

Gespräche über Politik bilden ein wichtiges Medium, sowohl der intendierten wie auch der nicht-intendierten politischen Einflussnahme. In Gesprächen über Politik wird über politische Sachverhalte informiert, es werden Argumente ausgetauscht und politische Überzeugungen zum Ausdruck gebracht. Gespräche über Politik werden mal von den Kindern, mal von den Eltern initiiert. Und nicht nur versuchen Eltern, die Meinung ihrer Kinder zu beeinflussen, Jugendliche versuchen auch, die Eltern von ihren Standpunkten zu überzeugen (retroaktive Sozialisation). Inwieweit sie dabei erfolgreich sind, ist empirisch schwer zu prüfen und stellt eine der noch weitgehend offenen Fragen auf dem Gebiet der politischen Sozialisationsforschung dar (Wasmund, 1982b; Geißler, 1996).

Historisch betrachtet hat Politik als Gesprächsthema für Familien seit den 60er Jahren an Bedeutung gewonnen. Geissler (1982) bezeichnete dieses Phänomen als die politische Öffnung der Familie. Zurückgeführt wurde diese Zunahme zum einen auf ein allgemein angestiegenes Bildungsniveau (in Familien der oberen sozialen Schichten wird deutlich häufiger über Politik gesprochen als in Familien der unteren sozialen Schichten), zum anderen sorgte die Verbreitung des Fernsehens für eine flächendeckende Versorgung privater Haushalte mit leicht zugänglichen politischen Informationen. Bei vielen innerfamilialen Gesprächen über Politik liefert das Fernsehen den Anlass (Geissler, 1982).

Allerdings hat Politik im Vergleich zu anderen Themen einen nur untergeordneten Stellenwert in innerfamilialen Gesprächen. Politik rangiert als Gesprächsthema erst hinter Themen, die die Ausbildungs- und Berufsprobleme, die Freizeitbeschäftigungen und den Freundes- und Bekanntenkreis der Jugendlichen betreffen. Aber auch wenn Politik nicht zu den wichtigsten Gesprächsthemen innerhalb der Familie zählt, so gehören doch umgekehrt die Familienmitglieder zu den wichtigsten Gesprächspartnern bei politischen Fragen. Für Frauen ist der Ehepartner diejenige Person, mit der sie am häufigsten über Politik sprechen. Männer sprechen zwar am häufigsten mit Freunden oder Bekannten über Politik, die Ehefrau rangiert aber noch knapp vor dem Kollegenkreis. Für Kinder sind die Eltern, insbesondere die Väter die wichtigsten Gesprächspartner. Im Jugendalter gewinnen jedoch die gleichaltrigen Freunde zunehmend an Bedeutung (Geißler, 1996).

4.2 Die Gleichaltrigenwelt

4.2.1 Die besondere Struktur der Gleichaltrigenbeziehung

Der Gleichaltrigenwelt wurde aufgrund ihrer im Vergleich zur Familie andersartigen Struktur vielfach eine besondere Funktion für die politische Sozialisation von Kindern und Jugendlichen zugeschrieben. Die Beziehung zwischen Eltern und ihren Kindern zeichnet sich durch ein soziales und kognitives Kompetenz- sowie durch ein Autoritätsgefälle aus. In den Beziehungen unter Gleichaltrigen besteht dagegen eine potentielle Gleichrangigkeit der Beziehungspartner. Interaktionszusammenhänge unter Gleichaltrigen bieten nach Krappmann (1991) die Gelegenheit für ko-konstruktive Prozesse, die nicht durch Erwachsene strukturiert werden. „ ... in der Kinderwelt konfrontieren sich relativ Gleiche mit ihren Erwartungen und Absichten und stehen vor der Aufgabe, ihre Sichtweisen und Vorhaben wechselseitig zu koordinieren. [...] In ihren Bemühungen um eine gemeinsame Handlungslinie erfahren die Kinder, welche Vorgehensweisen, Behauptungen, Beweise, Regeln in diesem Prozeß der Situationsdefinition und Handlungskoordination taugen." (S. 356) Durch die selbständige Gestaltung der Interaktionen werden grundlegende Kompetenzen interpersonaler Verständigung und sozialer Kooperation erworben, die auch für die politische Persönlichkeit von Belang sind.

Piaget (1973) sah in der Gleichaltrigenwelt demokratische Prinzipien verwirklicht, die in der hierarchisch strukturierten Beziehung zu Erwachsenen nicht zum Tragen kommen. Nach Piaget kann die Gleichaltrigenwelt einen entscheidenden Beitrag zur Moralentwicklung von Kindern und Jugendlichen leisten, weil die Interaktionen unter Gleichaltrigen die Einsicht in die Notwendigkeit der Respektierung von auf Konsens beruhenden Normen fördern. Deutlich wird dies bei der Beobachtung von spielenden Kindern: Das Spiel unter Gleichaltrigen erfordert das Aushandeln von Spielregeln, die von allen Beteiligten akzeptiert werden müssen. Der Aushandlungsprozess von Spielregeln und das Überwachen der Einhaltung ähnelt dem demokratischen Willensbildungsprozess und seiner Durchsetzung. Spielerisch wird hier vorweg genommen, was später auf gesellschaftlicher Ebene stattfindet.

Eisenstadt sah die Funktion der Gleichaltrigenwelt vor allem darin, den Übergang von der Familie in das Sozialsystem der Gesellschaft zu erleichtern. Nach Eisenstadt werden in der Familie eher diffuse, partikularistische und kollektive Werte betont während das gesellschaftliche System eher individualistische und universalistische Werte fordert. Die Transformation der aus der Familie übernommenen Wertorientierungen in gesellschaftlich relevante Wertorientierungen ist mit emotionaler Unsicherheit und sozialer Orientierungslosigkeit verbunden. Diese können in der Gleichaltrigenwelt abgefedert werden (vgl. Wasmund, 1982c; Sünker, 1996).

4.2.2 Die soziale und emotionale Bedeutung von Gleichaltrigen im Vergleich zu den Eltern

Aus sozialhistorischer Sicht kann von einer Zunahme der Bedeutung von Gleichaltrigengruppen im sozialen Netzwerk von Jugendlichen gesprochen werden. In den Shell-Jugendstudien stieg der Anteil an 15- bis 24-jährigen Jugendlichen, der seine Freizeit öfter oder regelmäßig in informellen Jugendgruppen verbringt (Cliquenbindung), von 51 Prozent im Jahre 1964 auf 76 Prozent im Jahre 1984. Über die 80er und 90er Jahre stagnierte dieser Anteil dann auf hohem Niveau, er lag im Jahre 1991 im Westen bei 82 Prozent, im Osten etwas darunter (Oswald, 1992). Im Jahre 1996 antworteten 76 Prozent der westdeutschen und 65 Prozent der ostdeutschen 13- bis 19-jährigen Jugendlichen, in einer Clique zu verkehren (Reitzle & Riemenschneider, 1996). Ein Ost-West-Unterschied blieb auch im Jahre 2002 weiter bestehen (Linssen, Leven & Hurrelmann, 2002). Mit der Ausweitung der Freizeitgestaltung in informellen Jugendgruppen dürfte auch der sozialisatorische Einfluss von Gleichaltrigen gestiegen sein.

Aus entwicklungspsychologischer Sicht gewinnen die Beziehungen zu Gleichaltrigen im Übergang zum Schulalter und während der Jugendzeit zunehmend an Bedeutung. Fraglich ist, ob die Gleichaltrigen die Eltern als wichtigste Bezugspersonen ablösen oder ob die Eltern trotz der Bedeutungszunahme der Gleichaltrigen im Jugendalter die wichtigsten Bezugspersonen bleiben. Die US-amerikanische Forschung zeigt, dass für Jugendliche ab einem Alter von ungefähr 12/13 Jahren bei abnehmender Bedeutung der Unterstützung durch die Eltern die Unterstützung durch Freunde wichtiger wird als die durch die Eltern. Im Alter zwischen 15/16 und 18/19 Jahren nimmt die Bedeutung der Unterstützung durch die Eltern aber wieder zu und die durch Freunde wieder ab, so dass die Niveaus zum Ende der Schulzeit etwa gleich auf liegen. Ab dem Alter von 15/16 Jahren wird außerdem die Unterstützung durch gegengeschlechtliche feste Freunde ungefähr so wichtig wie die durch die Eltern (Furman & Buhrmester, 1992, vgl. Tab. 1, S. 107).

In der Untersuchungen von Fend (2001, S. 293; 1998, S. 267) wandten sich Jugendliche erst ab einem Alter von 14 Jahren häufiger an ihre gleichgeschlechtlichen Freunde als an ihre Eltern, wenn sie Probleme mit sich selbst hatten. Bei Schwierigkeiten oder Problemen mit anderen wandten sie sich jedoch schon im Alter von 13 Jahren (und möglicherweise sogar noch früher, die Untersuchung setzte erst im Alter von 13 Jahren ein) häufiger an ihre gleichgeschlechtlichen Freunde. Auch in der Untersuchung von Fend zeigte sich eine Zunahme für die Bedeutung von gegengeschlechtlichen festen Freunden, diese reichte ebenfalls ab einem Alter von 16 Jahren an die Bedeutung der Eltern heran.

In der Shell-Jugendstudie von 1992 bezeichnete die Hälfte der Jugendlichen (50 %) gleichzeitig die Eltern und die Gleichaltrigen als sehr wichtige Bezugspersonen. Für etwa ein Viertel der Jugendlichen (23 %) waren nur die Gleichaltrigen sehr wichtig und für einen etwas geringeren Anteil (18 %) nur die Eltern.[5] Neun Prozent der Jugendlichen nannten weder einen Elternteil noch gleichaltrige Freunde als sehr wichtige Bezugspersonen, in den meisten dieser Fälle waren aber entweder die Eltern oder die Gleichaltrigen zumindest wichtige Bezugspersonen (Oswald, 1992).

Geschlechtsspezifische Unterschiede zeichneten sich dahingehend ab, dass Mädchen häufiger als Jungen die Mutter, die gleichgeschlechtliche gute Freundin und den gegengeschlechtlichen festen Freund als sehr wichtige Bezugsperson nannten. Keine Geschlechtsunterschiede ergaben sich für die Nennungen des Vaters und der Freundesgruppe. Mädchen nannten zudem etwa gleich häufig wie Jungen mindestens einen Elternteil als sehr wichtige Bezugsperson, sie bezeichneten aber deutlich häufiger als Jungen noch gleichzeitig eine gleichaltrige Person als sehr wichtige Bezugsperson. Umgekehrt kam es bei Mädchen deutlich seltener vor, dass weder ein Elternteil noch eine gleichaltrige Person als sehr wichtige Bezugsperson genannt wurde (Oswald, 1992, S. 326; vgl. auf der Grundlage eines anderen Datensatzes auch Oswald & Boll, 1992). Für Mädchen sind demnach im Vergleich zu den Jungen die Eltern etwa gleich wichtig, Gleichaltrige aber wichtiger. Darüber hinaus messen Mädchen ihren sozialen Beziehungen insgesamt eine größere Bedeutung bei. Die beschriebenen Ergebnisse wurden in der Folgestudie von 1996 noch einmal repliziert (Reitzle & Riemenschneider, 1996).

4.2.3 Der sozialisatorische Einfluss von Gleichaltrigen im Vergleich zu den Eltern

Die Frage, wer den stärkeren sozialisatorischen Einfluss ausübt, die Eltern oder die Gleichaltrigen, ist abhängig von der Qualität der Eltern-Kind-Beziehung. Wo viel Zeit mit der Familie verbracht wird und eine intensive Kommunikation in der Familie stattfindet hat es die Gleichaltrigenwelt ungleich schwerer, mit dem Einfluss der Eltern zu konkurrieren, als in Fällen, in denen das Feld den Gleichaltrigen überlassen wird (Wasmund, 1982c). Wenn die Eltern ihre Sozialisationsfunktion nicht wahrnehmen

---

5   Von den beiden Elternteilen wurde die Mutter häufiger als der Vater als sehr wichtig eingestuft (Oswald, 1992, S. 325).

entsteht ein Vakuum, das durch die Gleichaltrigen ausgefüllt wird. Oswald (1992) konnte nachweisen, dass ein negativer Einfluss der Gleichaltrigengruppe in Bezug auf deviantes Verhalten vor allem dann vorliegt, wenn das Verhältnis der Jugendlichen zu den Eltern beschädigt ist.

Darüber hinaus scheint es vom Problembereich abhängig zu sein, ob sich die Jugendlichen stärker an ihren Eltern oder an Gleichaltrigen orientieren. Bei Fragen der Berufswahl bilden nach wie vor die Eltern die wichtigere Bezugsgröße. Bei Fragen des Lebensstils oder des Drogenkonsums dagegen orientieren sich Jugendliche stärker an den Gleichaltrigen (Oswald, 1989; Kandel, 1986). Allgemein kann angenommen werden, dass der Einfluss von Gleichaltrigen immer dann größer ist, wenn es sich um einen Problembereich handelt, der einen starken Bezug zur Gleichaltrigenkultur aufweist.

Wie stark der Einfluss von Gleichaltrigen auf die politischen Orientierungen von Jugendlichen ist, dürfte also in erster Linie vom Stellenwert abhängen, den Politik in den Interaktionen unter den Gleichaltrigen einnimmt. Gleichaltrige können nur dann einen direkten Einfluss auf die politischen Orientierungen von Jugendlichen ausüben, wenn Politik Gegenstand ihres Interesses und ihrer Kommunikation untereinander ist. Gleichaltrige können jedoch auch indirekt einen Einfluss ausüben, indem sie durch bewusste Distanzierung von der Politik entpolitisierend wirken und dadurch Einstellungsmuster begünstigen, die zu Anomie und Entfremdung gegenüber dem politischen System führen (Wasmund, 1982c).

4.2.4 Einflussfaktoren der Gleichaltrigenbeziehung

Auch in der Forschung zum Einfluss von Gleichaltrigen auf die politischen Orientierungen von Jugendlichen wurde der Grad an Übereinstimmung als Indikator für die sozialisatorische Wirkung herangezogen. Wie zwischen Jugendlichen und Eltern so zeigten sich auch zwischen Jugendlichen und Gleichaltrigen überzufällig häufig Übereinstimmungen in den politischen Orientierungen. Im Vergleich zu den Übereinstimmungen mit den Eltern lagen die Übereinstimmungen mit den Gleichaltrigen in der Regel jedoch etwas niedriger (Campbell, 1980; Tedin, 1980; Sebert, Jennings & Niemi, 1974; Oswald & Völker, 1973).

Für die Interpretation der gefundenen Übereinstimmungen unter Gleichaltrigen als Einfluss gilt derselbe methodische Einwand, wie er für die Eltern geäußert wurde: Eine Übereinstimmung sagt noch nichts über die zugrunde liegenden Einflussprozesse aus. Die Übereinstimmungen in den politischen Orientierungen Gleichaltriger sind möglicherweise zum Teil oder sogar vollständig auf dritte Faktoren zurückzuführen.

Zusätzlich kann es sein, dass sich Jugendliche ihre Freunde entsprechend ihrer politischen Einstellungen aussuchen, die Übereinstimmung also nicht das Ergebnis eines gegenseitigen Einflusses darstellt, sondern von vorneherein ein Auswahlkriterium bildet. Auch in Bezug auf Gleichaltrige wurde deshalb für eine Reihe von Faktoren, die den Einflussprozess näher beschreiben, überprüft, inwieweit sie den Grad an Übereinstimmung mitbestimmen:

- Dabei zeigte sich, dass die Höhe der Übereinstimmungen mit den Gleichaltrigen über verschiedene Themen hinweg variiert. Bei Themen, die für Jugendliche eine größere Relevanz besitzen, wie beispielsweise die Frage der Herabsetzung des Wahlalters oder die Drogengesetzgebung, lagen die Übereinstimmungen höher als bei Themen mit einem weniger engen Bezug zur Gleichaltrigenkultur (Sebert, Jennings & Niemi, 1974; Tedin, 1980; Campbell, 1980).
- Auch die emotionale Qualität der Beziehung hatte einen Einfluss auf den Grad an Übereinstimmung. In einer Untersuchung von Tedin (1980) lag die Übereinstimmungen mit den Gleichaltrigen nur in der relativ kleinen Gruppe von Jugendlichen, für die die Gleichaltrigen wichtiger waren als die Eltern, höher als die Übereinstimmungen mit den Eltern.
- Weibliche Jugendliche wiesen eine höhere Übereinstimmung mit den Gleichaltrigen auf als männliche Jugendliche. Zurückgeführt wurde dies auf eine stärkere Orientierung der weiblichen Jugendlichen an Freundschaftsbeziehungen (Sebert, Jennings & Niemi, 1974; Campbell, 1980).
- Zwischen dem politischen Interesse der Jugendlichen und ihrer Übereinstimmung mit Gleichaltrigen zeigte sich ein kurvilinearer Zusammenhang (Campbell, 1980). Politisch schwach und politisch stark interessierte Jugendliche stimmten stärker mit den Gleichaltrigen überein als politisch mittel interessierte Jugendliche. Campbell interpretierte diesen Befund dahingehend, dass politisch wenig interessierte Jugendliche die Meinung von Gleichaltrigen unreflektiert übernehmen während politisch mittel interessierte Jugendliche für ihre Meinungsbildung zusätzlich andere Quellen heranziehen. Die politisch stark interessierten Jugendlichen scheinen darüber hinaus nicht nur andere Quellen, sondern zusätzlich die Gleichaltrigengruppe aktiv für ihre Meinungsbildung zu nutzen. Dies trägt zu häufigen politischen Diskussionen innerhalb der Gruppe bei, wodurch es zu einer Angleichung der Meinungen kommt.
- Schließlich erwiesen sich noch die Attraktivität der Gleichaltrigengruppe, die Intensität und die Dauerhaftigkeit der Beziehungen und die Meinungshomogenität

in der Gruppe als relevante Bedingungen für den Einfluss von Gleichaltrigen (vgl. Silbiger, 1977).

Zusammengefasst weisen die Befunde darauf hin, dass Gleichaltrige zwar einen Einfluss auf die politischen Orientierungen von Jugendlichen haben, dieser Einfluss scheint aber nur unter bestimmten, eher selten auftretenden Umständen höher auszufallen als derjenige der Eltern (Tedin, 1980).

4.2.5   Die Gespräche über Politik mit Gleichaltrigen

Die Gespräche über Politik bilden auch unter Gleichaltrigen ein wichtiges Medium der politischen Einflussnahme. Je häufiger über Politik gesprochen wird, desto größer erweist sich die Übereinstimmung in den politischen Orientierungen unter Gleichaltrigen. Insgesamt bleibt der Einfluss der Gleichaltrigen jedoch schon deshalb begrenzt, weil Politik im Allgemeinen für Jugendliche kein sehr wichtiges Thema darstellt. In der Freizeit dominieren unpolitische Beschäftigungen wie Disko, Sport und „Gammeln" (Wasmund, 1982c).

Eine Auflistung von verschiedenen Lebensbereichen nach ihrer Wichtigkeit im DJI-Jugendsurvey (Gille, 2000) offenbart, dass Freunde und Bekannte, Freizeit und Erholung, Ausbildung, Arbeit und Beruf sowie die Familie wichtigere Lebensbereiche darstellen als Politik, Kunst und Kultur oder Religion. Politik wird nur von etwas über einem Drittel der Jugendlichen als wichtiger Lebensbereich angesehen und steht damit in der Rangliste noch hinter dem Lebensbereich Kunst und Kultur.

Fragt man Kinder und Jugendliche, wen sie bei politischen Fragen um Rat fragen würden, so wird bis zu einem Alter von ungefähr 18 Jahren am häufigsten der Vater genannt, deutlich seltener die Mutter. Ebenfalls seltener werden Freunde oder Partner, Lehrer oder Vorgesetzte und Kameraden oder Berufskollegen genannt. Erst mit dem Übergang ins Erwachsenenalter lösen die Freunde oder Partner den Vater als am häufigsten genannte Quelle für politische Informationen ab (Geissler, 1982, S. 458; vgl. auch Fend, 1998, S. 267).

4.3   Die Schule

4.3.1   Das Schulfach Politische Bildung

Der Schule wird in den meisten demokratischen Staaten ausdrücklich die Funktion einer politischen Sozialisationsinstanz zugewiesen (Wasmund, 1982d). In der Bundesrepublik Deutschland drängten nach dem Ende des Zweiten Weltkriegs die westlichen Alliierten auf die Wiedereinrichtung einer demokratischen politischen Bildung in den

Schulen. Das entsprechende Schulfach wurde ab 1949 in den einzelnen Bundesländern nach und nach unter verschiedenen Bezeichnungen (z.B. Gemeinschaftskunde, Sozialkunde, Politik, Gesellschaftslehre) eingeführt. In der DDR gab es zunächst das Unterrichtsfach „Gegenwartskunde", welches ab 1957 durch die „Staatsbürgerkunde" abgelöst wurde (Ackermann, 1996; Claußen, 1995).

Die formale Grundlage der politischen Bildung in den Schulen bilden die Rahmenlehrpläne, die jeweils von den zuständigen Landesministerien erarbeitet und herausgegeben werden. In Brandenburg, wo die vorliegende Untersuchung durchgeführt wurde, waren zur Zeit der Erhebung die vorläufigen Rahmenpläne für Politische Bildung für die Grundschule (5. und 6. Klasse), die Sekundarstufe I (7./8. und 9./10. Klasse) und die Sekundarstufe II (11., 12. und 13. Jahrgangsstufe) in Kraft.[6] In der gymnasialen Oberstufe war das Fach „Politische Bildung" ein Pflichtfach, das auch als Leistungsfach belegt werden konnte. Erst in der Jahrgangstufe 13 konnte das Fach „Politische Bildung" abgewählt werden, allerdings auch nur dann, wenn „Geschichte" als Abiturfach belegt wurde.

Das Fach „Politische Bildung" hatte bei seiner Einführung in Brandenburg mit besonderen Schwierigkeiten zu kämpfen. Alle unterrichtenden Lehrer und Lehrerinnen wurden zunächst fachfremd eingesetzt. Sie hatten zumeist nur ein mehrtägiges Fortbildungsseminar im Pädagogischen Landesinstitut Brandenburg durchlaufen. Nach der ersten Übergangsphase wurden Lehrer und Lehrerinnen eingesetzt, die entweder ein dreijähriges postgraduales Studium im Pädagogischen Landesinstitut Brandenburg mit Staatsexamen oder einen zweijährigen Studiengang an der Freien Universität Berlin absolviert hatten.

Die meisten Lehrer und Lehrerinnen hatten zuvor im Schulsystem der DDR unterrichtet, das darauf ausgerichtet war, die politische Stabilität und ideologische Geschlossenheit der Gesellschaft zu gewährleisten. Die Umstellung auf eine demokratische Erziehung stellte hohe Anforderungen an die Lehrenden. An die Stelle der vorgegebenen normierten Identität und der Vermittlung von vorformulierten Wahrheiten sollte jetzt die Erziehung zu Toleranz, zu Achtung der menschlichen Individualität, zu Eigenverantwortlichkeit und zu Kritikfähigkeit treten. Anstatt politischer Unterweisung war nun die Erziehung zu einem kritisch-reflexiven Umgang mit politischen Inhalten gefragt. Nicht selten mussten die Lehrer und Lehrerinnen die eigene berufliche

---

6 Alle drei Rahmenpläne sind im August 1992 in Kraft getreten. Die vorläufigen Lehrpläne sind als Übergangspläne erarbeitet worden. Am 01.08.2002 ist eine neue Fassung des Rahmenlehrplans Politische Bildung in der Sekundarstufe I in Kraft getreten. In der Sekundarstufe II wurde auch in den Jahren 2002/03 noch nach den vorläufigen Rahmenplänen unterrichtet.

und politische Selbstklärung mit der Vermittlung der neuen demokratischen Bildungsideale verbinden (vgl. Ministerium für Jugend, Bildung und Sport, 1992).

4.3.2 Verschiedene schulische Wirkungsfaktoren

Wasmund (1982d) beschreibt die Schule als ein soziales System, in dem sehr verschiedene Einflussfaktoren wirksam werden. Dazu zählen das Curriculum und die Schulbücher, die Lehrerinnen und Lehrer, der so genannte „heimliche Lehrplan", die Organisation der Schule, das Schulklima, die Atmosphäre in der Klasse und letztlich auch die Schüler selbst.

Auf Seiten der Lehrerinnen und Lehrer spielen sowohl ihre pädagogischen und fachlichen Kompetenzen, aber auch ihr Einfühlungsvermögen, ihr Rollenverständnis als Autoritätsperson und ihre Bereitschaft, in der Interaktion und Kommunikation mit der Klasse ein demokratisches Vorbild zu sein, ein Rolle (Wasmund, 1982d).[7]

Die Förderung von kooperativem, kreativem und selbst bestimmtem Verhalten erfordert eine Atmosphäre der Offenheit und des gegenseitigen Respekts. Die erzieherische Atmosphäre des Unterrichts und das Klima in der Klasse sollten darauf ausgerichtet sein, die Selbsttätigkeit und Selbständigkeit der Schüler zu fördern (Wasmund, 1982d). Mehrere empirische Untersuchungen kommen zu dem Ergebnis, dass ein demokratischer Unterrichtsstil, der die gesamte Klasse zur Beteiligung ermuntert, bei den Schülern zu einem größeren Vertrauen in die eigenen politischen Fähigkeiten und politischen Einflusschancen führt. In der repräsentativ angelegten international vergleichenden Studie „Civic Education in Ten Countries" (IEA) zeigten Schüler, die im Unterricht ermutigt wurden, uneingeschränkt ihre politische Meinung zum Ausdruck zu bringen, einen höheren Wissensstand, hatten seltener autoritäre Einstellungen und wiesen eine höhere Beteiligungsbereitschaft auf (Torney, Oppenheim & Farnen, 1975). In der Folgestudie „Citizenship and Education in Twenty-eight Countries"

---

[7] Wasmund (1982d) bemängelt, dass viele Lehrer aus Angst, mit den Eltern der Schüler in Konflikte zu geraten, oder aus der Illusion heraus, einen ‚neutralen' oder ‚objektiven' Politikunterricht geben zu können, sich auf die Rolle als Vermittler von Fakten oder als Moderator der Diskussion beschränken. Sie halten sich mit kritischen Urteilen zurück und scheuen sich davor, die eigene politische Position preiszugeben. Dabei hat der Deutsche Ausschuss für das Erziehungs- und Bildungswesen in einem Gutachten zur politischen Bildung und Erziehung schon 1955 zu diesem Problem angemerkt: „Der Lehrer kann in der politischen Bildung und Erziehung nicht von seinen politischen Überzeugungen absehen; sie dürfen und sollen im politischen Dialog fruchtbar werden. Mit einem farblosen Lehrer ist der Schule nicht gedient. Wenn der Lehrer zu seinen Schülern die rechte pädagogische Beziehung hat, kann er jenen Dialog nicht zur Werbung für seine persönliche politische Entscheidung mißbrauchen. Er wird diese, wenn das Gespräch es erfordert, den Schülern nicht verheimlichen und wird sie dazu ermutigen müssen, sich mit ihr auseinanderzusetzen." (Deutscher Ausschuß für das Erziehungs- und Bildungswesen, 1975, S. 303).

(Torney-Purta u.a., 2001) bestätigte sich der positive Einfluss eines offenen Klassenklimas in den meisten Ländern. Zusätzlich zeigte sich in einem großen Teil der Länder ein positiver Einfluss der Beteiligung an Schülerparlamenten oder an der Schülermitverwaltung auf die beiden abhängigen Größen politischer Wissenstand und Wahrscheinlichkeit einer späteren Wahlbeteiligung.

4.3.3 Manifeste und latente schulische Sozialisation

Auch in der schulischen Erziehung kann zwischen manifester und latenter politischer Sozialisation unterschieden werden. Als manifest sind die in den Curricula für Politik, Geschichte, Gesellschaftslehre, Gemeinschaftskunde oder Sozialkunde festgehaltenen Lernziele des Unterrichts zu betrachten. Die latente politische Sozialisation verweist auf den „heimlichen Lehrplan", auf das, was nicht primär politische Lernziele sind, aber dennoch die politischen Lernerfahrungen und die Persönlichkeitsentwicklung von Schülern mitgestaltet. Dabei geht der Einfluss der Schule auf die politische Sozialisation nicht allein vom Unterricht in den genannten Fächern aus, sondern wird vom gesamten Schulklima mitbestimmt.

Dass die Schule als „Lehranstalt" statt als „Lernort" konzipiert ist (Kandzora, 1996), verweist auf die Grenzen, die dem Ziel der schulischen Bildung, der Erziehung zum politisch mündigen Bürger, entgegen stehen:
- Die Schüler erfahren das, was sie lernen, als vorgegeben. Die Lerninhalte entspringen nicht dem lebensweltlichen Erfahrungsbereich der Schüler. Nicht das, was Kinder und Jugendliche selbst als Problem wahrnehmen und besser begreifen wollen, sondern die im Fächerkanon festgelegten Inhalte bilden den Gegenstand des Unterrichts.
- Statt dem „Lernen fürs Leben" bildet die Leistungsbewertung die reale Triebfeder der Lernenden. Der Unterricht orientiert sich weniger am Lernprozess selbst denn am Lehrstoff. Nicht das Tätigkeitsprodukt, sondern die bewertbare Leistung steht im Vordergrund.
- Die Lerninhalte sind in zeitlich vorgegebene Einheiten gepresst. Elementare Formen des forschenden Lernens, wie eine sorgfältige Problemanalyse und das Experimentieren mit verschiedenen Problemlösungen, werden dadurch behindert bzw. erheblich reduziert.
- Die Bewertung von Einzelleistungen führt zu Konkurrenz unter den Schülern und behindert kooperative Lernformen.
- Die Schule leistet kaum Hilfestellung im Umgang mit Gefühlen. Negative Gefühle wie Angst, Wut und Ohnmacht finden durch eine tendenzielle Ausgrenzung oder

Sanktion von Gefühlen keine adäquate Transformation in handlungsunterstützende Emotionen.
- Der Entzug von räumlicher und zeitlicher Selbstbestimmung behindert die Entwicklung der gesellschaftlich relevanten Kompetenz, flexibel und selbstständig mit Zeit umgehen zu können.
- Selbsttätiges und eingreifendes Handeln ist in der Schule strukturell nicht vorgesehen. Passivität, Reproduktivität und Reaktivität prägen weitgehend den Unterricht.
- Die Interaktion zwischen Lehrenden und Lernenden ist durch Asymmetrie gekennzeichnet. Die Initiative geht von den Lehrenden aus, die Lernenden sind auf reaktive Handlungsmuster verwiesen. Zwischen Lehrern und Schülern existiert keine Gleichberechtigung.

Alle diese Faktoren – der Pflichtcharakter schulischen Lernens, die hierarchische Struktur der schulischen Organisation, ihr bürokratisierter Ablauf, der Objektstatus des Lernenden gegenüber dem Lehrprozess und die Orientierung des Unterrichts an bewertbaren Leistungen innerhalb einer starren Zeitstruktur von Stundenplänen – führen zu einer „Reduktion von Gesellschaftlichkeit im Bedeutungs- und Erfahrungsbezug schulischen Lernens" (Kandzora, 1996, S. 84).

4.3.4   Der Erfolg schulischer politischer Bildung

Die Schule bildet die einzige Sozialisationsinstanz, in der bewusst politisch erzogen wird. Dabei beschränkt sich der politische Bildungsunterricht nicht auf die reine Wissensvermittlung. Neben dem Erwerb politischer Kenntnisse umfassen die allgemeinen Ziele in der Regel die weiter oben beschriebenen Eigenschaften des politisch mündigen Bürgers: also eine Identifikation mit demokratischen Werten, die Bereitschaft, das politische System zu unterstützen, die Bereitschaft, sich politisch zu beteiligen, und die Fähigkeit, politische Institutionen, Prozesse und die handelnden politischen Eliten kritisch zu beurteilen (Wasmund, 1982d).

Gemessen an diesen Zielen bescheinigen ältere Untersuchungen der Schule einen nur mäßigen Erfolg. Auf der Grundlage einer Fülle von Befunden stellt Wasmund (1982d) fest, dass die Schule nicht einmal ihrer primären Aufgabe, der Vermittlung eines grundlegenden politischen Wissens, gerecht würde. Neben erheblichen Wissensdefiziten offenbaren sich ein mangelndes Konfliktverständnis, ein mangelndes demokratisches Bewusstsein, eine nur oberflächliche Identifikation mit dem demokratischen

System und eine nur geringe Bereitschaft zum politischen Engagement unter den Schülern.[8]

Auf der Grundlage der zweiten IEA-Studie (Torney-Purta u.a., 2001) kann der Stand der politischen Bildung von Jugendlichen kaum viel optimistischer eingeschätzt werden. Die Autoren bescheinigen den meisten der 14-jährigen Schüler zwar ein basales Wissen über die Bedeutung von Gesetzen und von politischen Rechten, über demokratische Ideale und damit verbundene Prozesse. Häufig bleibt das Verständnis der Schüler aber nur oberflächlich und ohne einen Bezug zu ihrem eigenen Leben. Zudem zeigten die Schüler deutliche Defizite, wenn es darum ging, Materialien mit politischem Inhalt zu interpretieren.

4.3.5   Politische Sozialisation und besuchter Schultyp

Die formale Schulbildung gilt nach wie vor als einer der wichtigsten Prädiktoren sowohl für politisches Wissen als auch für politische Orientierungen und politische Handlungsbereitschaften. Abiturienten weisen ein im Sinne der Demokratie oder des politisch mündigen Bürgers sehr viel günstigeres Orientierungsmuster auf als Hauptschüler. Realschüler oder Jugendliche mit mittlerer Reife nehmen in der Regel eine Mittelposition zwischen den Abiturienten und den Hauptschülern ein (vgl. den Exkurs im nächsten Abschnitt).[9]

Auf das politische Interesse ist der Einfluss der Schulbildung vielfach belegt. Die Schulbildung gilt als einer der Hauptfaktoren, die für den Anstieg des politischen Interesses in der Bevölkerung der Bundesrepublik Deutschland von den 50ern bis in die 80er Jahre sorgten (Kaase, 1989a). Zudem erwiesen sich sowohl in der Shell-

---

8   In der ersten „Civic Education"-Studie (Torney, Oppenheim & Farnen, 1975) ergaben sich in keinem der teilnehmenden Länder in allen vier untersuchten Bereichen, (1) dem politischen Wissen, (2) der Loyalität gegenüber der Regierung, (3) der Unterstützung demokratischer Werte und (4) der Partizipation, gleichzeitig überdurchschnittliche Werte. Aus den Profilen ließ sich ablesen, dass ein hoher Wissensstand nicht automatisch zu einem günstigen Einstellungsmuster gegenüber der Demokratie und zu einer erhöhten Handlungsbereitschaft führte. Zudem zeigte sich eine gewisse Inkompatibilität zwischen den beiden Zielen Loyalität gegenüber der Regierung und Unterstützung demokratischer Werte. In Ländern, in denen die Schüler eine hohe Loyalität gegenüber der Regierung aufwiesen, ging dies zwar häufig mit aktiver Partizipation einher, in der Regel fand sich in diesen Ländern aber eine nur niedrige Unterstützung für demokratische Werte.

9   Auch in unserer eigenen Untersuchung ergeben sich deutliche Hinweise darauf, dass ein längerer Verbleib im Schulsystem im Vergleich zum Übergang in die Arbeitswelt positivere Auswirkungen auf die politischen Orientierungen und Handlungsbereitschaften von Jugendlichen hat. So stieg beispielsweise das politische Interesse, die interne politische Effektivität und die Wahlbereitschaft im Längsschnitt bei Abiturienten stärker an als bei Schulabgängern. Bei den Schulabgängern stieg das Misstrauen gegenüber politischen Institutionen, die Ausländerfeindlichkeit und die Bereitschaft, eine rechtsextreme Partei zu wählen, stärker an (Weiss, Isermann & Brauer, 2000; Isermann & Weiss, 2001).

Jugendstudie als auch im DJI-Jugendsurvey Jugendliche mit höherer Schulbildung als politisch interessierter (Schneekloth, 2002; Fischer, 1997; Gille, Krüger & de Rijke, 2000; Schneider, 1995).

Verschiedene Faktoren können die Unterschiede nach Schulbildung erklären:
- Abiturienten unterliegen einer zeitlich länger andauernden Schulung politischer Kompetenzen, genauer des politischen Wissens und der politischen Analyse- und Urteilsfähigkeit.
- Der Besuch eines Gymnasium oder einer Oberstufe verlängert die Möglichkeiten zur schulischen Mitbestimmung, durch die demokratisches Handeln für Schüler direkt erfahrbar wird und eingeübt werden kann.
- Der Besuch eines Gymnasium oder einer Oberstufe verlängert die Zeit ohne die Zwänge der Arbeitswelt, was Freiraum schafft für die Beschäftigung mit gesellschaftlich relevanten Problemen (Bildungsmoratorium).
- Abiturienten stammen sehr viel häufiger aus Elternhäusern der oberen sozialen Schichten (vgl. „PISA 2000", Deutsches PISA-Konsortium, 2001, S. 355), was aufgrund der größeren Bildungsressourcen, auf die die Jugendlichen im Elternhaus zurückgreifen können, ebenfalls eine günstige Voraussetzung darstellt.

Der letzte Punkt ist von besonderer Bedeutung für die Einschätzung der Bildungswirkung der Schule. Differenzen im politischen Wissen und den politischen Orientierungen zwischen Abiturienten und Jugendlichen mit niedrigerem Schulabschluss sind möglicherweise gar nicht oder nur teilweise auf die schulische Bildung zurückzuführen. Die Unterschiede können genauso gut durch unterschiedliche materielle, soziale und kulturelle Ressourcen des Elternhauses, durch ein schichtspezifisch variierendes Anregungspotential des Freundeskreises oder durch eine schichtspezifische Nutzung von Massenmedien bedingt sein. Inwieweit es sich bei den Differenzen um Bildungswirkungen der Schule handelt, ist empirisch nur schwer zu prüfen und erfordert die Anwendung multivariater Analyseverfahren, die eine Berechnung der Unterschiede nach Schultyp unter Kontrolle des sozioökonomischen Status des Elternhauses und des Einflusses anderer Sozialisationsinstanzen erlauben.

Eine aufschlussreiche Analyse zum Einfluss des Bildungsniveaus des Elternhauses auf das politische Interesse findet sich in der jüngsten IEA-Studie „Civic Education" (Oesterreich, 2002, S. 214). In dieser Analyse wirkte sich das Bildungsniveau der Eltern sowohl direkt als auch indirekt über den besuchten Schultyp auf das politische Wissen und die demokratischen Kompetenzen der 14-jährigen Schülerinnen und Schüler aus. Darüber hinaus hatten sowohl das politische Wissen als auch in geringerem Maße die demokratischen Kompetenzen der Schülerinnen und Schüler sowie das Bildungsniveau der Eltern einen positiven Einfluss auf das politische Interesse der 14-Jährigen. Das Bildungsniveau der Eltern beeinflusste somit das politische Interesse der Schülerinnen und Schüler direkt, sowie indirekt über den besuchten Schultyp, über das politische Wissen und über die demokratischen Kompetenzen. Der besuchte Schultyp hatte unter Kontrolle des Einflusses des politischen Wissens und der demokratischen Kompetenzen keinen eigenständigen Einfluss mehr auf das politische Interesse der Schülerinnen und Schüler. Wurde jedoch nur für den Einfluss der Bildung der Eltern kontrolliert, dann behielt der besuchte Schultyp einen Einfluss (Oesterreich, 2002, S. 202).

Exkurs: Unterschiede nach Schulbildung in deutschen Jugendstudien

Im Folgenden wird ein knapper Überblick über Unterschiede in den politischen Orientierungen von Jugendlichen nach besuchtem Schultyp gegeben. Dem Überblick wurden die Shell-Jugendstudien von 1992 bis 2002, der DJI-Jugendsurvey 1 und 2 sowie ergänzend die IEA-Studie „Civic Education" zugrunde gelegt.

In der *Shell-Jugendstudie von 1992* (die Datenerhebung erfolgte 1991) wurden nur wenige Unterschiede nach Schulbildung berichtet: Zum einen hatten diejenigen Jugendlichen, die gewalttätige politische Aktionen befürworteten, im Schnitt eine höhere Schulbildung (Fischer, 1992, S. 54),[10] zum anderen fiel die politische Entfremdung umso niedriger aus, je höher die Schulbildung war (Fischer, 1992, S. 57). Außerdem korrelierte die Befürwortung von Demonstrationen positiv mit der Schulbildung (Watts, 1992, S. 85).

In der *Shell-Jugendstudie von 1997* (die Datenerhebung erfolgte 1996) erwies sich die Schulbildung (angestrebter oder schon erreichter Schulabschluss) als einer der wichtigsten Einflussfaktoren auf das politische Interesse (Fischer, 1997, S. 304) und das politische Wissen (Fischer, 1997, S. 308). Abiturienten hatten höhere Werte als Realschüler, und Realschüler wiederum höhere Werte als Hauptschüler. Hauptschüler hatten stärker das Gefühl, dass die Politik Jugendliche vernachlässigt und wiesen eine größere persönliche Distanz zur Politik auf (Fischer, 1997, S. 314f). Abiturienten erreichten höhere Werte bei der politischen Wirksamkeit (Fischer, 1997, S. 316). Politische Entfremdung und Anomie nahmen mit höherem Schulabschluss ab, genauso wie die Betrachtung von Politik als „Störfaktor" (Fischer, 1997, S. 317ff). Abiturienten wiesen deutlich häufiger eine Parteiaffinität auf als Realschüler, und die Realschüler

---

10 Vermutlich handelte es sich bei den Befürwortern der gewalttätigen politischen Aktionen überwiegend um Jugendliche, die dem politisch linken Lager zuzuordnen waren.

wiederum häufiger als Hauptschüler (Fischer, 1997, S. 329). Abiturienten befürworteten außerdem deutlich häufiger als Real- und Hauptschüler institutionalisierte und nicht-konflikthafte politische Aktivitäten. Umgekehrt befürworteten Haupt- und Realschüler häufiger konflikthafte, politische Gewalt einschließende Aktivitäten (Fischer, 1997, S. 336f).[11] Auf der Verhaltensebene zeigte sich, dass die Abiturienten bei den nicht-konflikthaften politischen Aktivitäten dominierten. Bei den institutionalisierten wie bei den konflikthaften Aktivitäten ergab sich dagegen kein Zusammenhang mit der Schulbildung (Fischer, 1997, S. 338f).

In der *Shell-Jugendstudie von 2000* (die Datenerhebung erfolgte 1999) befand sich unter den Anhängern von B90/Die Grünen ein überdurchschnittlich hoher Anteil an Abiturienten während sich die Jugendlichen ohne Parteiaffinität durch einen unterdurchschnittlichen Anteil an Abiturienten auszeichneten (Fischer, 2000a, S. 266). Abiturienten zeigten im Vergleich zu Nicht-Abiturienten häufiger Vertrauen in staatliche wie in nichtstaatliche Organisationen (Fischer, 2000a, S.272, S. 274). Sie waren deutlich häufiger Mitglied in Umweltschutz- und Menschenrechtsorganisationen sowie in Kulturvereinen, deutlich seltener aber in freiwilligen Hilfsorganisationen wie der Feuerwehr und in Fanclubs (Fischer, 2000a, S. 277). Insgesamt befanden sich unter denjenigen Jugendlichen, die als in das politische Geschehen integriert bezeichnet werden konnten, überdurchschnittlich viele Abiturienten. In der Gruppe der gegenüber Politik Distanzierten dagegen waren Abiturienten unterrepräsentiert (Fischer, 2000a, S. 279). In den Auswertungen zum Deutschlandbild und zum Bild von Europa wurde nicht nach Schulbildung, sondern nach sozialem Status (Schüler, Studenten, Berufstätige, Arbeitslose) unterschieden (Münchmeier, 2000a; 2000b). Auf Status-Unterschiede soll hier jedoch nicht weiter eingegangen werden.

In der *Shell-Studie von 2002* wurde ebenfalls nach sozialem Status unterschieden, hier bildeten jedoch die Gymnasiasten neben Schülern aus anderen Schulformen, neben Studierenden, Auszubildenden, Erwerbstätigen, Nicht-Erwerbstätigen und Arbeitslosen eine eigene Gruppe. Als überdurchschnittlich politisch interessiert erwiesen sich die Gymnasiasten der oberen Jahrgänge und die Studierenden, als besonders uninteressiert dagegen die Hauptschüler (Schneekloth, 2002, S. 93). Auf der Links-Rechts-Skala ordneten sich die Gymnasiasten und die Studierende im Vergleich zum Durchschnitt der Jugendlichen signifikant weiter links, die Arbeitslosen dagegen signifikant weiter rechts ein. Ein überdurchschnittlicher Anteil der Haupt- und Realschüler wollte

---

11 Dieser im Vergleich zu 1992 umgekehrte Effekt der Schulbildung dürfte einer Zunahme von Befürwortern gewalttätiger politischer Aktionen aus dem politisch rechten Lager geschuldet sein.

oder konnte sich auf der Links-Rechts-Skala gar nicht einordnen, unter den Studierenden war dieser Anteil besonders niedrig (Schneekloth, 2002, S. 96).

Die Anhänger der CDU waren überproportional häufig erwerbstätig, in Ausbildung oder arbeitslos. Unter den Anhängern der SPD dagegen befanden sich unterproportional wenige in Ausbildung oder waren arbeitslos. Unter den Anhängern von B90/Die Grünen waren Studierende über- und Auszubildende sowie Erwerbstätige unterrepräsentiert. Unter den Anhängern der FDP fanden sich besonders häufig Gymnasiasten sowie Studierende, außerdem Erwerbstätige und Arbeitslose. Unter den Anhänger der PDS schließlich waren Gymnasiasten sowie Erwerbstätige und Arbeitslose überrepräsentiert (Schneekloth, 2002, S. 99). Gymnasiasten und Studierenden zeigten sich besonders häufig mit der Demokratie in Deutschland zufrieden, Arbeitslose dagegen waren besonders häufig unzufrieden (Schneekloth, 2002, S. 102).

Der Typ der politisch mitwirkungsorientierten Jugendlichen zeichnete sich durch einen hohen Anteil an Gymnasiasten und Studierenden aus, der Typ der Politik kritisch Gegenüberstehenden bestand aus überproportional vielen Erwerbstätigen, Arbeitslosen und Nicht-Erwerbstätigen. Der Typ der politisch desinteressierten Jugendlichen verzeichnete einen überproportional hohen Anteil an Haupt- und Realschülern, im Typ der ordnungsorientierten Jugendlichen dagegen waren alle Statusgruppen gemäß ihren Anteilen in der Stichprobe vertreten (Schneekloth, 2002, S. 115). Mit dem Grad des formalen Bildungsniveaus stieg die Toleranz gegenüber öffentlich stigmatisierten Bevölkerungsgruppen wie Aussiedler, kinderreiche Familien, Homosexuelle usw. an (Schneekloth, 2002, S. 125). Schließlich sahen Gymnasiasten und Studierende überproportional häufig Vorteile, Arbeitslose und Nicht-Erwerbstätige dagegen häufiger Nachteile durch die Globalisierung (Schneekloth, 2002, S. 134).

Im *DJI-Jugendsurvey 1* (die Datenerhebung erfolgte 1992) und im *DJI-Jugendsurvey 2* (die Datenerhebung erfolgte 1997) zeigten (Fach-)Abiturienten zu höheren Anteilen ein starkes oder sehr starkes politisches Interesse als Jugendliche mit anderen Bildungsabschlüssen (Schneider, 1995, S. 280; Gille, Krüger & de Rijke, 2000, S. 215f). Ähnliche Bildungsunterschiede zeigten sich für die kognitive politische Mobilisierung (Hoffmann-Lange, Krebs & de Rijke, 1995, S. 365) sowie für die subjektive politische Kompetenz (Gille, Krüger & de Rijke, 2000, S. 260). Ein höherer Bildungsabschluss ging außerdem mit einer stärkeren Zustimmung zur Idee der Demokratie, zu demokratischen Prinzipien und zur Idee des Sozialismus einher (Gille, Krüger & de Rijke, 2000, S. 225). Auf der anderen Seite wurde der Aussage „Ich bin gegen eine Diktatur, aber eine starke Hand müsste mal wieder Ordnung in unseren

Staat bringen" stärker von Jugendlichen mit niedrigeren Bildungsabschlüssen zugestimmt (Gille, Krüger & de Rijke, 2000, S. 226).

Auf der Links-Rechts-Skala stuften sich Jugendliche mit (Fach-)Abitur häufiger links ein als Jugendliche mit mittlerer Reife oder mit Hauptschulabschluss (Gille, Krüger & de Rijke, 2000, S.245). Im Osten Deutschlands stuften sich in den 1992 erhobenen Daten Jugendliche mit Hauptschulabschluss entgegen dem allgemeinen Trend unter Jugendlichen sogar insgesamt häufiger rechts als links ein (Hoffmann-Lange, 1995, S. 170). Zudem zeigte ein höherer Anteil an Jugendlichen mit Hauptschulabschluss wenig oder gar kein Vertrauen in die Responsivität des politischen Systems (Hoffmann-Lange, Krebs & de Rijke, 1995, S. 369) und ein höherer Anteil an Jugendlichen mit Hauptschulabschluss war unzufrieden mit der Demokratie, so wie sie in der Bundesrepublik Deutschland besteht (Gille, Krüger & de Rijke, 2000, S. 233).

Jugendliche mit höheren Bildungsabschlüssen waren eher bereit, sich in verschiedener Form, d.h. konventionell, unkonventionell-legal sowie auch unkonventionell-illegal, politisch zu beteiligen (Gaiser & de Rijke, 2000, S. 282). Die Billigung gewaltförmiger Protesthandlungen kann differenziert werden nach Protestaktionen, die eher im linken, und denen, die eher im rechten Kontext anzusiedeln sind. Für gewaltförmige Protestaktionen im linken Kontext ergab sich nur im Westen ein Zusammenhang mit dem Bildungsabschluss. Abiturienten billigten solche Aktionen häufiger als Jugendliche mit anderen Bildungsabschlüssen. Für die rechtspopulistischen Gewalthandlungen zeigte sich im Osten wie im Westen ein Zusammenhang mit dem Schulabschluss, der Zusammenhang war im Osten jedoch sehr viel stärker ausgeprägt. Hauptschüler billigten rechtspopulistische Gewalthandlungen deutlich häufiger als Abiturienten (im Osten mit 16 zu 41 Prozent) (Gaiser & de Rijke, 2000, S. 303). Ähnlich gestaltete sich das Bild für die Beteiligung an Aktivitäten in linken (z.B. bei Autonomen) und in rechten, Gewalt befürwortenden Gruppen (z.B. bei Skinheads). In linken Gruppen waren im Westen am häufigsten Abiturienten aktiv während sich im Osten kein Unterschied nach Schulbildung zeigte. In rechten Gruppen waren im Westen vor allem Hauptschüler, im Osten Jugendliche mit Hauptschulabschluss und mittlerer Reife aktiv (Schneider, 1995, S. 296ff).

Mitglied in Vereinen und Verbänden (z.B. Gewerkschaft, politische Partei, Wohlfahrtsverband), in denen offiziell Einfluss auf den politischen Willensbildungsprozess genommen werden soll und kann, waren vor allem männliche Abiturienten (Gaiser & de Rijke, 2000, S. 288f). An eher informellen Gruppierungen der neuen sozialen Bewegungen (z.B. Umweltschutzgruppe, Menschenrechtsgruppe, Stadtteilinitiative) beteiligten sich vor allem weibliche Abiturienten (Gaiser & de Rijke, 2000, S. 291ff; Schneider 1995, S. 295).

In der *IEA-Studie zur „Civic Education"*, die 14-jährige Schüler aller Schulformen in Deutschland einbezog, wurden schulformspezifische Vergleiche für den Wissenstest, für politische Einstellungen, politische Handlungsbereitschaften und demokratische Kompetenzen vorgenommen. Der größte Unterschied zwischen den Gymnasiasten und den Schülern anderer Schulformen ergab sich beim Wissenstest. Ebenfalls noch substantielle Unterschiede zeigten sich für die Bereitschaft zur Erfüllung demokratischer Pflichten, für die Befürwortung der Gleichstellung von Frauen, für eine positive Einstellung gegenüber Ausländern und für demokratische Kompetenzen. In allen genannten Fällen lagen die Werte der Gymnasiasten höher. Niedriger lagen die Werte der Gymnasiasten bei rechtsextremistischen Einstellungen und bei der Liebe zur eigenen Nation. Kaum Unterschiede ergaben sich für die verschiedenen Formen der politischen Handlungsbereitschaft (Oesterreich, 2002, S. 198).

4.3.6   Schule im Zusammenhang mit anderen Sozialisationsinstanzen

Für einen starken Einfluss der Schule als Sozialisationsinstanz spricht, dass die schulische Erziehung in die formative Phase der Identitätsentwicklung während der frühen bis mittleren Adoleszenz fällt. Auch rein quantitativ hat die Schule eine nicht zu unterschätzende Bedeutung, denn Kinder und Jugendliche verbringen einen großen Teil ihrer Zeit in der Schule. Die Schule bildet zudem die einzige Sozialisationsinstanz, in der politisches Wissen in systematischer Weise vermittelt wird.

Es gibt Untersuchungen, in denen die Schule als die wichtigste Sozialisationsinstanz für die Entwicklung der politischen Persönlichkeit bewertet wurde (z.B. Hess & Torney, 1967). In anderen Untersuchungen fanden sich für die Schule im Vergleich zu den Eltern wesentlich geringere Einflüsse auf die politischen Orientierungen von Jugendlichen (z.B. Jennings, Langton & Niemi, 1974; Fend, 1991). Klar ist, dass die Schule in Konkurrenz zu den anderen Sozialisationsinstanzen steht und dass dies zu verschiedenen Wechselwirkungen führen kann.

So gibt es unterschiedliche Befunde zum Zusammenspiel zwischen Elternhaus und Schule. Teschner beispielsweise (vgl. Wasmund, 1982d) sah die Wirkung des Unterrichts vor allem in einer Verstärkung der familialen Erziehung. Ein guter Unterricht vermochte nur bei Schülern, die bereits aus politisch interessierten Elternhäusern stammten, das Maß an politischem Interesse zu erhöhen. Wahrscheinlich profitierten Schüler aus politisch interessierten Elternhäusern deshalb stärker vom Unterricht, weil sie die besseren Bildungsvoraussetzungen (kognitive und soziale Kompetenzen) mitbrachten, um den Unterrichtsstoff verarbeiten und sich selbst in das Unterrichtsgeschehen einbringen zu können (Verstärkungs-Hypothese).

Dem entgegen fanden Jennings, Langton und Niemi (1974), dass Schüler aus weniger gebildeten Elternhäusern stärker vom Unterricht profitierten. Die Autoren erklärten diesen Befund mit den größeren Defiziten der Schüler aus den benachteiligten Elternhäusern und der geringeren Redundanz, die der Unterricht für diese aufwies (Redundanz-Hypothese). Gemäß diesem Ergebnis kann der Schulunterricht statt einer nur verstärkenden auch eine kompensatorische Wirkung entfalten.

Auch für den Bereich der Schule gibt es Untersuchungen, welche den Grad an Übereinstimmung mit den Lehrern als Indikator für die Wirksamkeit schulischer Erziehung herangezogen haben (Jennings, Ehmann & Niemi, 1974). Dabei erwiesen sich die Übereinstimmungen mit den Lehrern in der Regel als sehr viel niedriger als die mit den Eltern (vgl. auch Fend, 1991, S. 232-235). Auf der Grundlage verschiedener Befunde kam Ehmann (vgl. Claußen, 1982b) zu dem Schluss, dass die Schule wohl eher einen Einfluss auf den Erwerb von politischem Wissen hat und das „politische Bewusstsein"[12] fördert, weniger jedoch die politischen Einstellungen prägt oder zur politischen Partizipation anregt.

4.4 Massenmedien

4.4.1 Vom Persuasionsansatz zu handlungstheoretischen Ansätzen

Nach dem zweiten Weltkrieg dominierte in der Medienwirkungsforschung die Vorstellung von sozial isolierten Individuen einer Massengesellschaft, die als passive Medienrezipienten relativ leicht zu manipulieren seien. Der frühen Persuasionsforschung (Überredungsansatz) lag ein simples Reiz-Reaktions-Konzept als Beeinflussungsmechanismus zugrunde. Schon die ersten Untersuchungen zum Einfluss der Medien auf das Wahlverhalten von US-amerikanischen Bürgern (Lazarsfeld, Berelson & Gaudet, 1948; Hyman & Sheatsley, 1947) zeigten jedoch, dass diese Vorstellung nicht haltbar war. Die Wirkung von Massenmedien stellte sich nicht als monokausaler Prozess dar, sondern als abhängig von einer Reihe von weiteren Einflussfaktoren. Zu den wichtigsten gehört die Selektivität auf Seiten der Empfänger massenmedialer Kommunikation

---

12 „Politisches Bewusstsein" bildet heute keinen sehr gängigen Begriff mehr. In Handwörterbüchern sind keine eindeutigen Konzeptualisierungen für diesen Begriff zu finden (vgl. Greiffenhagen & Greiffenhagen, 2002), er dürfte aber im vorliegenden Zusammenhang am ehesten mit der Bedeutung des Begriffs „Politisierung" zu umschreiben sein.

sowie das Eingebundensein der Empfänger in soziale Beziehungen und das daraus resultierende Nebeneinander von massenmedialen und personalen Einflüssen.

In der Folge wurde dem „medienzentrierten" Ansatz, in dem es noch hauptsächlich um die Absichten und Erfolge der Kommunikatoren und deren Auftraggeber ging und der den Rezipienten noch als passiv reagierendes Objekt der medialen Kommunikation betrachtete, ein „publikumszentrierter" Ansatz zur Seite gestellt, der die Ziele, Absichten, Verwendungszusammenhänge und Bedeutungszuweisungen des Publikums in den Mittelpunkt stellte und die Mediennutzer als aktiv handelnde Menschen konzipierte. Die Frage „Was machen die Medien mit den Menschen?" wurde unter handlungstheoretischer Perspektive umformuliert zur Frage „Was machen die Menschen mit den Medien?" (Renckstorf, 1989).

Die Zuwendung zu Medien wurde nicht länger vorausgesetzt, sondern als erklärungsbedürftig betrachtet. Die Medien bilden zudem nur einen Teil der sinnstiftenden symbolischen Umwelt des Menschen, ihr Stellenwert wird wesentlich durch die soziale Situation und die Persönlichkeit der Rezipienten bestimmt. Inhaltlich können die Medien „... mit ihren Botschaften überhaupt nur Gegenstände, Handlungen oder Ereignisse anbieten, die von den (handelnden) Individuen zu „Objekten" ihrer Umwelt gemacht werden können; zu Objekten also, die sie zunächst einmal „wahrnehmen" und dann u.U. „thematisieren" - oder nicht." (Renckstorf, 1989, S. 330)

Selektivität spielt also im massenmedialen Kommunikationsprozesses eine große Rolle, wobei in unterschiedlichen Phasen der Kommunikation drei verschiedene Formen der Selektivität zum Tragen kommen: In der vorkommunikativen Phase die Selektivität der Zuwendung zu den Medien, in der kommunikativen Phase die Selektivität der Wahrnehmung von Inhalten und in der nachkommunikativen Phase die Selektivität der Erinnerung (vgl. Geißler, 1982).

4.4.2 Der Nutzen- und Belohnungsansatz

Einen bedeutenden Beitrag zum Thema Selektivität hat der Nutzen- und Belohnungsansatz (Uses and Gratification) geleistet. Dieser Ansatz beschäftigt sich mit den sozialen und psychologischen Ursprüngen von Bedürfnissen, welche Erwartungen an die Medien erzeugen und dadurch zu verschiedenen Mustern der Medienexposition führen. Durch die Befriedigung oder Nichtbefriedigung der an die Medien herangetragenen Bedürfnisse ergeben sich die Medienwirkungen (Schenk, 2002, S.631). Der Nutzen- und Belohnungsansatz kann einerseits als Gegenposition zum Wirkungsansatz angesehen werden, andererseits aber können die auf der Grundlage dieses Ansatzes entstandenen Bedürfnisvariablen auch als intervenierende Größen in die traditionelle

Wirkungsforschung eingeführt werden und so einen Beitrag zur Verbindung beider Ansätze leisten (Schenk, 2002).

Von besonderem Interesse für die politische Sozialisation ist die in diesem Ansatz erfolgte Dimensionierung der Motivlagen für die Zuwendung zu bestimmten Medien oder zu bestimmten Inhalten von Medien. Neben komplexeren Motivlagen fanden sich immer wieder zwei wesentliche Muster der Mediennutzung: Zum einen die Nutzung – insbesondere des Fernsehens – zur Ablenkung, Entspannung oder als Zeitvertreib (unterhaltungsorientierte Nutzung oder Eskapismus) und zum andern die Nutzung aus einem Informationsbedürfnis heraus (informationsorientierte Nutzung). Mediennutzer lassen sich in verschiedene Typen aufteilen: Bei unterhaltungsorientierten Nutzern überwiegt eine ritualisierte Mediennutzung, die mit einem niedrigen Aufmerksamkeitsniveau einher geht. Informationsorientierte Nutzer zeichnen sich dagegen durch eine stärker instrumentell gesteuerte Zuwendung mit hohem Aufmerksamkeitsniveau aus (Schenk, 2002, S. 648f).

4.4.3 Die Verstärker-Doktrin

Selektivität bei der Zuwendung zu Medien und Medieninhalten zum Zwecke der Information über Politik wird vor allem durch politische Interessen und politische Einstellungen gesteuert. Beispielsweise werden häufiger Zeitungen gelesen, deren politische Ausrichtung mit den eigenen politischen Überzeugungen übereinstimmt, als Zeitungen, die gegenteilige Meinungen vertreten (vgl. Donsbach, 1989). Ursprünglich wurde dieses Phänomen ausschließlich mit dem psychologischen Mechanismus der kognitiven Dissonanzreduktion erklärt: Um psychische Spannungen (Dissonanzen) zu vermeiden, suchen Menschen eher nach konsonanten als nach dissonanten Informationen. Die Auseinandersetzung mit dem Ansatz der kognitiven Dissonanzreduktion hat jedoch gezeigt, dass neben der Vermeidung von Dissonanz noch andere Faktoren wie Neugier, Interesse, Verständlichkeit der Information und Nützlichkeitserwägungen eine Rolle spielen (vgl. Geißler, 1982).

Aus der Tendenz, Medieninformationen in Übereinstimmung mit den vorhandenen Einstellungen auszuwählen, zu interpretieren und in Erinnerung zu behalten, wurde abgeleitet, dass die Wirkung von Medien wohl eher in der Verstärkung vorhandener Einstellungen zu suchen ist als in deren Veränderung (Verstärker-Doktrin). Allerdings lassen sich eine Reihe von Bedingungen anführen, unter denen Massenmedien auch eine meinungsbildende oder Einstellungen verändernde Funktion haben können (vgl. Geißler, 1982):

- Massenmedien können Meinungen und Einstellungen zu neu auftauchenden Problemen prägen (Tabula-Rasa-Situation).
- Der kognitiv reflektierte Bereich von Meinungen ist Veränderungen eher zugänglich als der stabilere und tiefer verankerte Bereich von Einstellungen.
- Konflikthafte Sozialbeziehungen mit widersprüchlichen Verhaltenserwartungen (cross-pressure), Erschütterungen des Werte- und Normengefüges in Krisenzeiten, ein schneller sozialer Wandel und damit einhergehende Veränderungen des Werte-und Normengefüges öffnen die Rezipienten für verändernde Einflüsse der Massenmedien.
- Wenn die politische Kultur der Medien von der politischen Kultur der Bevölkerungsmehrheit abweicht, verringert eine Einschränkung der Angebotsvielfalt die Auswahlmöglichkeit der Rezipienten und damit die Chance, dissonanten Informationen auszuweichen. In solchen Fällen kann sich eine verändernde Wirkung der Medien in Richtung der durch die Medien vertretenen Meinung geltend machen.
- Eine geringe Zahl von Programmen mit pluralistischer Struktur, die Trägheit der Zuschauer umzuschalten, Gruppenempfang und Ähnliches bilden medienspezifische Eigenarten, die dem Ausweichen dissonanter Informationen entgegenwirken können.

Neben diesen Möglichkeiten der meinungsbildenden und meinungsverändernden Wirkung von Medien, sollte aber gerade auch die meinungsverstärkende Wirkung als Sozialisationsfaktor nicht unterschätzt werden. Verstärkung bedeutet ja nicht Wirkungslosigkeit, sondern eine besondere Art von Wirkung, nämlich eine affirmative, vorhandenes Bewusstsein und bestehende Verhältnisse stabilisierende Wirkung (Geißler, 1982; Pöttker, 1996).

4.4.4 Die Wirkung unpolitischer Inhalte

Ein Einfluss von Massenmedien auf politisches Bewusstsein, auf politische Einstellungen und politisches Verhalten geht jedoch nicht nur von den politischen Inhalten aus. Auch vordergründig unpolitische Unterhaltungssendungen oder Werbung können politisch bedeutsame Inhalte transportieren oder selbst politische Bedeutung gewinnen. Wenn beispielsweise in Unterhaltungssendungen oder in der Werbung ein sehr traditionelles Rollenbild der Frau vermittelt wird, dann handelt es sich um einen politisch bedeutsamen Inhalt, der unabhängig von politischen Informationssendungen transportiert wird (Bilden, 1991; vgl. zu Frauen- und Männerbildern in den Medien Cornelissen, 1993a). Oder wenn etwa das öffentlich-rechtliche Fernsehen, statt seiner Funktion der politischen Aufklärung nachzukommen, nur noch das Bedürfnis der Zuschauer nach Ablenkung von der Realität befriedigt. In diesem Fall kann das öffentlich-rechtliche Fernsehen leicht selbst zum Politikum werden (vgl. Pöttker, 1996).

Schon in den frühen Studien von Lazarsfeld u.a. wurde von der „narkotisierenden Dysfunktion" der Massenmedien gesprochen. Obwohl viele Befürchtungen bezüglich der „Sozialschädlichkeit" des Fernsehens überzogen waren und jeder empirischen Grundlage entbehrten (vgl. Kaase, 1989b), entbrannte in der Bundesrepublik Deutschland vor dem Hintergrund der Einführung des Kabelfernsehens erneut eine Diskussion. Die Sorge galt einer zunehmenden Entfremdung der Bevölkerung von der Politik, da die Einführung des Kabelfernsehens eine Programmverschiebung zugunsten des Unterhaltungssektors erwarten ließ. Angenommen wurde, dass das erweiterte Unterhaltungsangebot zu einer Zunahme des Fernsehkonsums führen würde, und zwar nicht nur bei Erwachsenen, sondern vor allem auch bei Kindern und Jugendlichen.

Die Einführung des Kabelfernsehens – so die Befürchtung von Kaase (1989b) – könne außerdem zum Einfallstor einer neuen politischen Ungleichheit werden. Politisch ohnehin schon ressourcenschwache Bürger könnten durch das erweiterte Unterhaltungsangebot noch stärker von politischen Inhalten abgelenkt werden als politisch interessiertere Bürger. In der Konsequenz werde bei bildungsschwachen, politisch weniger interessierten Bürgern die Entfremdung von der Politik stärker zunehmen als bei höher gebildeten (Wissenskluftthese). Der Demokratie, welche die normative Einbindung aller Bürger in die Politik erfordere, wäre eine solche Entwicklung abträglich.

Andere Autoren (vgl. Pöttker, 1996) wiesen auf die dysfunktionalen Elemente in der politischen Berichterstattung selbst hin: Eine negativistische, auf die Aufdeckung von Skandalen ausgerichtete und nur an politischen Konflikten interessierte politische Berichterstattung untergrabe die Glaubwürdigkeit der Medien. Gepaart mit der Oberflächlichkeit der Fernsehberichterstattung im Vergleich zu den Printmedien führen die genannten Eigenschaften der politischen Berichterstattung zu einem zunehmenden Misstrauen und zu Entfremdung gegenüber der Politik (These von der „Video-Malaise", vgl. auch Kuhn, 2000).

Holtz-Bacha (1989) konnte in einer empirischen Studie entgegen der These von der Video-Malaise nachweisen, dass die Häufigkeit einer informationsorientierten Mediennutzung nicht mit einer erhöhten, sondern mit einer geringeren politischen Entfremdung einher ging. Darüber hinaus zeigte sich jedoch ein positiver Zusammenhang zwischen der Häufigkeit einer unterhaltungsorientierten Mediennutzung und politischer Entfremdung, sowie ein negativer Zusammenhang zwischen der Häufigkeit einer unterhaltungsorientierten Mediennutzung und politischer Partizipationsbereitschaft. Ähnliche Ergebnisse erzielten Klingemann und Voltmer (1989), bei ihnen fand sich ein negativer Zusammenhang zwischen der Fernsehdauer insgesamt und politischer Partizipationsbereitschaft, aber ein positiver Zusammenhang zwischen dem Anteil an Nachrichtensendungen an der Gesamtdauer des Fernsehens und der politischen Partizipationsbereitschaft.

Kuhn (2000) fand in einer Stichprobe, die nur Kinder und Jugendliche umfasste, ebenfalls positive Zusammenhänge zwischen dem Ansehen informierender Fernsehsendungen sowie der Aufmerksamkeit beim Schauen von Fernsehnachrichten und den drei abhängigen Größen politisches Interesse, interne politische Effektivität und politische Partizipationsbereitschaft. Ein negativer Zusammenhang zwischen einer unterhaltungsorientierten oder gar eskapistischen Nutzung des Fernsehens und den abhängigen Variablen fand sich nur bei den Mädchen. Das zeitliche Ausmaß der Fernsehnutzung für sich betrachtet wies keine Zusammenhänge mit den abhängigen Variablen auf.

4.4.5 Soziale Beziehungen und Medienwirkung

Der Bereich der Politik entzieht sich für die meisten Bürger der direkten Erfahrung. Was in der Politik vorgeht wird im Wesentlichen über die Medien erfahren. Aber haben die Medien deshalb den stärksten Einfluss auf die politische Sozialisation? Schon in den Studien von Lazarsfeld u.a. (den sogenannten Columbia-Studien, vgl. Schenk, 1989) wurde deutlich, dass interpersonale Beziehungen, insbesondere die Einbindung von Individuen in relativ wertstabile homogene Primärgruppen, nur eine begrenzte Wirkung der Medien auf die politischen Einstellungen der Einzelnen zulassen. Damals wurde dem „Modell der allmächtigen Medien" das „Modell der begrenzten Effekte" gegenüber gestellt. Es entstand die These des Zweistufenflusses der Kommunikation, die besagt, dass Medieninhalte zunächst von den Massenmedien zu besonders kompetenten und informierten Meinungsführern und von diesen zu den kommunikativ weniger aktiven Bevölkerungsmitgliedern fließen.

Das Modell des Zweistufenflusses der Kommunikation wurde in der Folgezeit als zu stark vereinfachend kritisiert. Zum einen wurde eine Unterscheidung zwischen Informationsfluss und Beeinflussung von Meinungen eingefordert. Erstinformationen über aktuelle Ereignisse scheinen die Bevölkerung zum größten Teil direkt, ohne die Einschaltung von Meinungsführern zu erreichen, während bei der Interpretation und der Bewertung von solchen Ereignissen die interpersonale Kommunikation durchaus eine große Rolle spielen kann. Zum anderen verläuft der Prozess der Beeinflussung durch interpersonale Kommunikation wohl komplexer als mit der Zweistufenflussthese angenommen wurde und hängt von einer Vielzahl von Faktoren ab (vgl. Schenk, 1989).

Das ursprüngliche Konzept des interpersonalen Einflusses war auf den Einfluss von Primärgruppen beschränkt, die sich durch relativ starke Bindungen zwischen den Personen auszeichnen. Mit der Einführung von Netzwerkanalysen wurde die Forschung auf das gesamte Netz von Sozial- und Kommunikationsbeziehungen ausgedehnt und damit um die Perspektive schwacher Bindungen erweitert. Zudem kam neben dem Intragruppeneinfluss zusätzlich der Intergruppeneinfluss in den Blick (Schenk, 1989). Homogene Einstellungen und Meinungen finden sich eher bei Personen, die starke Bindungen aufweisen. Die weiter gefassten Netzwerke, in denen sich auch schwache Bindungen finden, lassen leichter die Kommunikation von heterogenen Meinungen zu. Schenk (1989) nimmt an, dass in dem Maße, wie sich die sozialen Netzwerke auflockern und schwache Beziehungen die Gruppengrenzen durchkreuzen, der Einfluss der Massenmedien auf die politische Meinungsbildung des Einzelnen zunehmen wird.

4.4.6 Entwicklung der Mediennutzung

Die Reichweite von Medien und der Zeitaufwand für deren Nutzung sind seit 1964 beträchtlich gestiegen. Erreichte das Fernsehen 1964 nur 47 Prozent der Bevölkerung (Personen ab einem Alter von 14 Jahren) so stieg der Anteil bis 1995 auf 81 Prozent und lag im Jahre 2000 bei 85 Prozent. Für den Hörfunk ergab sich eine Steigerung von 68 Prozent im Jahre 1964 auf 85 Prozent im Jahre 2000 (mit einem Zwischentief von 75 Prozent im Jahre 1995). Die Reichweite von Tageszeitungen fiel von 69 Prozent im Jahre 1964 auf 54 Prozent im Jahre 2000 (mit einem Höhepunkt von 76 Prozent im Jahre 1980). Während sich die durchschnittliche Nutzungsdauer bei Tageszeitungen kaum verändert hat – sie liegt über die Jahre hinweg zwischen 30 und 38 Minuten am Tag – ist sie bei Fernsehen und Hörfunk deutlich gestiegen: Beim Fernsehen von 70 Minuten im Jahre 1964 auf 185 Minuten im Jahre 2000, beim Hörfunk im selben Zeitraum von 89 Minuten auf 206 Minuten (Schenk, 2002, S. 617ff). Die Nutzungsdauer bei Hörfunk und Fernsehen, insbesondere aber bei Tageszeitungen liegt bei Jugendlichen im Alter zwischen 14 und 19 Jahren unter dem Durchschnitt der Erwachsenenbevölkerung.

Von besonderer Relevanz für die politische Sozialisation ist die Entwicklung der informationsorientierten Nutzung von Medien. Nutzungsdaten der 60er und 70er Jahre zeigen, dass nicht nur der Konsum von Unterhaltungssendungen zunahm, sondern dass auch Informationssendungen im Fernsehen über Politik, Wirtschaft und Gesellschaft ein immer größeres Publikum erreichten. Während das Interesse am Feuilleton von Tageszeitungen in den 70er Jahren eher stagnierte, stieg der Anteil der Bevölkerung, der das politische Informationsangebot in Tageszeitungen und im Hörfunk wahrnahm, kontinuierlich an. Der Anstieg an informationsorientierter Mediennutzung durch das Publikum während der 70er Jahre kann vermutlich auf das gestiegene Bildungsniveau der Bürger zurückgeführt werden (Geißler, 1982).

4.5 Zusammenfassende Bewertung und Annahmen für die vorliegende Untersuchung

Als primären Bezugspersonen wurde Eltern vielfach ein herausragender Stellenwert für die Sozialisation der politischen Persönlichkeit von Kindern und Jugendlichen nachgesagt. Tatsächlich zeigten sich in empirischen Untersuchungen immer wieder überzufällig häufig Übereinstimmungen in den politischen Orientierungen von Eltern und Kindern bzw. Jugendlichen, die als Sozialisationseffekte interpretiert wurden. Die Höhe der Übereinstimmungen erwies sich zudem als abhängig von emotionalen und kommunikativen Faktoren der Eltern-Kind-Beziehung. Je wichtiger die Eltern für die Jugendlichen waren und je häufiger über politische Themen kommuniziert wurde, desto höher fielen die Übereinstimmungen aus. Anzunehmen ist vor diesem Hintergrund, dass die Eltern einen wichtigen Sozialisationskontext für die politischen Einstellungen und Handlungsorientierungen von Jugendlichen bilden, und dass dies um so eher der Fall ist, je positiver die emotionale Qualität der Eltern-Kind-Beziehung ist und je häufiger in den Interaktionen zwischen Eltern und Kindern politische Themen kommuniziert werden.

Im Zuge der Erweiterung der sozialen Kontakte über das Elternhaus hinaus dürften die politischen Einstellungen und Handlungsorientierungen von Jugendlichen jedoch zunehmend auch durch andere Sozialisationskontexte mitbestimmt werden. Zu nennen sind hier vor allem die Gleichaltrigen, die Schule und die Massenmedien. Analysen des sozialen Netzwerkes von Jugendlichen zeigen, dass die Gleichaltrigen während der Adoleszenz als Bezugspersonen immer wichtiger werden und dabei die Eltern zeitweise sogar als wichtigste Bezugspersonen ablösen. Zum Ende der Schulzeit nimmt die Bedeutung der Eltern jedoch wieder etwas zu, übersteigt aber weder das Niveau der gleichgeschlechtlichen Freunde noch das der gegengeschlechtlichen Partner.

Auch mit den Gleichaltrigen zeigten sich in entsprechenden Untersuchungen überzufällig häufig Übereinstimmungen in den politischen Orientierungen. Und auch diese Übereinstimmungen erwiesen sich in ihrer Höhe als abhängig von emotionalen und kommunikativen Faktoren der Gleichaltrigenbeziehung. Je wichtiger Gleichaltrige als Bezugspersonen waren und je häufiger unter Gleichaltrigen politische Themen kommuniziert wurden, desto höher fielen die Übereinstimmungen aus.

Dennoch sprachen die berichteten Befunde gegen die Annahme, dass die inhaltlichen politischen Orientierungen von Jugendlichen stärker durch die Gleichaltrigen als durch die Eltern beeinflusst werden. Nur in den seltenen Fällen, in denen die Gleichaltrigen im Vergleich zu den Eltern die wichtigeren Bezugspersonen waren, zeigten sich höhere Übereinstimmungen mit den Gleichaltrigen. Die Ergebnisse einer Untersuchung von Oswald und Völker (1973) weisen allerdings darauf hin, dass gerade das politische Interesse stärker durch die Gleichaltrigen als durch die Eltern beeinflusst sein könnte. Diese These soll geprüft werden.

Für die Bedeutung der Schule als Sozialisationskontext wurden widersprüchliche Befunde angeführt. Auf der einen Seite wurde behauptet, der Einfluss der Schule auf die politischen Orientierungen von Kindern und Jugendlichen sei größer als der des Elternhauses, auf der anderen Seite wurde der Schule eine nur untergeordnete Bedeutung zugesprochen. Untersuchungen, in denen die Übereinstimmungen in den politischen Orientierungen von Lehrern und Schülern erhoben wurden, bescheinigen den Lehrern eine nur geringe Wirkung auf die inhaltlichen politischen Einstellungen der Schülerinnen und Schüler. Der Schule wird jedoch explizit die Aufgabe zugewiesen, politisches Wissen zu vermitteln und zum politisch mündigen Bürger zu erziehen. Von daher wird dem Unterricht zumindest das Potential zugesprochen, politisches Interesse bei Jugendlichen zu wecken und zu fördern.

Es gibt kaum eine Untersuchung, in der eine solche Wirkung des Unterrichts zweifelsfrei nachgewiesen werden konnte. Die beiden international vergleichenden Untersuchungen zur „Civic Education" beurteilten den Erfolg der Schule in dieser Hinsicht eher skeptisch. Da in der vorliegenden Untersuchung ein Längsschnittdatensatz erhoben wurde, der es erlaubt Kausalanalysen zu berechnen, soll der Versuch gemacht werden, einen positiven Einfluss der Mitarbeit im Schulunterricht bei politischen Themen auf das politische Interesse der Jugendlichen zu belegen.

In Bezug auf die Medien als Sozialisationskontext kann festgehalten werden, dass die Wirkung der Mediennutzung auf politische Orientierungen vor allem von der Häufigkeit und den Motiven der Hinwendung zu den Medien abhängt. Medien wird ein in erster Linie meinungsverstärkender Einfluss nachgesagt, unter bestimmten Umständen können Medieninformationen jedoch auch meinungsbildend wirken. In der vorliegenden Untersuchung steht jedoch nicht der Einfluss der Mediennutzung auf die Meinungsbildung (inhaltliche Ausrichtung politischer Orientierungen) im Vordergrund, sondern der Einfluss der Mediennutzung auf den Grad der Politisierung. Untersucht wird die Frage, ob eine häufigere Mediennutzung das politische Interesse von Jugendlichen erhöht. Dabei muss unterschieden werden zwischen einer unterhaltungsorientierten und einer informationsorientierten Mediennutzung. Während sich in den dargestellten Untersuchungen für Erstere keine politisierende oder sogar eine entpolitisierende Wirkung zeigte, wurde für Letztere ein positiver Zusammenhang mit dem politischen Interesse festgestellt. Inwieweit ein solch positiver Zusammenhang zwischen einer informationsorientierten Mediennutzung und politischem Interesse auf einen Einfluss der Nutzung von Medien auf das politische Interesse zurückzuführen ist oder lediglich einem umgekehrten Einfluss vom politischen Interesse auf die Häufigkeit der Nutzung von Medien geschuldet ist, blieb in bisherigen Untersuchungen mangels Längsschnittdaten offen. In der vorliegenden Untersuchung soll der Versuch gemacht werden, einen solchen Einfluss mittels Kausalanalysen nachzuweisen.

5 Politische Sozialisation und Geschlecht

5.1 Geschlechtsunterschiede in politischen Orientierungen und Verhaltensbereitschaften

Die Ergebnisse von repräsentativen Jugendstudien zeigen, dass weibliche Jugendliche im Schnitt eine größere Distanz zur Politik aufweisen als männliche Jugendliche. Weibliche Jugendliche haben im Vergleich zu den männlichen Jugendlichen ein geringeres politisches Interesse (Fischer, 2000a, S. 263f; Schneekloth, 2002, S. 92f; Torney-Purta u.a., 2001, S. 118; Gille, Krüger & de Rijke, 2000, S. 213)[13] und schreiben sich selbst subjektiv eine geringere politische Kompetenz zu (Gille, Krüger & de Rijke, 2000, S. 217). In der Shell-Studie von 1997 erwies sich zudem ihr politisches Wissen als weniger elaboriert als das ihrer männlichen Altersgenossen (Fischer, 1997, S. 305ff). In der IEA-Studie zur „Civic Education" zeigte sich zwar im einfachen Vergleich für Deutschland kein signifikanter Geschlechtsunterschied im politischen Wissen, unter Berücksichtigung des Bildungshintergrundes des Elternhauses und des besuchten Schultyps waren jedoch ebenfalls die weiblichen Jugendlichen den männlichen unterlegen (Torney-Purta u.a., 2001, vgl. Tabellen S. 64 und S. 152).[14]

Die beschriebene Distanz zur Politik bei den weiblichen Jugendlichen besteht in erster Linie gegenüber dem konventionellen Politikbereich. Sowohl die Shell-Studien (Fritzsche, 1997, S. 356f; Fischer, 2000a, S. 275f) als auch die Erhebungen des DJI (Schneider, 1995, S. 285; Gaiser & de Rijke, 2000, S. 284-289) weisen aus, dass männliche Jugendliche häufiger Mitglied in Vereinen, Verbänden und anderen Organisationen sind als weibliche Jugendliche. Dies gilt insbesondere für Sportvereine, freiwillige Hilfsorganisationen, Jugendverbände, Gewerkschaften,[15] Berufsverbände und

---

13 Eine Ausnahme bildeten nach der Wende die weiblichen Jugendlichen im Osten. In den Shell-Studien von 1992 (Kühnel, 1992, S. 60f) und 1997 (Fischer, 1997, S. 304f) waren die weiblichen Jugendlichen im Osten im Vergleich zu ihren männlichen Altersgenossen nur geringfügig weniger an Politik interessiert. In der IEA-Studie zur „Civic Education", die im Unterschied zu den beiden genannten Shell-Studien Jugendliche einbezog, welche zur Zeit der Wende erst etwa 4 bis 5 Jahre alt waren und somit den Umbruch selbst nicht mehr bewusst miterlebt haben, zeigte sich im Osten jedoch ein größerer Geschlechtsunterschied als im Westen.
14 Die weiblichen Jugendlichen schnitten im einfachen Vergleich vor allem deshalb im Wissenstest gleich gut ab, weil sie über bessere Bildungsvoraussetzungen verfügten.
15 Interessant ist, dass im DJI-Jugendsurvey von 1992 weibliche Jugendliche im Osten noch genauso häufig Gewerkschaftsmitglied waren wie ihre männlichen Altersgenossen. Bei insgesamt nachlassender gewerkschaftlicher Einbindung (im Westen sanken die Quoten von 15 auf 7 %, im Osten von 22 auf 8 %) hat sich jedoch bis zum Jahre 1997 der typische Geschlechtsunterschied eingestellt (Gaiser & de Rijke, 2000, S. 286).

politische Parteien. Lediglich in religiösen und kirchlichen Vereinen und Verbänden sind weibliche Jugendliche häufiger vertreten.

In machen Untersuchungen zeigen weibliche Jugendliche eine niedrigere Bereitschaft wählen zu gehen (z.B. Torney-Purta u.a., 2001, S. 154), in der jüngsten Shell-Studie allerdings nur bis zum Alter von ungefähr 18 Jahren (Schneekloth, 2002, S. 108). Ab einem Alter von 18 Jahren war das Verhältnis ausgeglichen. Weibliche Jugendliche geben zudem in der Regel seltener eine Parteiaffinität an (Fischer, 1992, S. 51; Fischer 1997, S. 329; Fischer, 2000a, S. 266).

Im Gegensatz zur größeren Distanz gegenüber dem konventionellen Politikbereich erweist sich die Aufgeschlossenheit gegenüber den neuen sozialen Bewegungen bei den weiblichen Jugendlichen als mindestens genauso groß, wenn nicht gar als größer als die der männlichen Jugendlichen. Nach den Ergebnissen des DJI-Jugendsurveys sind weibliche Jugendliche häufiger in Umweltschutzgruppen, Friedensinitiativen, Anti-AKW-Initiativen, Menschenrechtsgruppen und in Tierschutzvereinen aktiv und haben außerdem positivere Einstellungen gegenüber diesen Gruppen (Gaiser & de Rijke, 2000, S. 291; vgl. auch Schneider, 1995, S. 295). Auch nach der Shell-Studie von 2002 waren weibliche Jugendliche, vor allen in den älteren Altersgruppen, häufiger in Bürgerinitiativen bzw. Bürgervereinen, bei Greenpeace, Amnesty International oder in Hilfsorganisationen aktiv (Gensicke, 2002, S. 206).

Die Bereitschaft, sich an konventionellen politischen Aktivitäten zu beteiligen, ist bei weiblichen Jugendlichen in der Regel geringer oder gleich stark ausgeprägt wie bei männlichen Jugendlichen. Im DJI-Jugendsurvey ergaben sich keine Geschlechtsunterschiede für die Bereitschaft zur Beteiligung an konventionellen politischen Aktivitäten (z.B. Briefe an Politiker schreiben, ein politisches Amt übernehmen, Geld spenden für politische Zwecke). Für die Bereitschaft zur Beteiligung an unkonventionell-legalen politischen Aktivitäten (z.B. Bürgerinitiative, Unterschriftensammlung, genehmigte Demonstration) zeigten sich ebenfalls keine Geschlechtsunterschiede. Die unkonventionellen, häufig illegalen politischen Aktivitäten (z.B. nicht genehmigte Demonstration, Hausbesetzung, wilder Streik, Aktionen, bei denen es auch zu Sachbeschädigungen oder zu Personenschäden kommen kann) wurden dagegen häufiger von den männlichen Jugendlichen in Erwägung gezogen (Gaiser & de Rijke, 2000).

In der Shell-Studie von 1997 befürworteten die weiblichen Jugendlichen häufiger als die männlichen „nicht konflikthafte" politische Aktivitäten (z.B. an einer genehmigten Demonstration teilnehmen, sich an Unterschriftenaktionen beteiligen, an Ständen von BUND/Amnesty International oder ähnlichen Organisationen mitmachen). Keine Geschlechtsunterschiede zeigten sich für die Befürwortung von „institutionalisierten" politischen Aktivitäten (z.B. wählen gehen, ein politisches Amt übernehmen, aktives Mitglied in einer Partei werden) sowie für die Befürwortung von „konflikthaften" politischen Aktivitäten (z.b. sich einer autonomen Bewegung anschließen, sich an einem wilden Streik beteiligen, ein Haus oder Fabrikgelände besetzen) (Fischer, 1997, S. 333-341).[16]

In der IEA-Studie zur „Civic Education" zeigte sich für die Skala zur konventionellen Partizipation (Parteimitglied werden, Leserbriefe schreiben, für ein öffentliches Amt kandidieren) kein Geschlechtsunterschied. Dasselbe gilt für die Beteiligung an einer friedlichen Demonstration. Jedoch gaben mehr weibliche als männliche Jugendliche an, dass sie sich an einer Unterschriftensammlung oder an einer Spendensammlung für einen sozialen Zweck beteiligen würden. Umgekehrt gaben mehr männliche als weibliche Jugendliche an, dass sie Protestslogans an Wände sprühen würden und bereit wären, sich an Verkehrsblockaden oder an Hausbesetzungen zu beteiligen (Torney-Purta u.a., 2001; vgl. auch Oesterreich, 2002). Weibliche Jugendliche ziehen demnach seltener Protestformen in Erwägung, die Züge von deviantem Verhalten tragen (Sachbeschädigungen sowie Gewalt gegen Personen). Überhaupt lehnen weibliche Jugendliche Gewalt als Mittel der Politik stärker ab (Oesterreich, 2002, S. 173).

Weibliche Jugendliche weisen außerdem ein intensiveres Verhältnis zu den meisten Wertorientierungen auf (Gensicke, 2002, S. 148).[17] In der Shell-Studie von 2002 bewerteten weibliche Jugendliche Werte wie Eigenverantwortung, Kreativität, Toleranz, Rücksicht auf eigene Gefühle, Sozialmanagement, Umweltbewusstsein, Gesundheitsbewusstsein, aber auch Gesetz und Ordnung, Sicherheit und Gottesglauben höher. Ebenfalls höher im Kurs standen bei ihnen Partnerschaft und Familienleben. Von den männlichen Jugendlichen wurden lediglich die Werte Macht und Einfluss, Geschichtsstolz und Politikmanagement höher bewertet (Gensicke, 2002, S. 149). Im DJI-Jugendsurvey wurden die erfassten Wertorientierungen zu den vier Dimensionen Selbstentfaltung, Konventionalismus, Hedonismus und Prosozialität zusammengefasst. Prosozialität wurde von den jungen Frauen höher bewertet, Hedonismus von den jungen Männern (Gille, 2000, S. 159f).

---

16 Bei der Frage nach der tatsächlichen Beteiligung an den genannten Aktivitäten ergaben sich allerdings andere Geschlechtseffekte: Männliche wie weibliche Jugendliche gaben etwa gleich häufig an, sich schon einmal an „institutionalisierten" und an „nicht konflikthaften" politischen Aktivitäten beteiligt zu haben. An „konflikthaften" politischen Aktivitäten, die auch Formen der Gewalt mit einschließen, hatten sich die männlichen Jugendlichen häufiger beteiligt (Fischer, 1997, S. 338f).
17 Von den Autoren der Shell-Studie wurde dies als ein Zeichen ihrer größeren Reife interpretiert (Gensicke, 2002, S. 148).

Ihren Wertorientierungen entsprechend vertreten junge Frauen häufiger politische Positionen, die auf Lebensbewahrung, Umweltschutz, Frieden und Toleranz ausgerichtet sind. Beispielsweise neigen weibliche Jugendliche häufiger der Partei B90/Die Grünen zu (Schneekloth, 2002, S. 99) und ordnen sich auf der Links-Rechts-Skala im Schnitt links von den männlichen Jugendlichen ein (Schneekloth, 2002, S. 96; Gille, Krüger & de Rijke, 2000, S. 244; Oesterreich, 2002, S. 191). Weibliche Jugendliche erweisen sich in den meisten Untersuchungen als weniger ausländerfeindlich (Fischer, 2000b, S. 302; Schneekloth, 2002, S. 125f; Kleinert, 2000a, S. 385; Oesterreich, 2002, S. 156) und als toleranter gegenüber sozialen Minderheiten eingestellt (Schneekloth, 2002, S. 123f). Sie haben außerdem ein weniger konservatives Bild von der Rolle der Frau in Familie und Gesellschaft (Gille, 2000, S. 185; Oesterreich, 2002, S.180) und sind seltener nationalistisch (Kleinert, 2000b, S. 342; Oesterreich, 2002, S .145) oder rechtsextrem eingestellt (Schneider, 1995, S. 330).

Für die Einstellung gegenüber der Demokratie als Staatsform sowie für das Vertrauen in eine Reihe von gesellschaftlichen Gruppierungen und Institutionen werden in der Shell-Studie von 2002 keine Geschlechtsunterschiede berichtet (Schneekloth, 2002). Im DJI-Jugendsurvey wurde das politische Systems der ehemaligen DDR von den weiblichen Jugendlichen im Osten etwas positiver bewertet (Gille, Krüger & de Rijke, 2000, S. 234).[18] In der IEA-Studie zur „Civic Education" äußerten die weiblichen Befragten im Vergleich zu den männlichen weniger Vertrauen in die politischen Institutionen, insbesondere in die Bundesregierung.[19] Zudem waren die weiblichen Jugendlichen skeptischer in Bezug auf die Beeinflussbarkeit von Politik. Diese größere Skepsis der weiblichen Jugendlichen ging jedoch nicht mit einer größeren politischen Apathie einher (Oesterreich, 2002, S. 135).

5.2 Grenzen der Erklärungskraft von Bildung und Lebenslage

Das niedrigere politische Interesse und die niedrigere konventionelle politische Partizipation von jungen Frauen im Vergleich zu jungen Männern sind erklärungsbedürftig. Der Anstieg im politischen Interesse, der in den 70er Jahren auf der Ebene der Gesamtbevölkerung in allen modernen Industriestaaten zu beobachten war, wurde allgemein auf die Bildungsexpansion zurückgeführt (Barnes, Kaase et al., 1979). Alter,

---

18 Dies kann als ein Reflex der besonders prekären Lebenslage der weiblichen Jugendlichen im Osten interpretiert werden. Die weiblichen Jugendlichen im Osten waren am häufigsten von Arbeitslosigkeit betroffen und abhängig von staatlichen Transferleistungen. Sie hatten die stärksten Befürchtungen, nach einem möglichen Arbeitsplatzverlust keine adäquate Stelle mehr zu finden bzw. noch längere Zeit arbeitslos zu sein (vgl. Achatz, 2000; Achatz, Gaiser u.a., 2000).

Bildung und Erwerbsstatus gelten seither als die wichtigsten Erklärungsfaktoren für Unterschiede im politischen Interesse und der politischen Partizipation und wurden auch für die beobachteten Geschlechtsunterschiede verantwortlich gemacht.

Da junge Frauen zunehmend höhere Bildungsabschlüsse anstrebten und das Bildungsniveau sich in den jüngeren Kohorten zwischen den Geschlechtern anzugleichen begann, entstand die Erwartung, dass in absehbarer Zeit durch den Austausch von Generationen der Geschlechtsunterschied im politischen Interesse und in der politischen Partizipation verschwinden würde (Owen & Dennis, 1988). Politikwissenschaftliche Untersuchungen auf der Grundlage von Daten, die Ende der 90er Jahre für die Gesamtbevölkerung Deutschlands erhoben wurden (ALLBUS 1998), zeigen jedoch, dass sich diese Erwartung nicht erfüllt hat. Im Vergleich von Männern und Frauen mit derselben Alters-, Bildungs- und Erwerbsstruktur, weisen die Frauen nach wie vor ein geringeres politisches Interesse, eine deutlich geringere subjektive politische Kompetenz und ein etwas niedrigeres Partizipationsniveau auf als die Männer. Die Indikatoren des so genannten SES-Modells (Alter, Bildung und Erwerbsstatus) können somit zwar einen Teil der Geschlechtsunterschiede erklären, lassen aber noch erhebliche Reste offen (Westle, 2001a).

In Bezug auf Jugendliche sieht die Befundlage ähnlich aus. Im Westen hat sich das Schulbildungsniveau von weiblichen Jugendlichen mittlerweile an das der männlichen Jugendlichen angeglichen, im Osten überflügeln die weiblichen Jugendlichen inzwischen sogar ihre männlichen Altersgenossen (Achatz, Krüger u.a., 2000, S. 42-51). Dennoch besteht weiterhin ein Geschlechtsunterschied im politischen Interesse und in der Einschätzung der eigenen politischen Kompetenzen (Albert u.a., 2002, S. 217). Solche bei ausgeglichenem oder sogar höherem Bildungsniveau der weiblichen Jugendlichen noch vorhandenen Geschlechtsunterschiede verweisen auf eine tiefer liegende Problematik geschlechtsspezifischer Sozialisationsprozesse und gesellschaftlicher Strukturen, die es Frauen nach wie vor erschweren, sich mit gleicher Selbstverständlichkeit wie Männer für Politik zu interessieren und handelnd politische Ansprüche geltend zu machen.

5.3 Geschlecht als Strukturkategorie

Feministische Ansätze, die das Geschlecht als Strukturkategorie begreifen, nehmen diese tiefer liegende Problematik auf. Das Geschlecht wird dabei einerseits als eine soziale Konstruktion betrachtet (vgl. Hagemann-White, 1984), das aber andererseits

---

[19] Besonders niedrig lag das Vertrauen bei den weiblichen Befragten im Osten.

auch einen strukturellen Indikator für soziale Ungleichheitslagen bildet. Mit dem Begriff der „geschlechtshierarchischen Arbeitsteilung" werden zwei wesentliche Strukturmomente des Geschlechterverhältnisses[20] angesprochen: Die gesellschaftliche Arbeitsteilung und das Machtungleichgewicht zwischen den Geschlechtern (Bilden, 1991).

Nach wie vor sind Männer häufiger erwerbstätig als Frauen und die Arbeit im häuslichen Bereich, vor allem die Kinderaufzucht (reproduktive Arbeit), wird überwiegend von Frauen geleistet. Die Shell-Studie von 2000 zeigt, dass junge Frauen beim Eintritt ins erwerbsfähige Alter heute zwar eine hohe Berufsorientierung aufweisen, diese schwindet aber, sobald das Alter erreicht wird, in dem erste Familienplanungen unternommen werden (Fritzsche, 2000, S. 113).

Auf dem Arbeitsmarkt sind Frauen überwiegend in den schlechter bezahlten Sektoren tätig und es sind häufiger Frauen, die nach einer Heirat und der Geburt von Kindern zumindest vorläufig auf eine weitere Berufstätigkeit und damit auf berufliche Aufstiegschancen verzichten. Die spätere Ungleichheit auf dem Arbeitsmarkt zeichnet sich schon in den Berufswünschen von Jugendlichen ab. Junge Frauen geben als Berufswunsch sehr häufig typisch „weibliche" Berufe an (beispielsweise Krankenschwester, Friseuse und Verkäuferin), welche in der Regel schlechter bezahlt sind und geringere Aufstiegschancen bieten als die meisten von jungen Männern bevorzugten Berufe.

Legitimiert wird die geschlechtshierarchische Arbeitsteilung über sozial konstruierte Geschlechtsrollenstereotype. Geschlechtsrollenstereotype bilden die zeitgenössischen Nachfolger der „Geschlechtscharaktere", welche historisch mit der Entstehung der bürgerlich-kapitalistischen Gesellschaft verbunden sind. Im Übergang vom ständisch organisierten Feudalsystem zur kapitalistisch-industriellen Produktionsweise der bürgerlichen Gesellschaft erfolgte eine der neuen Form der Arbeitsteilung entsprechende Psychologisierung des Geschlechterverhältnisses (Bilden, 1982).[21]

---

20 Das Geschlechterverhältnis bildet eine symbolische Ordnung, einen Komplex kultureller Setzungen oder ein System sozialer Deutungen, an denen sich Interpretationen und Bewertungen der Geschlechterdifferenz orientieren (Becker-Schmidt, 1993, S.44).
21 Mann-Sein bedeutete die Verkörperung von Eigenschaften, die außerhalb des privaten Bereichs im Beruf und in der Politik gefragt sind (Aktivität, Selbständigkeit und Rationalität). Frau-Sein dagegen hieß die Verkörperung von Eigenschaften, die auf den häuslichen Bereich verweisen (Passivität, Abhängigkeit und Emotionalität). Noch heute gelten Männer in westlichen Industriegesellschaften als aggressiv, leistungsorientiert, ehrgeizig, mutig, selbstsicher, stark und unternehmungslustig, Frauen dagegen als ängstlich, empfindsam, sozial orientiert, schüchtern, schwach und warmherzig (Trautner, 1994).

Die Konstruktion von Geschlechtscharakteren oder von Geschlechtsrollenstereotypen folgt dem Prinzip der Identitätslogik: Setzung des Einen durch Differenz zum Anderen, das Andere wird dabei ausgegrenzt und abgewertet. Die Differenz wird festgemacht am biologischen Geschlecht. Die Ausgrenzung und Abwertung erfolgt also mittels der Zuschreibung von vermeintlich natürlichen Eigenschaften qua biologischem Geschlecht (Knapp, 1987).

Mit der Etablierung der geschlechtshierarchischen Arbeitsteilung ging historisch die Trennung der öffentlichen von der privaten Sphäre und die Ausgrenzung von Frauen aus dem öffentlichen und damit auch aus dem politischen Bereich einher. Zwar haben Frauen heute formell dieselben politischen Rechte wie Männer, dennoch sind sie in den Institutionen der politischen Interessenvertretung deutlich unterrepräsentiert (vgl. Cornelissen, 1993b). Diese Unterrepräsentanz bahnt sich schon im Jugendalter an. Die Jugendstudien zeigen, dass junge Männer häufiger in institutionalisierten Formen der politischen Interessenvertretung organisiert sind als junge Frauen (z.B. Gaiser & de Rijke, 2000, S. 289).

Eine Folge der Unterrepräsentanz von Frauen in den Institutionen der politischen Interessenvertretung besteht darin, dass die Interessen von Frauen in der Politik nicht hinreichend vertreten werden.[22] Zudem bleibt es aufgrund der männlich dominierten Strukturen für Frauen schwer, im politischen Bereich Fuß zu fassen. Frauen mangelt es an weiblichen Vorbildern in der Politik sowie an entsprechender Unterstützung, wenn sie sich im politischen Bereich betätigen wollen.

5.4 Das Geschlechterverhältnis in der politischen Sozialisation

Die Untersuchung politischer Sozialisationsprozesse, das heißt die Untersuchung der Frage, wie Individuen in Auseinandersetzung mit ihrer Umwelt zu sich politisch orientierenden und handelnden Subjekten werden, kann nach Kulke (1991) nicht von der gesellschaftlichen Arbeitsteilung und der materiellen wie symbolischen Ausgrenzung von Frauen aus der Politik abstrahieren.

Ein wesentlicher Grund für die unterschiedliche politische (Selbst-)Sozialisation von jungen Männern und Frauen wird in ihrer unterschiedlichen Lebenssituation gesehen. Junge Frauen haben im Vergleich zu jungen Männern eine doppelte Perspektive: Während sich junge Männer auf die Planung ihrer Berufskarriere konzentrieren kön-

---

22 Das „Gender Mainstreaming", zu dem sich inzwischen einige politische Institutionen der Bundesrepublik und der EU verpflichtet haben, bildet ein Instrument, das der mangelnden Berücksichtigung von Fraueninteressen bei gegebener Unterrepräsentanz Abhilfe leisten soll (mehr Informationen dazu unter http://www.gender-mainstreaming.net).

nen, sehen sich junge Frauen mit dem Problem konfrontiert, den Wunsch nach einer Familie und das Ergreifen eines Berufs irgendwie vereinbaren zu müssen.

Jacobi (1991) leitete aus diesem Sachverhalt die These ab: „Mädchen sind aufgrund der Lokalisierung ihrer Erfahrungen und Lebensinteressen, die sie in öffentliche und private Perspektiven zwingen, anders politisch" (S. 99) als Jungen.

Eine ähnliche These vertritt Meyer (1994): „Mädchen und Frauen sind sehr wohl politisch, nur eben anders, auf ihre eigene Weise – entgegen ihren Selbstdefinitionen und den Fremdzuschreibungen. Frauen-Interessen liegen quer zu traditionellen Politikfeldern." (S. 66)

Beide Autorinnen knüpfen an die Debatte über das weibliche „Defizit" (niedrigeres politisches Interesse, niedrigere politische Partizipation von Frauen) an, welches die klassische Umfrageforschung regelmäßig zutage fördert (vgl. dazu auch Sauer, 1995). Tatsächlich steht ja dem geringeren politischen Interesse und der niedrigeren Partizipation von jungen Frauen an institutionalisierter Parteien- und Regierungspolitik ein gleich hohes, wenn nicht gar höheres soziales und politisches Engagement in den neuen sozialen Bewegungen gegenüber (vgl. Abschnitt 5.1.1). Meyer hält es vor diesem Hintergrund für verfehlt, in Bezug auf Frauen von politischer Apathie zu sprechen. Ein Problem liege vielmehr darin, dass sowohl die Interpreten der Umfrageforschung wie auch die Frauen selbst bei der Beantwortung der Fragen ein männlich geprägtes, auf traditionelle Politik verengtes Politikverständnis (Parteienpolitik, Politik der Bundesregierung) zugrunde legten. Politik sei jedoch weiter zu fassen, sie schließe alle Fragen des gesellschaftlichen Zusammenlebens mit ein.

Ähnlich argumentieren die Autoren der Shell-Jugendstudie von 2002. Mädchen und junge Frauen repräsentieren ihnen zufolge noch stärker als Jungen und junge Männer ein breites Verständnis von Politik. „Politik ist für sie nicht nur die organisierte Aktivität für gesellschaftliche Belange innerhalb parteipolitischer Strukturen, sondern die aktive, durch persönliche Interessen gespeiste Gestaltung aller Lebensbereiche, die den Alltag bestimmen." (Hurrelmann u.a., 2002, S. 41).[23]

Jacobi (1991) kritisiert vor dem Hintergrund der doppelten Lebensperspektive von Frauen eine Interpretation, die in Jugendstudien der 80er Jahre vorgenommen

---

[23] Die zitierte Formulierung ist etwas irreführend, weil – wie es häufiger der Fall ist – die Unterscheidung zwischen einem politikwissenschaftlich begründeten erweiterten Politikbegriff, der für die Interpretation und Bewertung von Umfrageergebnissen herangezogen werden kann, und dem engen Politikbegriff, den die Jugendlichen selbst ihrem Tun zugrunde legen, zwar getroffen, aber nicht durchgängig eingehalten wird. Jugendliche haben im Allgemeinen einen auf traditionelle Politikfelder und auf Parteipolitik eingeschränkten Politikbegriff (vgl. Kuhn & Schmid, 2004),

wurde: Frauen seien postmaterialistischer. Da Frauen nie in gleicher Weise wie Männer am Zeitalter materialistischer Werte partizipiert haben und auch heute materiell noch immer schlechter gestellt sind, grenze es an Zynismus, in Bezug auf Frauen von Postmaterialismus zu sprechen. Nur das Außerachtlassen weiblicher Lebenszusammenhänge könne zu solch einer Interpretation führen.

Als ebenfalls nicht angemessen zur Beschreibung von weiblichen Lebenszusammenhängen diskutiert Jacobi (1991) das Beck'sche Theorem der Individualisierung der Lebenslagen. Zwar haben sich die Entscheidungsspielräume für Frauen bezüglich Erwerbstätigkeit und Familiengründung in den letzten Jahren erheblich erweitert, dennoch gibt es im Lebenszyklus von Frauen Grenzen der Individualisierung. Entscheidungen im Bereich der Erwerbstätigkeit (Berufswahl, Karriereplanung) hängen bei Frauen viel unmittelbarer mit familienorientierten Entscheidungen zusammen als dies bei Männern der Fall ist. Karriere bedeutet entweder Verzicht auf Kinder oder eine enorme Belastung.

Als besonders fruchtbaren Ansatz zur Erklärung des spezifischen Politikinteresses von Frauen streicht Jacobi (1991) in Anlehnung an Pierre Bourdieu die Annahme von sozialisationsrelevanten geschlechtsdefinierten Territorien heraus: Die offizielle Politik sei ein Männerterritorium, in dem sich zwar einzelne Frauen erfolgreich bewegen können, ihr Status aber exzeptionell bleibe. „Territorien haben eine symbolische Ordnung, eine Kultur, die von Männern produziert ist und in der sich Frauen anpassen müssen, wenn sie sich erfolgreich in ihr bewegen wollen." (Jacobi, 1991, S. 103) Territorialisierungen haben die doppelte Funktion, einerseits Zugangsbarrieren und Verkehrsformen (soziales Kapital wird in ihnen transferiert und Habitus angeeignet) und andererseits Diskriminierungen zu etablieren. Zur Familienzentriertheit des weiblichen Lebensentwurfs gehören die Zugangsbeschränkungen zu anderen Territorien. Ein Wechsel in diese anderen Territorien bedeutet für Frauen zunächst eine bewusste Entscheidung, welche dann aufgrund eines anderen Habitus die Erfahrung mangelnden sozialen Kapitals nach sich zieht und schließlich auch noch die Bewältigung von Diskriminierungserfahrungen verlangt. Dies kann nur begrenzt gelingen. „Ausschließlich in den Territorien, in denen die persönlich geprägten Strukturen nicht von institutionellen völlig überlagert sind, wird der Erfahrung der weiblichen Lebenslage entsprochen. Auf Politik bezogen bedeutet dies entweder eine Orientierung im Feld konventioneller Politik in marginalisierten Ressorts wie Sozialpolitik, also in einem in der Hierarchie

---

was dazu führt, dass sie ihr häufig nicht unbeträchtliches gesellschaftliches Engagement selbst nicht als politisches Handeln begreifen.

der Wichtigkeit von konventioneller Politik ganz unten angesiedelten Bereich oder in den noch nicht besetzten Gebieten der alternativen Politik." (Jacobi, 1991, S. 105)

Geschlechtsdefinierte Territorien existieren schon im Jugendalter und sind außerhalb der Familie beispielsweise in der Schule oder im öffentlichen Straßenraum zu finden. Die Untersuchung der Formen, wie solche Territorien etabliert, ausgestaltet und gegebenenfalls verteidigt werden, könnte dazu beitragen, einen Aspekt des Vorlaufs zu erklären, der es möglich macht, dass in der Erwachsenengesellschaft trotz formaler Gleichstellung der Geschlechter die beiden geschlechtsdefinierten Territorien Politik und Familie sich weiterhin so ausgeprägt halten (Jacobi, 1991; vgl. dazu ausführlicher auch Kelle, 1993).

Als weitere Ursache für die unterschiedlich verlaufende politische Sozialisation von jungen Frauen und jungen Männern kann die typischerweise unterschiedlich verlaufende psychosoziale Entwicklung angeführt werden. Theoretisch populär ist der aus der modernen Psychoanalyse (Objektrelationstheorie) stammende Ansatz von Nancy Chodorow (1985). In diesem wird der Versuch unternommen, die Umsetzung des gesellschaftlichen Strukturphänomens der geschlechtshierarchischen Arbeitsteilung in psychische Strukturen zu beschreiben. Durch das „Muttern" von Frauen machen Jungen und Mädchen im Laufe des Aufwachsens unterschiedliche Beziehungserfahrungen. Diese führen zu typischen Unterschieden in der männlichen und weiblichen Persönlichkeit und damit verbunden zu einer unterschiedlichen Beziehungsfähigkeit. „Das grundlegende weibliche Selbstgefühl ist Weltverbundenheit, das grundlegende männliche Selbstgefühl ist Separatheit." (Chodorow, 1985, S. 220; vgl. auch Bilden, 1991). Weibliche Jugendliche haben gemäß dieser Theorie einen stärker an Beziehungen orientierten und weniger auf Abgrenzung bedachten Zugang zur Welt.

Ebenfalls populär ist der auf der Objektrelationstheorie aufbauende entwicklungspsychologische Ansatz einer „weiblichen" Moral von Carol Gilligan (1984; vgl. auch Bilden, 1991). Dieser Ansatz stellt der Kohlberg'schen an abstrakten Normen orientierten „männlichen" Ethik der Gerechtigkeit eine den Handlungsorientierungen von Frauen eher entsprechende, stärker an konkreten Kontexten orientierte „weibliche" Ethik der Fürsorge gegenüber.

Aus der amerikanischen Forschung stammt die Unterscheidung von unterschiedlichen Stilen der Lebensbewältigung, „Communion" und „Agency", welche die Autoren der jüngsten Shell-Jugendstudie für die Erklärung von Geschlechtsunterschieden anführten. „Communion" bezeichnet den eher weiblichen Stil, der stärker an Anderen orientiert und darauf ausgerichtet ist, Bindungen herzustellen. „Agency" bildet die eher männliche Form, die stärker auf das Selbst konzentriert und auf Abgrenzung bedacht ist (Helgeson, 1994).[24]

Tatsächlich zeigen sich in den Jugendstudien geschlechtstypische Unterschiede in den Wert- und Lebensorientierungen, die diesem Bild entsprechen. In der Shell-Studie von 2002 zeigten die weiblichen Jugendlichen nicht nur insgesamt ein intensiveres Verhältnis zu Wertorientierungen, sondern bewerteten außerdem die Werte Partnerschaft, Familienleben, Eigenverantwortung, Kreativität, Gesetz und Ordnung, Sicherheit, Rücksicht auf eigene Gefühle, Gesundheitsbewusstsein, Toleranz, Umweltbewusstsein, Sozialmanagement und Gottesglauben höher. Lediglich die Werte Macht und Einfluss, Geschichtsstolz und Politikmanagement wurden von den männlichen Jugendlichen höher bewertet (Gensicke, 2002).

Im DJI-Jugendsurvey wurden die erfassten Wertorientierungen zu den vier Dimensionen Selbstentfaltung, Konventionalismus, Hedonismus und Prosozialität zusammengefasst. Geschlechtsunterschiede ergaben sich für Prosozialität und Hedonismus: Junge Frauen wiesen höhere Werte in der Prosozialität auf, junge Männer dagegen im Hedonismus (Gille, 2000). Im DJI-Jugendsurvey wurde außerdem nach der Wichtigkeit von verschiedenen Lebensbereichen gefragt. Die beiden Lebensbereiche „Partnerschaft" und „eigene Familie und Kinder" wurden von den weiblichen Jugendlichen deutlich höher bewertet als von den männlichen Jugendlichen. Die beiden Bereiche „Schul- und Berufsausbildung" und „Beruf und Arbeit" dagegen wurden von weiblichen wie männlichen Jugendlichen als gleichermaßen wichtig erachtet. Dabei fiel auf, dass die jungen Frauen im Osten auch bei Arbeitslosigkeit oder als Hausfrauen und Mütter den hohen Stellenwert von Arbeit aufrecht erhielten während die Hausfrauen und Mütter im Westen dem beruflichen Bereich eine geringere Bedeutung beimaßen. Weitere Geschlechtsunterschiede ergaben sich für die Bereiche „Politik", „Kunst und Kultur" und „Religion". Der Bereich der Politik war für die männlichen Jugendlichen wichtiger, der Kunst- und Kulturbereich sowie der religiöse Lebensbereich für die weiblichen Jugendlichen (Gille, 2000).

Eine weitere Erklärung, die auf Unterschiede in der Selbstwertentwicklung abhebt, führte Meyer (1994) an. Viele Mädchen erleben ihre körperlichen Veränderungen während der Adoleszenz weniger als eine positive Erweiterung ihrer persönlichen und gesellschaftlichen Erfahrungswelt denn als problematische Verschlechterung und Einschränkung eigener, nach außen gerichteter Energien. Während bei jungen Män-

---

24 Eine gesunde Persönlichkeit zeichnet sich dadurch aus, dass beide Dimensionen vereint auftreten. Typischerweise überwiegt jedoch bei männlichen Personen die Dimension „Agency" und bei weiblichen die Dimension „Communion".

nern über die Adoleszenz hinweg ein Zuwachs an Selbstbewusstsein zu verzeichnen ist, finden sich bei jungen Frauen häufig Einbrüche. Der Wunsch nach politischer Teilhabe und nach der Besetzung von öffentlichen Räumen trifft bei jungen Frauen somit auf eine Phase ihrer persönlichen Entwicklung, die der Ausbildung von politischen Kompetenzen und der Überzeugung über das Vorhandensein solcher Kompetenzen eher abträglich ist.[25]

Ähnlich beschreiben die Autoren der Shell-Studie von 2002 die Situation: „Im Unterschied zu Männern reagieren Mädchen und junge Frauen bei Belastungen und Überforderungen nicht mit nach außen gerichteten, extrovertierten und fordernden Haltungen, sondern eher mit nach innen gerichteten introvertierten Mustern. Bei Überforderungen zeigen sie schnell Hilflosigkeit und Depression, ziehen sich auf sich selbst zurück oder entwickeln psychosomatische Beschwerden." (Hurrelmann u.a., 2002, S. 40) „Während Jungen und junge Männer egozentrisches Verhalten zeigen, sich in sozialen Situationen zu behaupten wissen und Einfluss auf die Gestaltung ihrer Umwelt ausüben möchten, tendieren Mädchen und junge Frauen eher zu einem zurückgezogenen, auf soziale Integration, Harmonie und Gemeinschaft orientierten Verhalten. Dementsprechend liegt es Männern näher als Frauen, sich für die Mechanismen und Strukturen von öffentlichen politischen Organisationen zu interessieren und sie zu beeinflussen, während Frauen eher zu informellen Formen der sozialen Beteiligung neigen und sich scheuen, ihre eigenen Interessen in den öffentlichen politischen Raum zu übertragen." (Hurrelmann u.a., 2002, S. 40)

5.5 Annahmen für die vorliegende Untersuchung

Bei den in der vorliegenden Arbeit untersuchten Jugendlichen handelt es sich um eine bildungshomogene Gruppe von männlichen und weiblichen Gymnasiasten. Vor dem Hintergrund der Ausführungen zum SES-Modell ist anzunehmen, dass sich trotz der Bildungshomogenität in der Stichprobe Geschlechtsunterschiede im politischen Interesse zeigen. Die männlichen Jugendlichen dürften ein stärkeres politisches Interesse aufweisen als die weiblichen Jugendlichen.

Dargelegt wurde, dass weibliche Jugendliche aufgrund geschlechtstypisch verlaufender Sozialisations- und Entwicklungsprozesse stärkere Hemmungen haben, sich in öffentlichen Kontexten zu bewegen als männliche Jugendliche. Vor diesem Hinter-

---

[25] Tatsächlich hängt das politische Interesse sehr eng mit dem Selbstkonzept eigener politischer Kompetenzen zusammen. In unseren Daten lässt sich der Geschlechtsunterschied im politischen Interesse sogar vollständig durch den Unterschied im Selbstkonzept eigener politischer Fähigkeiten erklären (Kuhn, 2002).

grund ist zu erwarten, dass weibliche Jugendliche seltener den öffentlichen Raum nutzen, um sich über Politik zu informieren. Das bedeutet, dass sie vermutlich seltener im Schulunterricht bei politischen Themen mitarbeiten und seltener mit Mitschülern und im weiteren Freundes- und Bekanntenkreis über Politik diskutieren als männliche Jugendliche. Weibliche Jugendliche beschränken sich bei der politischen Exploration wahrscheinlich stärker auf die engen sozialen Beziehungen, das heißt auf die Kontexte Elternhaus, enge Freunde und Partnerschaft. Vor dem Hintergrund des niedrigeren politischen Interesses von weiblichen Jugendlichen ist darüber hinaus zu erwarten, dass sie sich insgesamt weniger über Politik informieren als männliche Jugendliche.

6 Kontexte der politischen Sozialisation im Vergleich

Im Folgenden werden die Ergebnisse von Untersuchungen dargestellt, die sich mit den verschiedenen Kontexten (Elternhaus, Gleichaltrige, Schule und Massenmedien) im Vergleich beschäftigt haben und aus denen sich genauere Hypothesen für die vorliegende Arbeit ableiten lassen. Drei Arten der Betrachtung lassen sich unterscheiden: (1) Deskriptive Darstellungen, die Auskunft geben über die Häufigkeit von Gesprächen über Politik mit verschiedenen Bezugspersonen und über die Häufigkeit der Nutzung von Massenmedien; (2) Studien, die danach fragen, wie stark ein bestimmtes Explorationsverhalten politische Meinungen oder die Entscheidung für eine politische Partei aus subjektiver Sicht der Jugendlichen beeinflusst hat; (3) Untersuchungen, in denen der Einfluss des politischen Explorationsverhaltens von Jugendlichen auf politische Orientierungen und Verhaltensweisen mittels statistischer Analysen überprüft wurde.

6.1 Die Häufigkeit der Exploration in verschiedenen Kontexten

In der Shell-Jugendstudie von 1997 wurde nach der Häufigkeit der Nutzung verschiedener Quellen gefragt, um sich über das politische Geschehen zu informieren. An erster Stelle wurde das Fernsehen privater Anbieter genannt, an zweiter Stelle stand das öffentlich-rechtliche Fernsehen gleichauf mit den persönlichen Gesprächen mit Bekannten und Freunden, an dritter Stelle standen die Tageszeitungen gleichauf mit dem Hörfunk und an vierter Stelle die Wochenzeitschriften und Stadtteilzeitungen (Fischer, 1997; S. 327f).

Die Jugendlichen wurden außerdem zur Glaubwürdigkeit dieser Informationsquellen befragt. Das öffentlich-rechtliche Fernsehen wurde an erster Stelle genannt, gefolgt vom Hörfunk, den Tageszeitungen und den persönlichen Gesprächen mit Freunden und Bekannten. Das private Fernsehen wurde erst nach diesen anderen Informationsquellen genannt, dabei aber immer noch von 61 Prozent der Jugendlichen als glaubwürdig oder sogar als sehr glaubwürdig eingeschätzt (Fischer, 1997; S. 327f).[26]

Im DJI-Jugendsurvey (Gille, Krüger & de Rijke, 2000) wurde in beiden bisher durchgeführten Erhebungen nach der Häufigkeit von Gesprächen über Politik mit den Eltern, mit dem/r Partner(in), mit Freunden/Bekannten, mit Schulkameraden/Kommili-

---

[26] Angaben in der Shell-Studie von 2000 beziehen sich lediglich auf die allgemeine Nutzungsdauer des Fernsehens (Stunden an Werktagen/Wochenenden) und auf die Reichweite des Internets. In der Shell-Studie von 2002 werden keine Ergebnisse zur Mediennutzung berichtet.

tonen und mit Arbeitskollegen gefragt. Eine eindeutige Rangfolge zwischen den verschiedenen Gesprächspartnern ließ sich dabei jedoch nicht ausmachen. Der Anteil Jugendlicher, der angab, mit den Eltern häufig oder sehr häufig Gespräche über Politik zu führen, stieg im Westen zwischen 1992 und 1997 von 26 auf 41 Prozent und im Osten von 29 auf 42 Prozent. Mit den Freunden/Bekannten sprachen im Westen 42 bzw. 50 und im Osten 47 bzw. 49 Prozent der Jugendlichen häufig oder sehr häufig über Politik. Bei allen anderen Gesprächspartnern variierten die Anteile zwischen 28 und 53 Prozent, wobei sich im Allgemeinen ein Anstieg zwischen den beiden Messzeitpunkten ergab. Dieser Anstieg wurde als ein Indiz dafür gewertet werden, dass politische Ereignisse einen Einfluss auf die Häufigkeit von Gesprächen über Politik nehmen.

Ebenfalls erhoben wurde die Häufigkeit der Nutzung von Massenmedien zur politischen Information. An erster Stelle stand das Fernsehen, an zweiter Stelle Zeitungen und Zeitschriften, an dritter Stelle das Radio und etwas abgeschlagen Sachbücher und das Internet (Gille, Krüger & de Rijke, 2000). Da die Häufigkeit der Nutzung von Massenmedien nicht mit der Häufigkeit von Gesprächen über Politik mit verschiedenen Bezugspersonen in Beziehung gesetzt wurde, blieb unklar, welche Rangfolge die verschiedenen Bereiche untereinander aufwiesen.

Geschlechtsunterschiede zeigten sich dahingehend, dass weibliche Jugendliche gleich häufig oder sogar häufiger als ihre männlichen Altersgenossen mit den Eltern oder den Partnern Gespräche über Politik führten, sich in der Schule, am Arbeitsplatz und unter Freunden oder Bekannten aber eher zurückhielten. Zudem nutzen männliche Jugendliche insgesamt etwas häufiger die Medien zur politischen Information als weibliche Jugendliche. Die Autoren zogen aus diesem Ergebnis den Schluss, dass im eher öffentlichen Raum, das heißt in der Schule, am Arbeitsplatz und im weiteren Freundes- oder Bekanntenkreis, Mechanismen zum Tragen kommen, die Gespräche über Politik dort eher zur Männerdomäne machen (Gille, Krüger & de Rijke, 2000).

In der IEA-Studie zur „Civic Education" gaben 83 Prozent der deutschen 14-jährigen Schülerinnen und Schüler an, sich manchmal oder oft die Fernsehnachrichten zu anzusehen, 68 Prozent lasen manchmal oder oft Zeitungsartikel über das eigene Land und 65 Prozent hörten manchmal oder oft Nachrichten im Radio. Bei den Fernsehnachrichten und den Radionachrichten ergaben sich zudem Geschlechtsunterschiede: Fernsehnachrichten wurden häufiger von den männlichen Schülern gesehen (85 % zu 80 %), Radionachrichten häufiger von den weiblichen Schülerinnen gehört (70 % zu 60 %) (Torney-Purta u.a., 2001, S. 119; vgl. auch Oesterreich, 2002).

In der Konstanzer Längsschnittstudie zur Identitätsentwicklung in der Adoleszenz, in die 12- bis 16-jährige Kinder und Jugendliche einbezogen waren (Fend, 1991), wurde gefragt, an wen sich die Kinder und Jugendlichen am ehesten wenden würden, wenn sie Fragen zur Politik hätten. Als Antwortkategorien standen der Vater oder die Mutter, Geschwister, eine/n gleichgeschlechtliche/n Freund/in, den/die gegengeschlechtliche/n Freund/in sowie Lehrer zur Verfügung. Von den 12-Jährigen gaben über 80 Prozent an, dass sie sich am ehesten an die Eltern wenden würden, von den 16-Jährigen waren es immer noch 68 Prozent. Die Bedeutung von gleichgeschlechtlichen Freunden nahm mit dem Alter etwas zu, erreichte aber kaum die 15-Prozent-Marke. Die Anteile von festen Freunden, Geschwistern und Lehrern erreichten zu keinem Messzeitpunkt die 10-Prozent-Marke (vgl. Fend, 1998, S. 267).

6.2 Der Einfluss verschiedener Kontexte aus subjektiver Sicht

In einem Überblicksartikel zum Einfluss von Massenmedien auf das politische Bewusstsein und Handeln von Jugendlichen berichtet Geißler (1982, S. 97), dass die Jugendlichen selbst aus subjektiver Sicht den Einfluss der Massenmedien auf ihre *politische Meinungsbildung* in der Regel wesentlich höher einschätzen als den Einfluss der Eltern, Freunde oder Lehrer.

Dies wird durch die IEA-Studie zur „Civic-Education" von 1971 (Torney, Oppenheim & Farnen, 1975, S. 83f) bestätigt. Die Schüler wurden gefragt, welche Informationsquelle oder welches Ereignis den *stärksten* Einfluss auf ihre *politischen Vorstellungen* hatte. In allen Altersstufen am häufigsten genannt wurden das Radio und das Fernsehen, insbesondere Nachrichten über spezielle politische Ereignisse aber auch politische Magazinsendungen. Lehrer wurden nur von den 10-Jährigen häufig genannt, Eltern nur von den 10- und 14-Jährigen. Freunde spielten in einigen Ländern eine größere, in anderen eine geringere Rolle. Das Lesen von Büchern und Zeitungen wurde vor allem von den Schülern der voruniversitären Klassen genannt.

In der IEA-Studie zur „Civic Education" von 1999 (vgl. Oesterreich, 2002, S. 86) sollten die 14-jährigen Schülerinnen und Schüler im nationalen Teil für Deutschland anhand der Vorgabe von verschiedenen Informationsquellen jeweils ankreuzen, in welchem Maße sie ihre *politischen Kenntnisse* durch die entsprechenden Quellen bezogen. In der Rangliste ganz oben standen Nachrichtensendungen und politische Magazine im Fernsehen (59 %). Es folgten Zeitungen (43 %), Gespräche mit dem Vater (38 %) und Gespräche mit der Mutter (31 %). Dann kamen der Politikunterricht in der Schule (30 %), Gespräche mit anderen Erwachsenen (26 %) und der Unterricht in anderen Schulfächern (25 %). Schließlich folgten Filme im Kino und Fernsehen

(17 %), Gespräche mit dem besten Freund oder der besten Freundin (14 %), Gespräche mit Gleichaltrigen (12 %), Gespräche mit Lehrern/innen (11 %) und eigene politische Arbeit (7 %). Die Rangfolge war bei beiden Geschlechtern in etwa dieselbe, jedoch wurden fast alle Informationsquellen von den männlichen Schülern etwas häufiger genannt. Besonders stark fielen die Geschlechtsunterschiede bei den Nachrichtensendungen und politischen Magazinen im Fernsehen (11 % Differenz) sowie bei den Zeitungen (9 % Differenz) aus. Eine einzige Informationsquelle wurde von den weiblichen Jugendlichen häufiger genannt, und zwar die Gespräche mit der Mutter (3 % Differenz).[27]

In unserer eigenen Untersuchung (Oswald & Kuhn, 2003) wurde in der vierten Welle danach gefragt, was die *Wahlentscheidung* der Jugendlichen am stärksten beeinflusst hat. Den höchsten Wert erhielten im Schnitt die Nachrichtensendungen im Fernsehen, an zweiter Stelle kam das Lesen politischer Nachrichten in den Tageszeitungen, an dritter Stelle politische Magazin-, Informations- und Diskussionssendungen im Fernsehen. An vierter Stelle lag der Schulunterricht und an fünfter Stelle Nachrichtensendungen im Radio. Erst hinter den Medien und dem Schulunterricht folgten die Gespräche mit dem Vater, und mit einigem Abstand dann die Gespräche mit der Mutter, mit Freunden, mit Mitschülern und Kollegen, mit den Partnern und mit dem/r besten Freund/in. Einen relativ geringen Einfluss im Vergleich zu den Informationssendungen hatte Wahlwerbung, egal ob im Fernsehen, auf Plakaten oder im Radio. Die genannte Rangfolge zeigte sich bis einschließlich des sechsten Ranges sowohl bei den männlichen wie bei den weiblichen Jugendlichen. Für die Rangfolge der weiteren Bezugspersonen ergaben sich leichte Verschiebungen zwischen den Geschlechtern: Männliche Jugendliche berichteten einen signifikant stärkeren Einfluss der Gespräche mit ihrem besten Freund und ihren Freunden, weibliche Jugendliche dagegen fühlten sich stärker durch die Gespräche mit ihrem festen Freund sowie mit der Mutter beeinflusst. Sie nannten außerdem signifikant häufiger als die männlichen Jugendlichen den Schulunterricht, die Tageszeitungen und die Radionachrichten.

6.3 Der Einfluss verschiedener Kontexte in statistischen Analysen

Krampen (vgl. Krampen & Ebel, 1990) hat einen Fragebogen (FEPA) entworfen, mit dem unterschiedliche Aspekte des politischen Anregungsgehaltes sozialer Interaktionen von Jugendlichen erhoben werden können. Die Fragen erfassen die Häufigkeit,

---

27 Die Prozentangaben beziehen sich auf die Anteile, die auf die beiden Kategorien „in erster Linie" und „in starkem Maße" entfielen.

Dauer, Sachlichkeit und Ernsthaftigkeit von Gesprächen über Politik, die Unterstützung der eigenen Meinung durch die Gesprächspartner, das politische Interesse, Engagement und politische Wissen der Gesprächspartner sowie ihre kritische Einstellung und die Toleranz gegenüber den Einstellungen der Jugendlichen. Die genannten Aspekte wurden für verschiedene Bezugspersonen (Mutter, Vater, Lehrer allgemein, Klassenlehrer, Freunde und Mitschüler) erfragt. Untersucht wurden 162 14- bis 17-jährige Realschüler und Gymnasiasten im Längsschnitt.

Die Ergebnisse zeigen, dass die Häufigkeit und Dauer von politischen Gesprächen, über die sechs Personen(gruppen) addiert und zum ersten Messzeitpunkt erhoben, einen positiven Einfluss auf die drei ein Jahr später erhobenen abhängigen Größen, das *Selbstkonzept eigener politischer Fähigkeiten*, das *politische Wissen* und die *politischen Aktivitäten* der Jugendlichen, hatte. In Bezug auf das Selbstkonzept eigener politischer Fähigkeiten und das politische Wissen der Jugendlichen erwiesen sich außerdem das wahrgenommene politische Interesse und das Engagement der Bezugspersonen als relevante Einflussgrößen (Krampen & Ebel, 1990).

Ein deskriptiver Vergleich des wahrgenommenen politischen Anregungsgehaltes (addiert über die zehn Aspekte) zeigte, dass die Jugendlichen die meisten Anregungen durch den Vater und durch Lehrer allgemein erhielten. Die von der Mutter und dem Klassenlehrer ausgehenden Anregungen lagen im mittleren Bereich, die Anregungen durch Freunde und Mitschüler deutlich darunter (Krampen & Ebel, 1991).

Eine Prüfung der Wirkung des Anregungsgehalts der sechs Personen(gruppen) zum jeweils ersten Messzeitpunkt auf die drei abhängigen Größen, das Selbstkonzept eigener politischer Fähigkeiten, das politische Wissen und die politischen Aktivitäten ein Jahr später, brachte etwas überraschende Ergebnisse: Die stärkste Wirkung auf alle drei abhängigen Variablen ging vom Anregungsgehalt der Väter und der Mitschüler aus. Der Anregungsgehalt der Freunde zeigte immerhin auf zwei der abhängigen Größen, auf das Selbstkonzept eigener politischer Fähigkeiten und auf die politischen Aktivitäten, einen Einfluss. Der Anregungsgehalt der Lehrer allgemein hatte nur auf die politischen Aktivitäten ein Einfluss und der Anregungsgehalt der Klassenlehrer hatte gar keinen Einfluss. Der Anregungsgehalt der Mütter zeigte nur auf das politische Wissen einen Einfluss (vgl. Krampen, 1991, S. 106). Obwohl also die wahrgenommene politische Anregung durch die Lehrer recht hoch war, zeigte sie nur eine relativ geringe Wirkung. Umgekehrt zeigten die wahrgenommenen politischen Anregungen durch Freunde und Mitschüler eine relativ starke Wirkung, obwohl sie ein nur relativ niedriges Niveau aufwiesen. Aus diesen Ergebnissen lässt sich das Fazit ziehen, dass der wahrgenommene politische Anregungsgehalt von Bezugspersonen offenbar noch nicht gleichzusetzen ist mit dessen Wirkung auf die politische Sozialisation von Jugendlichen. Vermittelnde Faktoren, welche die Wirkung abschwächen oder verstärken, scheinen hier eine Rolle spielen.

Eine letzte Studie, die sich lediglich auf den Einfluss der Mediennutzung bezieht, soll hier noch angeführt werden. Owen und Dennis (1992) untersuchten anhand einer Stichprobe, die Kinder und Jugendliche im Alter von 10 bis 17 Jahren umfasste, den geschlechtsspezifischen Einfluss der Nutzung von Massenmedien auf den Grad an Politisierung[28] von männlichen und weiblichen Befragten. Sie fanden zum einen, dass die männlichen Kinder und Jugendlichen häufiger als die weiblichen Massenmedien nutzten, um sich über Politik zu informieren. Zum anderen zeigte sich in einer querschnittlichen Zusammenhangsanalyse bei den männlichen Kindern und Jugendlichen ein stärkerer Einfluss von der Nutzung von Massenmedien auf den Grad an Politisierung als bei den weiblichen Kindern und Jugendlichen. Die Autoren zogen aus diesen Ergebnissen den Schluss, dass es wohl weniger die Schließungsprozesse im politischen Bereich selbst sind, die dazu führen, dass sich Frauen politisch weniger engagieren als Männer, als diese schon früh sich abzeichnenden Unterschiede im Explorationsverhalten, die zu unterschiedlichen Graden der Politisierung führen.

6.4 Fragestellung und Hypothesen

Im Zentrum der vorliegenden Arbeit steht die Frage, inwieweit sich das politische Interesse von Jugendlichen in Abhängigkeit von der Exploration in verschiedenen Kontexten entwickelt. Der Arbeit liegt die Annahme zugrunde, dass Jugendliche ihre politischen Fähigkeiten, Einstellungen und Handlungsbereitschaften in konstruktiver Auseinandersetzung mit ihrer Umwelt entwickeln. Allgemein gelten das Elternhaus, die Gleichaltrigenwelt, die Schule und die Massenmedien als wichtigste Instanzen der politischen Sozialisation von Jugendlichen. In der vorliegenden Arbeit werden diese Sozialisationsinstanzen als Explorationskontexte gefasst, das heißt als Kontexte, die den Jugendlichen für die Auseinandersetzung mit politischen Sachverhalten zur Verfügung stehen und diese dazu anregen oder auch davon abhalten, sich mit politischen Themen zu beschäftigen.

Das politische Interesse der Jugendlichen wurde anhand der einfachen Frage „Wie stark interessierst Du Dich für Politik?" erhoben. Die Häufigkeit der Exploration

---

28 Ein Maß, das sich zusammensetzt aus Interesse an nationaler Regierungspolitik, Interesse an bestimmten politischen Inhalten, politischem Wissen, Interesse am Wahlkampf, Intensität der Befürwortung oder Ablehnung von Präsidentschaftskandidaten und Beteiligung an Wahlkampfaktivitäten.

im Kontext des Elternhauses wurde anhand von Fragen nach der Häufigkeit von Gesprächen und Auseinandersetzungen über Politik mit dem Vater und mit der Mutter erfasst. Die Häufigkeit der Exploration im Kontext der Gleichaltrigenwelt wurde anhand von Fragen zur Häufigkeit von Gesprächen und Auseinandersetzungen über Politik mit dem/r besten Freund/in, mit Freunden allgemein, mit Mitschülern und mit der/m festen Freund/in erfasst. Die Häufigkeit der Exploration im Kontext der Schule wurde über die Häufigkeit der Mitarbeit im Schulunterricht bei politischen Themen erhoben und die Häufigkeit der Exploration im Kontext von Massenmedien über die Häufigkeit der Nutzung verschiedener Medien zur politischen Information (Nachrichten im Fernsehen, Nachrichten im Radio, politische Magazin- und Diskussionssendungen im Fernsehen, politischer Teil in Tageszeitungen).

Die Untersuchung war als Längsschnitt mit vier Erhebungswellen angelegt. Die befragten Jugendlichen waren zum ersten Messzeitpunkt im Schnitt 16 Jahre und 3 Monate und zum vierten Messzeitpunkt 19 Jahre alt. Die Daten erlauben es somit, sowohl die Entwicklung des politischen Interesses der Jugendlichen als auch ihr Explorationsverhalten über einen Zeitraum, der fast 3 Jahre umfasst, nachzuzeichnen.

Ein erstes Anliegen der Untersuchung besteht in der Klärung der Frage, welche Kontexte von den Jugendlichen häufiger und welche weniger häufig für die politische Exploration genutzt werden. Vor dem Hintergrund des im Vorangegangenen Dargestellten können folgende Hypothesen formuliert werden:
- Wie in den berichteten Befunden (z.B. Fischer, 1997, Oesterreich, 2002) so kommt dem Fernsehen vermutlich auch in unserer Untersuchung ein hoher Stellenwert zu, wenn es darum geht, sich über Politik zu informieren.
- Das Hören von Nachrichten im Radio und das Lesen der Tageszeitung sollte gemäß den angeführten Befunden jeweils auf niedrigerem Niveau liegen als das Anschauen von Fernsehnachrichten, aber auf etwa gleicher Höhe mit den Gesprächen und Auseinandersetzungen über Politik mit Gleichaltrigen (Fischer, 1997, S. 327f).
- Einen ebenfalls hohen Stellenwert dürften die Gespräche und Auseinandersetzungen über Politik mit dem Vater einnehmen, da der Vater von den Jugendlichen häufig als wichtigster Ratgeber bei politischen Fragen genannt wurde (Fend, 1998, S. 267). Mit der Mutter dürfte im Vergleich zum Vater etwas seltener über Politik gesprochen werden (Oesterreich, 2002, S. 86).
- Welche Differenzen sich im Einzelnen zwischen der Häufigkeit von Gesprächen und Auseinandersetzungen über Politik mit den Mitschülern, den zumeist gleichgeschlechtlichen Freunden, dem/r besten Freund/in, und der/m zumeist gegenge-

schlechtlichen festen Freund/in ergeben, bleibt abzuwarten, denn aufschlussreiche differenzierte Befunde liegen hierzu nicht vor.
- Dem Schulkontext wurde zwar ein hoher Anregungsgehalt bescheinigt (Krampen & Ebel, 1991), Lehrer gehörten aber nicht zu den Personen, mit denen häufig über Politik gesprochen wurde (Fend, 1998). In der IEA-Studie wurde der Politikunterricht als wichtige Quelle für politische Kenntnisse erst hinter dem Fernsehen, den Tageszeitungen und den Gesprächen mit dem Vater und der Mutter, aber vor den Gesprächen mit den besten Freunden und anderen Gleichaltrigen genannt (Oesterreich, 2002, S. 86). Vor diesem Hintergrund ist anzunehmen, dass der Mitarbeit im Schulunterricht ein mittlerer Stellenwert für die Häufigkeit der Exploration zukommt.
- Gemäß den berichteten Befunden wird im Übergang zum Erwachsenenalter der Vater als wichtigster Gesprächspartner bei politischen Fragen durch Freunde und Bekannte abgelöst (Geissler, 1982, S. 458). Erwartet werden kann somit, dass die Häufigkeit von Gesprächen und Auseinandersetzungen über Politik mit den Gleichaltrigen während unseres Untersuchungszeitraums zunimmt und möglicherweise vor die Häufigkeit von Gesprächen und Auseinandersetzungen über Politik mit dem Vater tritt.
- Geschlechtsunterschiede können vor dem Hintergrund der angeführten Befunde vor allem für die Häufigkeit der Nutzung des Fernsehens zur politischen Information (männliche Jugendliche dürften häufiger das Fernsehen nutzen) und für das Hören von Radionachrichten (weibliche Jugendliche dürften häufiger Radionachrichten hören) erwartet werden (Torney-Purta u.a., 2001, S. 119). Für die Mediennutzung insgesamt ergaben sich in mehreren Untersuchungen Geschlechtsunterschiede zugunsten der männlichen Jugendlichen (Gille, Krüger & de Rijke, 2000; Owen & Dennis, 1992) und sollten sich somit auch in der vorliegenden Untersuchung zeigen. Darüber hinaus ist anzunehmen, dass männliche Jugendliche stärker den eher öffentlichen Kontext Schulunterricht nutzen und häufiger Gespräche mit Mitschülern und Freunden allgemein führen. Für die Kontexte der engeren sozialen Beziehungen zu den Eltern, den besten Freunden und den festen Freunden sind vor dem Hintergrund der Befunde des DJI-Jugendsurveys (Gille, Krüger & de Rijke, 2000) keine Geschlechtsunterschiede zu erwarten.
- Schließlich kann angenommen werden, dass das politische Ereignis der Bundestagswahl von 1998 die Häufigkeit der politischen Exploration insgesamt stimuliert, so dass sich eine Zunahme für die Exploration in den verschiedenen Kontexten über den Untersuchungszeitraum hinweg ergibt.

Neben der Frage, welche Kontexte die Jugendlichen häufiger und welche sie weniger häufig nutzen, um sich über Politik zu informieren, besteht das zweite Anliegen der Untersuchung in der Klärung der Frage, welchen Einfluss die Häufigkeit der Exploration in den jeweiligen Kontexten auf das politische Interesse der Jugendlichen hat. Wie die Untersuchung von Krampen (1991) zeigte, ist ein hoher Grad an Exploration in einem bestimmten Kontext nicht gleichbedeutend mit einem entsprechenden Einfluss der Exploration in diesem Kontext auf die politischen Handlungsorientierungen der Jugendlichen.

- In den dargestellten Untersuchungen gaben die Jugendlichen an, in ihren politischen Orientierungen und Handlungsweisen am stärksten durch die Massenmedien beeinflusst worden zu sein (vgl. Geißler, 1982; Oesterreich, 2002; Oswald & Kuhn, 2003). Fraglich ist, inwieweit sich dieser Sachverhalt auf das politische Interesse verallgemeinern lässt. Da das politische Interesse nur selten Gegenstand der Untersuchung in Studien zur politischen Sozialisation war, liegen hierzu keine dezidierten Befunde vor.
- Ebenfalls kaum untersucht wurde die Frage, ob das politische Interesse von Jugendlichen stärker durch das Elternhaus oder stärker durch die Gleichaltrigenwelt beeinflusst wird. Die allgemeinen Befunde zum Einfluss von Eltern und Gleichaltrigen auf die politischen Orientierungen von Jugendlichen deuteten auf einen stärkeren Einfluss des Elternhauses hin (vgl. Abschnitt 4.2). In einer Studie von Oswald und Völker (1973) schien jedoch im Unterschied zu anderen politischen Orientierungen gerade das politische Interesse stärker durch die Gleichaltrigen beeinflusst zu sein. Unsere Untersuchung würde diesen Befund bestätigen, wenn sich ein stärkerer Einfluss der Häufigkeit der Exploration im Kontext der Gleichaltrigenwelt im Vergleich zum Einfluss der Häufigkeit der Exploration im Kontext des Elternhaus auf das politische Interesse der Jugendlichen ergäbe.
- Eine weitere offene Frage bezieht sich auf den Einfluss, den die Schule im Vergleich zum Elternhaus auf das politische Interesse von Jugendlichen hat. Die berichteten Befunde (vgl. Abschnitt 4.3) weisen darauf hin, dass die Schule kaum die inhaltlichen politischen Positionen von Jugendlichen beeinflusst, diese werden stärker durch das Elternhaus geprägt. Relativ klar aber scheint zu sein, dass die Schule einen positiven Einfluss auf das politische Interesse und das politische Wissen von Jugendlichen haben kann. Zu erwarten ist vor diesem Hintergrund ein positiver Einfluss der Häufigkeit der Mitarbeit im Schulunterricht bei politischen Themen auf das politische Interesse der Jugendlichen. Darüber hinaus stellt sich die Frage, welcher Einfluss der stärkere ist, derjenige, der von der Häufigkeit der

Exploration im Elternhaus oder derjenige, der von der Häufigkeit der Exploration im Schulunterricht auf das politische Interesse ausgeht.
- Wenn es zutrifft, dass Gleichaltrige im Übergang zum Erwachsenenalter zu zunehmend wichtigeren Gesprächspartnern bei politischen Themen werden, dann liegt die Vermutung nahe, dass sich das politische Interesse von Jugendlichen zunehmend stärker in Auseinandersetzungen mit den Gleichaltrigen entwickelt. Der Einfluss der Häufigkeit der Exploration im Gleichaltrigenkontext auf das politische Interesse der Jugendlichen könnte somit über den Untersuchungszeitraum hinweg zunehmen.
- Denkbar wäre außerdem, dass der Einfluss der Häufigkeit der Exploration im Schulunterricht auf das politische Interesse der Jugendlichen über den Untersuchungszeitraum hinweg zunimmt, weil zwischen den letzten beiden Messzeitpunkten die Bundestagswahl 1998 stattfand. Die Wahlprogramme der Parteien sowie das Verfahren der Bundestagswahl waren vor dem Wahltermin besonders häufig Gegenstand des Unterrichts. Der Schulunterricht dürfte somit insbesondere zum dritten Messzeitpunkt einen hohen Informationswert für die Jugendlichen gehabt haben.
- In der Studie von Owen und Dennis (1992) nutzten die weiblichen Jugendlichen nicht nur seltener die Massenmedien, um sich über Politik zu informieren, die Nutzung von Massenmedien hatte bei den weiblichen Jugendlichen außerdem einen schwächeren Einfluss auf den Grad an Politisierung. Geprüft werden soll, ob sich dieser Geschlechtsunterschied auch in unserer Untersuchung zeigt und ob sich ähnliche Geschlechtsunterschiede für den Einfluss der Exploration in den jeweils anderen Kontexten ergeben. Befunde hierzu konnten nicht berichtet werden.

Ein drittes Anliegen der Untersuchung besteht darin, zu prüfen, welche Rolle die emotionale Qualität von sozialen Beziehungen im Prozess der politischen Interessensentwicklung spielt.
- Anzunehmen ist, dass die Häufigkeit der Kommunikation mit den verschiedenen Bezugspersonen durch die Qualität der Beziehung beeinflusst wird. Je wichtiger eine Bezugsperson für die Jugendlichen ist, desto häufiger wird vermutlich mit dieser Person über Politik gesprochen.
- Darüber hinaus ist anzunehmen, dass die Stärke des Einflusses der Häufigkeit der Kommunikation über Politik mit den verschiedenen Bezugspersonen auf das politische Interesse der Jugendlichen von der emotionalen Qualität der entsprechenden Beziehung abhängt. Je wichtiger eine Bezugsperson für die Jugendlichen ist, desto stärker ist vermutlich der Einfluss der Häufigkeit von Gesprächen und Auseinan-

dersetzungen über Politik mit dieser Person auf das politische Interesse der Jugendlichen.

- Gemäß den berichteten Befunden sind weibliche Jugendliche stärker beziehungsorientiert als männliche Jugendliche (vgl. Abschnitt 5.4). Sofern sich dies in unserer Untersuchung bestätigen sollte, kann die These vertreten werden, dass bei den weiblichen Jugendlichen im Vergleich zu den männlichen Jugendlichen die Stärke des Einflusses der Häufigkeit der politischen Exploration auf das politische Interesse in den Kontexten, die zum Nahbereich persönlicher Beziehungen gehören, durch die größere emotionale Bedeutung, die diesen Beziehungen beigemessen wird, höher ist.

Die meisten Studien zur politischen Sozialisation von Jugendlichen haben lediglich querschnittlich erhobene Daten zur Grundlage.[29] In der vorliegenden Arbeit wird der Einfluss der Häufigkeit der Exploration in den verschiedenen Kontexten auf das politische Interesse der Jugendlichen ebenfalls zunächst nur querschnittlich ermittelt.[30] Dabei werden statistische Verfahren verwendet (einfache und multiple Regressionen, vgl. Methodenteil), die einen einseitigen Einfluss von der Häufigkeit der Exploration im jeweiligen Kontext auf das politische Interesse der Jugendlichen modellieren. Im Methodenteil wird dargelegt werden, dass es nicht legitim ist, diese statistisch ermittelten einseitigen Einflüsse von der Häufigkeit der Exploration in den verschiedenen Kontexten auf das politische Interesse der Jugendlichen als Einflüsse in einem kausalen Sinne von Ursache und Wirkung zu interpretieren. Hinter diesen einseitigen Einflüssen können sich in Wirklichkeit auch umgekehrte Einflüsse vom politischen Interesse auf die Häufigkeit der Exploration in den jeweiligen Kontexten oder gar wechselseitige Einflüsse beider Größen verbergen.

Das vierte Anliegen der vorliegenden Arbeit besteht darin, anhand geeigneter Analyseverfahren für Längsschnittdaten (Kreuzpfadmodelle, vgl. Methodenteil) zu prüfen, inwieweit sich sowohl vom politischen Interesse auf die Häufigkeit der Exploration in den jeweiligen Kontexten als auch von der Häufigkeit der Exploration in den jeweiligen Kontexten auf das politische Interesse kausal interpretierbare Einflüsse nachweisen lassen.

---

29 Ausnahmen bilden die Untersuchungen von Fend (1991) und von Krampen (1991).
30 Die längsschnittlichen Informationen fließen dabei insofern in die Analysen ein, als die Berechnungen alle vier Messzeitpunkte einbeziehen und die querschnittlichen Zusammenhänge auf Veränderungen zwischen den Messzeitpunkten hin geprüft werden.

- Die These lautet, dass es sich bei den querschnittlich ermittelten Einflüssen der Häufigkeit der Exploration in den verschiedenen Kontexten auf das politische Interesse der Jugendlichen in Wirklichkeit um Wechselwirkungsprozesse handelt.
- Vor dem Hintergrund der der Medienberichterstattung häufig nachgesagten entpolitisierenden Wirkung ist die Frage interessant, inwieweit sich kausal interpretierbare, positive Einflüsse von der Häufigkeit der Nutzung von Massenmedien auf das politische Interesse nachweisen lassen.
- Vor dem Hintergrund der beschriebenen methodischen Schwierigkeiten, einen positiven Einfluss des Schulunterrichts auf politische Orientierungen zweifelsfrei nachweisen zu können, ist die Frage interessant, ob sich in der vorliegenden Untersuchung ein kausal interpretierbarer Einfluss von der Häufigkeit der Mitarbeit im Schulunterricht auf das politische Interesse ergibt.

Schließlich sollen die kausal interpretierbaren Einflüsse auf Geschlechtsunterschiede geprüft werden. Dabei steht die Frage im Vordergrund, ob sich die in den querschnittlichen Analysen ergebenden Geschlechtsunterschiede auch für die kausal interpretierbaren Kreuzpfade nachweisen lassen.

7 Methode

7.1 Untersuchungsanlage und Datensatz

Die hier vorgestellte Untersuchung ist Teil des Projektverbundes „Brandenburger Jugendlängsschnitt". Der Projektverbund umfasst zwei Teilprojekte, in denen größtenteils identische Fragebögen verwendet wurden. Ziel war es, die Entwicklung politischer Orientierungen und Verhaltensweisen von Jugendlichen über mehrere Messzeitpunkte hinweg nachzuzeichnen. Das Teilprojekt A wurde an der Fachhochschule Potsdam durchgeführt und befasste sich mit Real- und Gesamtschülern, die nach der 10. Klasse entweder in eine Oberstufe wechselten oder eine Berufsausbildung begannen (Weiss, Brauer & Isermann, 2000). Das Teilprojekt B wurde an der Universität Potsdam durchgeführt und galt der Untersuchung von Gymnasiasten von der 10. bis zur 13. Klasse (Oswald u.a., 1999).

Die vorliegende Arbeit stützt sich ausschließlich auf die Daten des Teilprojekts B, macht also nur Aussagen über die Entwicklung des politischen Interesses von Brandenburger Gymnasiasten. Die Untersuchung im Teilprojekt B wurde in 18 unter Repräsentativitätsgesichtspunkten ausgewählten Brandenburger Gymnasien durchgeführt. Die Stichprobenziehung erfolgte durch das Institut für angewandte Familien-, Kindheits- und Jugendforschung unter der Leitung von Dr. Dietmar Sturzbecher. In den 103 Gymnasien, die die Grundgesamtheit bilden, besuchten 9639 Schülerinnen und Schüler die 10. Klassen. Die Zahl der Schülerinnen und Schüler an den 18 per Zufall gezogenen Gymnasien betrug 1789. Davon beteiligten sich in der ersten Erhebungswelle 1359 Schülerinnen und Schüler, was einer Ausschöpfungsquote von 76 Prozent entspricht. Bei den weiblichen Jugendlichen lag die Ausschöpfungsquote etwas höher als bei den männlichen Jugendlichen (80% zu 71%).

Die Erhebung erfolgte als Längsschnitt mit vier Wellen. Die erste Erhebung wurde im Zeitraum von Februar bis April 1996 durchgeführt. Die zweite und dritte Erhebung folgten mit jeweils etwa einjährigem Abstand. Die vierte und letzte Erhebung fand mit einem kürzeren Abstand nach der Bundestagswahl am 27. September 1998 von Oktober bis Dezember statt (vgl. Abbildung 2). Die Jugendlichen waren zu diesem Zeitpunkt ausnahmslos über 18 Jahre alt und hatten zum ersten Mal ihr Wahlrecht ausüben dürfen.

Abbildung 2: Erhebungsplan für das Teilprojekt B des Brandenburger Jugendlängsschnitts

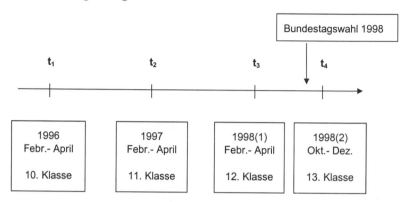

Die Erhebung wurde in der ersten Welle im Klassenverband durchgeführt. Ab der zweiten Welle waren die Klassen zugunsten eines Kurssystems aufgelöst worden. Ab der dritten Welle wurde angestrebt, die Befragung während einer Leistungskursschiene, also zu einem Zeitpunkt, zu dem sich alle Schüler in der Schule befanden, durchzuführen. Die Befragungen zu den späteren Messzeitpunkten beschränkten sich nicht auf die Schüler, die schon während der ersten Erhebung an der Untersuchung teilgenommen hatten, sondern bezogen alle Schüler der Jahrgangsstufe mit ein, die sich zur Teilnahme bereit erklärten.

Die Analysen der vorliegenden Arbeit stützen sich jedoch nur auf die Daten von Jugendlichen, die sich zu allen vier Messzeitpunkten an der Untersuchung beteiligten (N = 558). Während der querschnittliche Datensatz der ersten Welle des Teilprojekts B mit leichten Einschränkungen als repräsentativ für Gymnasiasten der 10. Klassen in Brandenburg gelten kann, trifft dies auf den Längsschnittdatensatz nicht zu. Wie bei allen Längsschnittuntersuchungen unterliegt die Verweigerung der weiteren Teilnahme ab der zweiten Erhebungswelle nicht dem Zufall, sondern ist an bestimmte Merkmale der Personen gebunden. Eine Überprüfung von Unterschieden zwischen den Jugendlichen, die sich im Längsschnitt über alle vier Messzeitpunkte hinweg an der Untersuchung beteiligten, und den Jugendlichen, die sich nur zum ersten Messzeitpunkt oder nicht kontinuierlich beteiligten, brachte folgende Ergebnisse: Die Jugendlichen des Längsschnittdatensatzes zeigten eine höhere Bereitschaft wählen zu gehen und hatten häufiger eine Parteineigung. Sie befürworteten stärker die Idee der Demokratie sowie die Idee des Sozialismus und stuften sich auf der Links-Rechts-Skala weiter links ein. Sie waren weniger hedonistisch, weniger materialistisch und weniger an Selbstverwirklichung interessiert. Darüber hinaus waren sie weniger machtorientiert-feindselig, weniger ausländerfeindlich und seltener zu Protestformen des zivilen Ungehorsams und zu Gewalt bereit. Die Selbsteinschätzung ihrer schulischen Fähigkeiten fiel höher aus, sie waren weniger elternorientiert und seltener in einer Clique. Für die Variablen, die den folgenden Analysen zugrunde liegen, also für das politische Interesse und die Häufigkeit der Exploration in den verschiedenen Kontexten, ergaben sich jedoch keine Unterschiede.

Weibliche Jugendliche sind mit einem Anteil von 67 Prozent im Längsschnittdatensatz deutlich überrepräsentiert. Der Anteil weiblicher Jugendlicher im Querschnittdatensatz der ersten Welle beträgt nur 62 Prozent.[31] Der Altersdurchschnitt der Jugendlichen lag zum ersten Messzeitpunkt bei 16 Jahren und 3 Monaten, zum zweiten Messzeitpunkt bei 17 Jahren und 4 Monaten, zum dritten Messzeitpunkt bei 18 Jahren und 3 Monaten und zum vierten Messzeitpunkt bei 19 Jahren.

7.2 Die Messung des politischen Interesses

Das politische Interesse wurde in der vorliegenden Untersuchung anhand einer häufig in der Umfrageforschung (z.B. ALLBUS) verwendeten Frage nach der Stärke des politischen Interesses erhoben. Der genaue Wortlaut war: „Wie stark interessierst Du Dich für Politik?" Die Antwort sollte auf einer Fünfpunktskala, die von (1) „überhaupt nicht" bis (5) „sehr stark" reichte, abgestuft werden.

Diese einfache Frage nach dem Interesse für Politik trennt auf der semantischen Ebene das politische Interesse von damit verbundenen Handlungsaspekten, wie politischer Partizipation oder politischer Exploration, und von kognitiven Aspekten, wie dem politischen Wissen.[32] Die Erhebung des politischen Interesses in dieser Form hat

---

31 In der Grundgesamtheit der 18 an der Untersuchung beteiligten Gymnasien lag der Anteil weiblicher Jugendlicher zum ersten Messzeitpunkt bei 59 Prozent. Unter allen Brandenburger Oberstufenschülerinnen und -schüler lag er zum Zeitpunkt der vierten Welle ebenfalls bei 59 Prozent.
32 In zahlreichen anderen Untersuchungen wird diese Trennung nicht vorgenommen. Meistens wird das politische Interesse anhand von Fragen zur Häufigkeit von Gesprächen über Politik oder zur Teilnahme an bestimmten politischen Aktivitäten operationalisiert. Für die Political-Action-Studie von 1974 und die Nachfolgestudie von 1980 wurde beispielsweise additiv eine Skala aus 6 Items gebildet, die das subjektive politische Interesse (ähnliche Frageformulierung wie bei uns), das Interesse an der Teilnahme der Studie, die Häufigkeit der Nutzung von Zeitungen zur politischen Information, die Häufigkeiten von Gesprächen über Politik mit Freunden und die Häufigkeit des Besuchs von politischen Veranstaltungen umfasste. Außerdem wurde die Stärke der Parteiidentifikation in die Skala mit aufgenommen (van Deth, 1990). Fend trennt (1991, S. 210) politisch interessierte von politisch desinteressierten Schülern anhand von Items zur Häufigkeit politischer Informationssuche und der Angabe, ob bestimmte politische Aktivitäten (z.B. in einer politischen Jugendorganisation mitarbeiten) gern oder ungern gemacht werden. In der Studie von Jennings

den Vorteil, dass es empirisch mit verschiedenen Formen der Auseinandersetzung mit politischen Themen in Beziehung gesetzt werden kann.

Die Operationalisierung des politischen Interesses anhand eines Single-Items birgt jedoch im Vergleich zur Messung mittels mehrerer Indikatoren die Gefahr einer größeren Anfälligkeit für Messfehler, was gleichbedeutend ist mit einer niedrigeren Reliabilität. Allgemein kann die Reliabilität von Messungen anhand von Autokorrelationen im Längsschnitt geprüft werden. Da diese jedoch nicht unabhängig von den Veränderungen des jeweiligen Indikators aufgrund von äußeren Bedingungen ist, sollten zur Beurteilung der Reliabilität weitere Kriterien herangezogen werden. Im vorliegenden Fall wird ein Vergleich der Stabilitäten des Single-Item-Indikators mit einer Skala, die verschiedene Items der Exploration plus dem Single-Item für politisches Interesse enthielt,[33] vorgenommen.

Tabelle 1: Vergleich der Autokorrelationen zwischen den Messzeitpunkten von politischem Interesse, gemessen als Single-Item-Indikator und als Skala

Messzeitpunkte	männlich (N = 146)		weiblich (N = 271)	
	Single Item	Skala	Single Item	Skala
$t_1 - t_2$	.64**	.69**	.48**	.63**
$t_2 - t_3$	.62**	.70**	.59**	.68**
$t_3 - t_4$	.72**	.73**	.58**	.68**

** $p < .01$

Tabelle 1 zeigt, dass die Stabilitäten des Single-Item-Indikators bei den weiblichen Jugendlichen niedriger sind als bei den männlichen Jugendlichen. Zudem zeigt sich, dass sich die Stabilität bei den männlichen Jugendlichen nur geringfügig, bei den weiblichen Jugendlichen dagegen etwas deutlicher durch den Einbezug weiterer Items in die Messung erhöht. Zusammengenommen bedeutet das, dass der Single-Item-Indikator bei den männlichen Jugendlichen ein hinreichend reliables Messinstrument für politisches Interesse zu sein scheint während bei den weiblichen Jugendlichen durch die Verwendung des Single-Item-Indikators leichte Reliabilitätseinbußen zu verzeichnen sind.

---

und Niemi (1974) wurde politisches Interesse über das Involviertsein in Wahlkampfaktivitäten [campaign activity level] operationalisiert.

33 In die Skala ging neben dem Single-Item-Indikator für politisches Interesse die Kommunikation mit den Eltern über Politik, die Kommunikation mit den Gleichaltrigen über Politik, die Mitarbeit im Schulunterricht bei politischen Themen und die Nutzung von Massenmedien zur politischen Information ein. Es wurden nur Fälle ohne fehlende Werte berücksichtigt.

Neben der Frage nach der Reliabilität ist außerdem die Frage nach der Validität der Messung von Belang. Was verbinden die Jugendlichen inhaltlich mit der allgemeinen Frage nach dem Interesse für Politik? In unserer Untersuchung wurde ab der zweiten Erhebungswelle das Interesse für eine Reihe verschiedener Politikfelder abgefragt. Darunter befanden sich klassische Politikfelder, Felder der Sozialpolitik und so genannte „neue" Politikfelder. Anhand von Korrelationen kann geprüft werden, welche Politikfelder die Jugendlichen am stärksten mit der allgemeinen Frage nach dem Interesse für Politik verbinden (vgl. auch Kuhn & Schmid, 2004).

Tabelle 2: Korrelationen des allgemeinen politischen Interesses (Single-Item-Indikator) mit dem Interesse für verschiedene Politikfelder[34]

Politikfelder	männlich			weiblich		
	t_2	t_3	t_4	t_2	t_3	t_4
Klassische Politik	.67**	.56**	.63**	.57**	.46**	.52**
Sozialpolitik	.47**	.36**	.38**	.40**	.28**	.29**
Neue Politik	.33**	.26**	.36**	.26**	.24**	.15**

Anmerkung: Das Interesse für verschiedene Politikfelder wurde zum ersten Messzeitpunkt nicht erhoben. Klassische Politik = Politik der Parteien, der NATO, der UNO, Europapolitik, Politik der Bundesregierung, Wirtschaftspolitik, Verteidigungspolitik, Außenpolitik; Sozialpolitik = Arbeitsmarkt-, Renten-, Gesundheits- und Sozialpolitik; Neue Politik = Dritte-Welt-, Friedens- und Umweltpolitik.
** $p < .01$

Tabelle 2 zeigt dass bei den männlichen wie bei den weiblichen Jugendlichen das politische Interesse am stärksten mit den klassischen, am zweitstärksten mit den sozialen und am schwächsten mit den neuen Politikfeldern korreliert. Der Single-Item-Indikator für politisches Interesse bildet somit also in erster Linie das Interesse für klassische Politikfelder ab.

7.3 Die Messung der Wichtigkeit von Bezugspersonen

Die Wichtigkeit von Bezugspersonen wurde anhand einer Frage erhoben, die aus der Shell-Studie stammt (Jugendwerk der Deutschen Shell, 1992) und für unsere Zwecke etwas abgewandelt wurde.[35] Die Frage lautete „Wie wichtig sind die Personen oder

---

34 Die Angaben in der Tabelle beziehen sich auf die Jugendlichen des Teilprojekts B, die sich an allen vier Wellen beteiligten.
35 In der Shell-Studie war die Liste der Antwortitems etwas länger, sie umfasste neben den oben aufgelisteten Personen außerdem Geschwister und eigene Kinder, gleichaltrige Verwandte, Mitschüler und Kollegen sowie Lehrer und Vorgesetzte. In der Shell-Studie war das Antwortformat nur vierstufig und reichte von (1) „unwichtig" bis (4) „sehr wichtig". Wir haben ein fünfstufiges Antwortformat verwendet.

Personengruppen auf dieser Liste zur Zeit für Dein Leben?" Die folgenden Personen waren aufgelistet:
- Mutter,
- Vater,
- guter Freund (für weibliche Befragte „gute Freundin"),
- Freundesgruppe,
- feste Freundin (für weibliche Befragte „fester Freund").

Das Antwortformat reichte von (1) „ganz unwichtig" bis (5) „sehr wichtig". Außerdem war die Kategorie vorgesehen „diese Person gibt es nicht". Die Mittelwerte und Standardabweichungen der Variablen für die Jugendlichen im Längsschnitt befinden sich im Anhang (vgl. Tabelle 12).

7.4 Die Messung der Exploration in den verschiedenen Kontexten

7.4.1 *Exploration im Kontext des Elternhauses*

Die Exploration im Kontext des Elternhaus wurde anhand zweier verschiedener Fragenkomplexe erfasst. Beim ersten handelt es sich um ein Instrument, dass eigentlich die Häufigkeit politischer Aktivitäten im Alltag messen soll. Dieses Instrument stammt aus einer Untersuchung von Krampen (Krampen, 1991, S. 86; TIPP_J) und wurde ebenfalls für unsere Zwecke etwas verändert.[36] Die Frage lautete "Wie häufig führst Du die folgenden Aktivitäten aus?" Um die Häufigkeit der Exploration im Kontext des Elternhauses abzubilden, standen die Antwortvorgaben
- Gespräche mit der Mutter über politische Themen,
- Gespräche mit dem Vater über politische Themen

zur Verfügung.

Das Antwortformat war fünfstufig und reichte von (1) „nie" bis (5) „sehr häufig". Es gab außerdem die Möglichkeit die Kategorie „diese Person gibt es nicht" anzukreuzen.

Der zweite Fragenkomplex wurde von uns selbst in Anlehnung an Krampen (1991, S. 89) entwickelt. Die Frage lautete „Wie häufig hast Du mit den folgenden

---

[36] Das ursprüngliche Instrument enthielt nur die drei Items „Gespräche mit Freunden über politische Themen", „Gespräche mit Mitschülern/Kollegen über politische Themen" und „Gespräche mit Eltern über politische Themen". Wir haben differenziert nach dem/r besten Freund/in, nach Freunden und nach der/m festen Freund/in gefragt, sowie getrennt nach Vater und Mutter. Das ursprüngliche Antwortformat war sechsstufig und reichte von „nie" über „seltener", „mehrmals pro Monat", „1-2 mal pro Woche", „mehrmals pro Woche" bis „täglich". In unserer Untersuchung wurde ein fünfstufiges Antwortformat verwendet.

Personen Auseinandersetzungen über politische Themen?" Die Antwortvorgaben waren so gewählt, dass sie jeweils mit den Personen, für die die Häufigkeit von Gesprächen über Politik abgestuft werden sollten, übereinstimmten. Für die Häufigkeiten von Auseinandersetzungen über Politik im Kontext des Elternhauses standen somit die Antwortvorgaben
- mit meiner Mutter,
- mit meinem Vater

zur Verfügung.

Das Antwortformat reichte von (1) „nie" bis (5) „sehr häufig" und es gab wiederum die Möglichkeit die Kategorie „diese Person gibt es nicht" anzukreuzen.

Die Häufigkeit von Gesprächen über politische Themen mit der Mutter korrelierte jeweils hoch positiv mit der Häufigkeit von Auseinandersetzungen über politische Themen mit der Mutter. Die Korrelationen lagen in der Reihenfolge der Messzeitpunkte bei r = .61, .67, .73 und .67. Entsprechendes gilt für die Items zur Häufigkeit von Gesprächen und Auseinandersetzungen über politische Themen mit dem Vater. Hier lagen die Korrelationen in der Reihenfolge der Messzeitpunkte bei r = .66, .73, .79 und .78. Die Items konnten somit zu den beiden personenspezifischen Indizes „Häufigkeit der Kommunikation über Politik mit der Mutter" und „Häufigkeit der Kommunikation über Politik mit dem Vater" zusammengefasst werden.

Darüber hinaus wurde eine Skala für die „Häufigkeit der Kommunikation über Politik mit den Eltern" gebildet, in die alle vier Items eingingen. Cronbach's Alpha für diese Skala liegt in der Reihenfolge der Messzeitpunkte bei α = .80, .81, .83 und .81. Die Mittelwerte und Standardabweichungen aller Items, der Indizes und der Skala für die Jugendlichen im Längsschnitt befinden sich im Anhang (vgl. Tabelle 13).

7.4.2 Exploration im Kontext von Gleichaltrigen

Die Exploration im Kontext von Gleichaltrigen wurde mit demselben Instrumentarium erfasst, wie die Exploration im Kontext des Elternhauses. Bei der Frage "Wie häufig führst Du die folgenden Aktivitäten aus?" standen neben den schon erwähnten außerdem die folgenden Antwortvorgaben zur Verfügung:
- Gespräche mit dem besten Freund über politische Themen (bei weiblichen Jugendlichen „mit der besten Freundin"),
- Gespräche mit Freunden über politische Themen,
- Gespräche mit Mitschülern über politische Themen,

- Gespräche mit der festen Freundin über politischen Themen (bei weiblichen Jugendlichen „mit dem festen Freund").[37]

Bei der Frage „Wie häufig hast Du mit den folgenden Personen Auseinandersetzungen über politische Themen?" sollten die Antwortvorgaben
- mit dem besten Freund (bei weiblichen Jugendlichen „mit der besten Freundin"),[38]
- mit Freunden,
- mit Mitschülern,
- mit meiner festen Freundin (bei weiblichen Jugendlichen „mit meinem festen Freund")

abgestuft werden.

Die Häufigkeit von Gesprächen über Politik korrelierte jeweils wieder hoch positiv mit der Häufigkeit von Auseinandersetzungen über Politik. Die entsprechenden Items wurden deshalb wiederum zu personenspezifischen Indizes zusammengefasst. Die Korrelationen lagen in der Reihenfolge der Messzeitpunkte für die „Häufigkeit der Kommunikation über Politik mit dem/r besten Freund/in" bei r = .62, .67, .68 und .68, für die „Häufigkeit der Kommunikation über Politik mit Freunden" bei r = .62, .65, .67 und .65, für die „Häufigkeit der Kommunikation über Politik mit Mitschülern" bei r = .62, .67, .66 und .63, und für die „Häufigkeit der Kommunikation über Politik mit der/m festen Freund/in" bei r = .78, .74 und .76.

Zusätzlich zu den Indizes wurde die Skala „Häufigkeit der Kommunikation über Politik mit Gleichaltrigen" gebildet, in die die vier Items zu Gesprächen und Auseinandersetzungen über Politik mit Freunden und mit dem/r besten Freund/in eingingen. Das Cronbach's Alpha für die Skalen lag in der Reihenfolge der Messzeitpunkte bei α = .85, .85, .86 und .83. Die Mittelwerte und Standardabweichungen aller Items, der Indizes und der Skala für die Jugendlichen im Längsschnitt befinden sich im Anhang (vgl. Tabelle 14).

7.4.3   Exploration im Kontext der Schule und der Massenmedien

Die Exploration im Kontext der Schule und der Massenmedien wurde ebenfalls anhand des schon erwähnten Instrumentes zur Häufigkeit von politischen Aktivitäten im Alltag erhoben. Die Frage lautete „Wie häufig führst Du die folgenden Aktivitäten aus?" Als Antwortkategorien standen

---

37 Die Antwortvorgabe die feste Freundin bzw. den festen Freund betreffend wurde erst ab dem zweiten Messzeitpunkt in den Fragebogen aufgenommen.
38 Die Formulierung wurde ab dem zweiten Messzeitpunkt in die angegebene Form geändert, zum ersten Messzeitpunkt lautete sie „mit einem guten Freund" bzw. „mit einer guten Freundin".

- Mitarbeit im Unterricht bei politischen Themen,
- Nachrichtensendungen im Fernsehen sehen,
- Nachrichtensendungen im Radio hören,
- Lesen politischer Nachrichten in Tageszeitungen,
- Politische Magazin-, Diskussions-, Informationssendungen im Fernsehen sehen

zur Verfügung.

Die „Häufigkeit der Mitarbeit im Unterricht bei politischen Themen" geht als Single-Item-Indikator in die Analysen ein. Die anderen vier Items konnten zur Skala „Häufigkeit der Nutzung von Massenmedien zur politischen Information" zusammengefasst werden. Das Cronbach's Alpha für die Skala lag in der Reihenfolge der Messzeitpunkte bei $\alpha = .73, .75, .74$ und $.72$. Die Mittelwerte und Standardabweichungen der Items und der Skala für die Jugendlichen im Längsschnitt befinden sich im Anhang (vgl. Tabelle 15).

7.4.4 Skalenbildung

Die Skalen und Indizes wurden additiv gebildet und jeweils durch die Anzahl der eingegangenen Items dividiert. Auf diese Weise bleibt für alle Indizes und Skalen der ursprüngliche Wertebereich von 1 bis 5 erhalten.

Die Skalenbildung konnte weitgehend durch explorative Faktorenanalysen (Hauptkomponentenanalyse mit Oblimin-Rotation) abgestützt werden. Die vier Items des Elternkontextes bildeten einen Faktor, die vier Items des Freundeskontextes einen zweiten und die vier Items der Mediennutzung einen dritten. Die zwei Items für die Mitschüler und das Item für den Schulunterricht luden entweder auf dem Faktor der Freunde (1. bis 3. Messzeitpunkt) oder bildeten einen eigenen Faktor, auf dem die Gespräche und Auseinandersetzungen über Politik mit Freunden eine Doppelladung aufwiesen (4. Messzeitpunkt). Die zwei Items für die feste Freundin bzw. den festen Freund bildeten immer einen eigenen Faktor. Die Mustermatrizen der Faktoranalysen befinden sich im Anhang (vgl. Tabelle 16 bis 19).

7.5 Umgang mit fehlenden Werten

Bei allen Variablen zur Wichtigkeit von Personen und zur Häufigkeit von Gesprächen und Auseinandersetzungen über Politik bestand die Möglichkeit, die Kategorie „diese Person gibt es nicht" anzukreuzen. Fehlende Werte entstanden somit nicht nur, wenn die Jugendlichen keine Angaben machten, sondern auch, wenn bestimmte Bezugspersonen für die Jugendlichen nicht existierten.

Der Anteil Jugendlicher, der angab, keine Mutter zu haben, variierte je nach Frage und Messzeitpunkt zwischen 1 und 2 Prozent. Etwas höher lag mit 6 bis 7 Prozent der Anteil Jugendlicher, der angab, keinen Vater zu haben. Zwischen 0 und 5 Prozent der Jugendlichen gaben an, keinen guten (besten) Freund bzw. keine gute (beste) Freundin zu haben. Der Anteil Jugendlicher ohne Freundesgruppe (oder Freunde) variierte zwischen 0 und 1 Prozent. Relativ hoch lag der Anteil Jugendlicher ohne feste Freundin bzw. ohne festen Freund, er variierte zwischen 31 und 43 Prozent. Ausnahmslos alle Jugendlichen gaben an, Mitschüler zu haben.

Bei fehlenden Werten, die sich durch das Ankreuzen der Kategorie „diese Person gibt es nicht" ergaben, handelt es sich nicht um zufällige fehlende Werte. Das Fehlen bestimmter Personen kann das Antwortverhalten in Bezug auf die anderen Personen systematisch beeinflussen. Diese systematischen fehlenden Werte können nicht einfach durch Mittelwerte, Regressionsschätzungen oder ML-Schätzungen ersetzt werden (vgl. Engel & Reinecke, 1994). Auf eine Ersetzen von fehlenden Werten wurde deshalb verzichtet.[39]

7.6 Vorgehensweise

Die Ergebnispräsentation erfolgt in sieben Schritten und teilt sich im Wesentlichen in einen deskriptiven Teil, in dem Entwicklungs- und Geschlechtseffekte für das politische Interesse, für die Wichtigkeit von Bezugspersonen und für die Häufigkeit der Exploration in den verschiedenen Kontexten dargestellt werden, sowie in einen analytischen Teil, in dem es um die Zusammenhänge zwischen den Variablen der Wichtigkeit von Bezugspersonen, der Häufigkeit der Exploration in den verschiedenen Kontextenten und dem politischen Interesse geht.

Im ersten Schritt wird die Entwicklung des politischen Interesses der Jugendlichen über die vier Messzeitpunkte hinweg, von der 10. bis zur 13. Klasse, nachgezeichnet. Die folgenden Fragen stehen dabei im Mittelpunkt:
- Steigt das politischen Interesse der Jugendlichen während der Oberstufenzeit oder infolge der Bundestagswahl an?

---

39 Für Längsschnittdaten sind Schätzverfahren entwickelt worden, die in der Lage sind, bei monotonen Ausfällen Mittelwertvektoren sowie Varianz-/Kovarianzmatrizen auf der Grundlage der Anzahl der Befragten zum ersten Messzeitpunkt zu schätzen. Diese Verfahren sind jedoch nicht in gängige Statistikprogramme implementiert und erfordern deshalb einen erheblichen Programmieraufwand (vgl. Engel & Reinecke, 1994). In unserer Untersuchung ist zudem die Panelmortalität ab der zweiten Welle zum Teil darauf zurückzuführen, dass schlechtere Schüler das Gymnasium wieder verlassen haben. Eine solche Veränderung der Grundgesamtheit ab der zweiten Welle würden die angesprochenen Schätzverfahren nicht berücksichtigen.

- Haben auch in unserer Untersuchung die männlichen Jugendlichen ein stärkeres Interesse an Politik als die weiblichen Jugendlichen?
- Ergeben sich Veränderungen für den Geschlechtsunterschied über die Zeit hinweg?

Die Prüfung von Entwicklungs- und Geschlechtseffekten erfolgt anhand der Berechnung eines allgemeinen linearen Modells (GLM), das die beiden Faktoren „Messzeitpunkte" und „Geschlecht" sowie deren Interaktion enthält. In allgemeinen linearen Modellen wird zwischen Faktoren mit abhängigen und unabhängigen Messungen unterschieden. Der Faktor Geschlecht bildet einen Gruppenfaktor für unabhängige Messungen („between subject factor"), der Faktor Messzeitpunkte einen Innersubjektfaktor für abhängige Messungen („within subject factor"). Der Faktor Messzeitpunkte hat der Anzahl der Messzeitpunkte entsprechend vier Stufen. Für diesen Faktor wurde der Kontrast „wiederholt" spezifiziert, der die Mittelwertunterschiede der jeweils aufeinander folgenden Messzeitpunkte auf Signifikanz prüft. Zugrunde gelegt werden dabei die individuellen Differenzen.

Neben dem Entwicklungs- und Geschlechtseffekt wird geprüft, ob sich die Varianzen im politischen Interesse in den beiden Geschlechtsgruppen unterscheiden. Varianzhomogenität (Homoskedastizität) bildet eine der Voraussetzungen, um verschiedene Gruppen in einer Varianz- oder Regressionsanalyse wie eine Stichprobe behandeln zu können. Unterscheiden sich die Varianzen, ist es angezeigt, die jeweiligen Gruppen wie verschiedene Stichproben zu behandeln (Bortz, 1993, S. 261f).

Im zweiten Schritt der Ergebnispräsentation wird die Bedeutung der Eltern und Gleichaltrigen als Bezugspersonen für die Jugendlichen über den Untersuchungszeitraum hinweg dargestellt. Dabei geht es um die folgenden Fragen (genauere Hypothesen werden im entsprechenden Abschnitt angeführt):
- Verändert sich die Bedeutung der einzelnen Bezugspersonen über die Zeit?
- Sind die Eltern oder die Gleichaltrigen die wichtigeren Bezugspersonen für die Jugendlichen und verändert sich dieses Verhältnis möglicherweise über die Zeit?
- Welche Geschlechtsunterschiede zeigen sich für die Wichtigkeit von Bezugspersonen?

Die Entwicklungs- und Geschlechtseffekte für die Wichtigkeit von Bezugspersonen werden auf dieselbe Weise geprüft wie beim politischen Interesse. Für jede Bezugsperson wird einzeln ein allgemeines lineares Modell (GLM) mit dem Gruppenfaktor Geschlecht und dem vierstufigen Innersubjektfaktor Messzeitpunkte sowie der Interaktion von Geschlecht und Messzeitpunkte berechnet.

Zusätzlich wird geprüft, inwieweit sich eine Rangfolge für die Bedeutung der verschiedenen Bezugspersonen ergibt, die durch signifikante Unterschiede abgesichert werden kann. Diese Rangfolge wird für männliche und weibliche Jugendliche getrennt ermittelt, indem allgemeine lineare Modelle berechnet werden, die jeweils zwei messwiederholte Faktoren enthalten: Der erste Faktor „Messzeitpunkte" hat entsprechend der Anzahl der Messzeitpunkte vier Abstufungen, der zweite Faktor „Bezugsperson" hat entsprechend der Anzahl berücksichtigter Bezugspersonen vier bzw. fünf Abstufungen (es wird jeweils ein Modell mit und eines ohne die feste Freundin bzw. den festen Freund berechnet).

Im dritten Schritt der Ergebnispräsentation geht es um den Stellenwert, den das Elternhaus, die Gleichaltrigenwelt, der Schulunterricht und die Massenmedien als Explorationskontexte für die Jugendlichen jeweils haben. Die Fragen lauten (genauere Hypothesen werden wieder im entsprechenden Abschnitt dargestellt):
- Mit wem setzen sich Jugendliche häufiger über Politik auseinander, mit ihren Eltern oder mit Gleichaltrigen? Welchen Stellenwert haben im Vergleich dazu der Schulunterricht und die Massenmedien?
- Verändert sich der Stellenwert der einzelnen Explorationskontexte über die Zeit?
- Nimmt die Häufigkeit der Exploration über die Oberstufenzeit hinweg bzw. vor der Bundestagswahl zu?
- Welche Geschlechtsunterschiede ergeben sich?

Die Entwicklungs- und Geschlechtseffekte für die Häufigkeit der Exploration in den verschiedenen Kontexten werden wiederum anhand allgemeiner linearer Modelle (GLM) berechnet, die den Gruppenfaktor Geschlecht, den vierstufigen Innersubjektfaktor Messzeitpunkte sowie die Interaktion zwischen den Faktoren Geschlecht und Messzeitpunkte enthalten. Für jede Explorationsvariable wird ein eigenes Modell berechnet.

Um den Stellenwert der verschiedenen Kontexte im Vergleich zu betrachten, werden getrennt für männliche und weibliche Jugendliche allgemeine lineare Modelle berechnet, welche die Häufigkeit der Exploration in den verschiedenen Kontexten über die vier Messzeitpunkte hinweg berücksichtigen. Diese Modelle enthalten wieder zwei messwiederholte Faktoren, den Faktor „Messzeitpunkte" und den Faktor „Kontext" sowie deren Interaktion. Mittels entsprechend spezifizierter Kontraste wird geprüft, inwieweit sich signifikante Unterschiede für die Häufigkeit der Exploration in den verschiedenen Kontexten ergeben.

Im vierten Schritt der Ergebnispräsentation geht es um die Frage, ob mit wichtigen Bezugspersonen häufiger über Politik kommuniziert wird als mit weniger wichti-

gen Bezugspersonen. Um diese Frage prüfen zu können, werden einfache Regressionen mit der Wichtigkeit der jeweiligen Bezugsperson als unabhängiger und der Häufigkeit der Kommunikation über Politik mit der entsprechenden Bezugsperson als abhängiger Variable berechnet. Die These lautete:
- Je wichtiger eine Bezugsperson ist, desto häufiger wird mit ihr über Politik kommuniziert.

Die Berechnung der einfachen Regressionen erfolgt mit dem Strukturgleichungsprogramm AMOS. AMOS erlaubt es, in Form von Untergruppen alle vier Messzeitpunkte gleichzeitig in die Analysen einzubeziehen. Außerdem können männliche und weibliche Jugendliche als zwei verschiedene Untergruppen berücksichtigt werden. Die zu berechnenden Modelle enthalten auf diese Weise acht Untergruppen (4 Messzeitpunkte x 2 Geschlechtsgruppen). Durch die Einführung bestimmter Restriktionen ins Modell (= Gleichsetzung von Koeffizienten) können sowohl Unterschiede über die vier Messzeitpunkte hinweg als auch Unterschiede in den Geschlechtsgruppen auf Signifikanz geprüft werden. Die Prüfgröße bildet dabei ein Chi^2-Differenztest.

Im fünften Schritt wird geprüft, welche Zusammenhänge sich jeweils zwischen den Variablen der politischen Exploration in den verschiedenen Kontexten und dem politischen Interesse der Jugendlichen ergeben. Die Fragen hierzu lauten:
- Ist der Einfluss der Exploration im Kontext von Massenmedien auf das politische Interesse der Jugendlichen stärker ausgeprägt als der Einfluss der Exploration in den anderen Kontexten?
- Ergibt sich ein stärkerer Einfluss für die Exploration im Kontext des Elternhauses oder für die Exploration im Kontext der Gleichaltrigenwelt auf das politische Interesse?
- Ergibt sich ein stärkerer Einfluss für die Exploration im Kontext des Elternhauses oder für die Exploration im Kontext des Schulunterrichts auf das politische Interesse?
- Nimmt der Einfluss der Exploration im Kontext der Gleichaltrigenwelt auf das politische Interesse der Jugendlichen mit der Zeit zu?
- Welche Geschlechtsunterschiede ergeben sich?

Um diese Fragen beantworten zu können, werden zunächst einfache Regressionen mit der Häufigkeit der Exploration im jeweiligen Kontext als unabhängiger und dem politischen Interesse der Jugendlichen als abhängiger Variable berechnet. Die Berechnung der einfachen Regressionen erfolgt wiederum mit dem Strukturgleichungsprogramm AMOS. Dieses erlaubt es, mittels der Einführung bestimmter Restriktionen ins Modell Unterschiede in den Regressionsgewichten über die vier Messzeitpunkte oder die beiden Geschlechtsgruppen hinweg auf Signifikanz zu prüfen. Jedes Modell bezieht acht Untergruppen (4 Messzeitpunkte x 2 Geschlechtsgruppen) ein.

Die einfachen Regressionen ergeben nur einen ersten Hinweis auf die Stärke des Einflusses, den die Exploration in den jeweiligen Kontexten auf das politische Interesse der Jugendlichen hat. Die Frage erfährt eine weitere Bearbeitung mittels multipler Regressionen. In multiplen Regressionen wird der Einfluss der einzelnen Kontexte auf das politische Interesse der Jugendlichen für den Einfluss der jeweils anderen Kontexte kontrolliert. Multiple Regressionen sind deshalb besser geeignet als einfache Regressionen, die Frage nach der relativen Stärke von Einflüssen zu beantworten.

Auch die multiplen Regressionen werden mit dem Strukturgleichungsprogramm AMOS berechnet. Es werden ebenfalls acht Untergruppen (4 Messzeitpunkte x 2 Geschlechtsgruppen) in die Analysen einbezogen. Wiederum ist es möglich, mittels entsprechender Modellrestriktionen die Unterschiede über die vier Messzeitpunkte sowie über die Geschlechtsgruppen hinweg auf Signifikanz zu prüfen.

Im sechsten Schritt wird die in Abschnitt 6.4 angesprochene These einer Prüfung unterzogen:

– Je wichtiger eine Bezugsperson ist, desto stärker ist der Einfluss der Häufigkeit von Gesprächen und Auseinandersetzungen mit dieser Person auf das politische Interesse der Jugendlichen.

Diese Prüfung erfolgt ebenfalls anhand von mit AMOS berechneten einfachen Regressionen. Diese werden aber nicht nur mit acht Untergruppen (4 Messzeitpunkte x 2 Geschlechtsgruppen), sondern mit 16 Untergruppen durchgeführt. Jede der acht Untergruppen wird zusätzlich nach der Wichtigkeit der jeweiligen Bezugsperson (in dichotomisierter Form) aufgeteilt. Mittels der entsprechenden Restriktionen wird geprüft, ob die Regressionsgewichte in der Gruppe mit einer sehr hohen emotionalen Bedeutung der jeweiligen Bezugsperson (Nennung als „sehr wichtig", Stufe 5) tatsächlich signifikant höher liegt als in der Gruppe, in der die jeweilige Bezugsperson nur als „wichtig" bis „überhaupt nicht wichtig" (Stufen 4 bis 1) eingestuft wurde.

In die im fünften Schritt berechneten Regressionsanalysen gehen die Variablen für die Häufigkeit der Exploration in den verschiedenen Kontexten jeweils als unabhängige und das politische Interesse als abhängige Größen in die Modelle ein. Es werden somit einseitige Einflüsse modelliert, die jedoch aufgrund der querschnittlichen Anlage der Regressionsmodelle nicht kausal im Sinne von Ursache und Wirkung interpretiert werden dürfen.[40] Den einseitig modellierten Einflüssen können sowohl einseitige Einflüsse in umgekehrter Richtung, also vom politischen Interesse auf die Häufigkeit der Exploration in den jeweiligen Kontexten, als auch wechselseitige Einflüsse in beide Richtungen zugrunde liegen. Diese Problematik soll im siebten Schritt anhand von längsschnittlich angelegten Kreuzpfadmodellen aufgenommen werden.

- Inwieweit handelt es sich bei den Einflüssen, die mittels der querschnittlichen Regressionen berechnet wurden, in Wirklichkeit um wechselseitige Einflussprozesse? Dominiert bei der Exploration in bestimmten Kontexten eine der beiden Einflussrichtungen?

Kreuzpfadmodelle über zwei Messzeitpunkte bestehen aus zwei simultan durchgeführten Regressionsanalysen. Die eine prüft die Wirkung der Exploration zu einem bestimmten Messzeitpunkt (X_1) auf das politische Interesse zum nachfolgenden Messzeitpunkt (Y_2), die andere die Wirkung des politischen Interesses zu dem bestimmten Messzeitpunkt (Y_1) auf die Häufigkeit der Exploration zum nachfolgenden Messzeitpunkt (X_2). In beiden Regressionen wird die Wirkung der jeweils abhängigen Variablen zum vorangegangenen Messzeitpunkt auf sich selbst kontrolliert (Stabilitätspfade von X_1 nach X_2 und von Y_1 nach Y_2).

Die Logik des Modells sieht vor, dass durch die Kontrolle der Stabilitäten gleichzeitig der Einfluss sämtlicher Drittvariablen kontrolliert wird.[41] Sowohl die zeitliche Struktur als auch die Kontrolle des Einflusses aller möglichen Drittvariablen bilden Voraussetzungen dafür, dass die Kreuzpfade als kausale Einflüsse interpretiert werden können.

---

40 Vier Bedingungen müssen erfüllt sein, um kausale Interpretationen vornehmen zu können (vgl. Schenk, 2002, S. 44): (1) die Ursache muss der Wirkung zeitlich vorangehen, (2) die Einflüsse von Drittfaktoren (Scheinzusammenhänge) müssen ausgeschlossen werden können, (3) der Zusammenhang muss überzufällig (signifikant) sein und (4) Allgemeingültigkeit im Sinne einer nomologischen Theorie muss gegeben sein.
41 Was allerdings nur dann zutrifft, wenn angenommen werden kann, dass (1) alle kausalen Einflüsse auf Y_1 dieselben sind wie auf Y_2 und (2) die beiden Variablen Y_1 und Y_2 Messungen ohne Messfehler darstellen. Insbesondere die letztgenannte Annahme dürfte für unsere Daten nicht zutreffen. Die Ergebnisse sollten deshalb nicht als „Beweise", sondern allenfalls als „Hinweise" auf kausale Einflüsse gewertet werden (vgl. Engel & Reinecke, 1994; Rogosa, 1979).

Abbildung 3: Grundmodell einer Kreuzpfadanalyse mit vier Messzeitpunkten

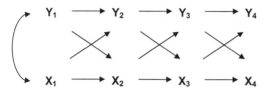

Die Kreuzpfadmodelle werden für jeden Explorationskontext einzeln berechnet und beziehen jeweils alle vier Messzeitpunkte ein (vgl. Abbildung 3). Sie stellen den Versuch dar, die Dynamik eines rekursiven Prozesses zwischen der Entwicklung der Exploration in den verschiedenen Kontexten und der Entwicklung des politischen Interesses empirisch abzubilden.

Die Kreuzpfadmodelle werden ebenfalls mit dem Strukturgleichungsprogramm AMOS berechnet, so dass es wiederum möglich ist, männliche und weibliche Jugendliche als zwei verschiedene Gruppen zu berücksichtigen und die Koeffizienten auf signifikante Geschlechtsunterschiede hin zu prüfen.

8 Ergebnisse

8.1 Die Entwicklung des politischen Interesses der Jugendlichen

Im Folgenden wird zunächst der Entwicklungsverlauf der abhängigen Variablen dieser Untersuchung, des politischen Interesses, für männliche und weibliche Jugendliche dargestellt. Die Erwartungen bezüglich des politischen Interesses der Jugendlichen waren:
- Eine Zunahme des politischen Interesses mit dem Alter, eine dem allgemeinen Trend der Zeit entsprechende Abnahme sowie eine positive Wirkung des Wahlkampfes, insbesondere zu den letzten beiden Messzeitpunkten.
- Ein stärkeres politisches Interesse bei männlichen Jugendlichen als bei weiblichen Jugendlichen.

Die Signifikanz der Veränderungen und Geschlechtsunterschiede im politischen Interesse der Jugendlichen über die vier Messzeitpunkte hinweg wurde anhand eines allgemeinen linearen Modells (Prozedur GLM, SPSS 9.0, deutsche Version) berechnet. Dieses Modell enthielt den messwiederholten Innersubjektfaktor „Messzeitpunkte" mit vier Abstufungen sowie den Zwischensubjektfaktor Geschlecht. Für den Innersubjektfaktor Messzeitpunkte wurde der Kontrast „wiederholt" spezifiziert, der die intraindividuellen Veränderungen im politischen Interesse zwischen den jeweils aufeinander folgenden Messzeitpunkten auf Signifikanz prüft. Von 556 Jugendlichen lagen Angaben zu allen vier Messzeitpunkten vor.

Die Tabelle in Abbildung 4 dokumentiert einen signifikanten Haupteffekt für den Faktor „Messzeitpunkte". Von den Kontrasten, die jeweils die Entwicklung zwischen zwei aufeinander folgenden Messzeitpunkten auf Signifikanz prüfen, waren jedoch nur die letzten beiden signifikant. Demnach kann nur vom zweiten auf den dritten sowie vom dritten auf den vierten Messzeitpunkt von einer signifikanten Zunahme des politischen Interesses der Jugendlichen gesprochen werden. Die Interaktion zwischen den Faktoren „Messzeitpunkte" und „Geschlecht" war nicht signifikant. Die Entwicklung des politischen Interesses verlief demnach in den beiden Geschlechtsgruppen über die vier Messzeitpunkte hinweg weitgehend parallel. Für den Faktor „Geschlecht" ergab sich ein signifikanter Haupteffekt. Wie erwartet zeigten die männlichen Jugendlichen ein stärkeres Interesse an Politik als die weiblichen Jugendlichen.

Abbildung 4: *Entwicklung des politischen Interesses der Jugendlichen im Längsschnitt über vier Messzeitpunkte*

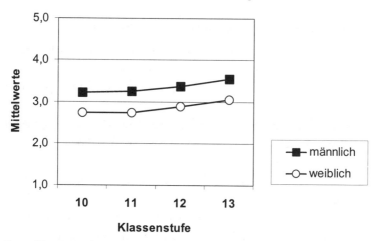

Entwicklungs- und Geschlechtseffekte (GLM mit Innersubjektfaktor Messzeitpunkte und Zwischensubjektfaktor Geschlecht)

Politisches Interesse (N = 556)	F	df[1]	p
Messzeitpunkte	44.19	3/1599	.000
$t_1 - t_2$	0.64	1/554	.426
$t_2 - t_3$	16.46	1/554	.000
$t_3 - t_4$	39.64	1/554	.000
Messzeitpunkte x Geschlecht	0.84	3/1599	.965
Geschlecht	73.39	1/554	.000

1 Für den messwiederholten Faktor „Messzeitpunkte" werden nach Huynh und Feldt korrigierte F-Tests berichtet. Diese Korrektur verändert die Anzahl der Freiheitsgrade.

Der Levené-Test auf Gleichheit der Fehlervarianzen in den beiden Geschlechtsgruppen, der im Rahmen des allgemeinen linearen Modells berechnet wurde, ergab signifikante Unterschiede in den Varianzen zu allen vier Messzeitpunkten (t_1: F (1, 554) = 6.26, p < .05; t_2: F (1, 554) = 15.95, p < .001; t_3: F (1, 554) = 24.69, p < .001; t_4: F (1, 554) = 55.80, p < .001).[42] Somit erscheint es als geboten, die beiden Gruppen männli-

---

42 Die Homogenität der Varianzen in den Untergruppen bildet eigentlich eine der Voraussetzungen für die Berechnung eines allgemeinen linearen Modells. Nach Bortz (1993, S. 263) reagiert das Verfahren bei größeren Stichproben jedoch relativ robust gegenüber Verletzungen dieser Voraussetzung.

cher und weiblicher Jugendlicher nicht wie eine Stichprobe, sondern als unterschiedliche Gruppen zu behandeln. Zu beachten ist, dass der Abstand zwischen dem dritten und dem vierten Messzeitpunkt mit nur etwa 8 Monaten kürzer ist als der Abstand zwischen den anderen Messzeitpunkten mit jeweils einem ganzen Jahr. Die Zunahme im politischen Interesse zwischen den letzten beiden Messzeitpunkten ist deshalb steiler als es in der Abbildung zum Ausdruck kommt.[43]

Tabelle 3: *Häufigkeiten (in %), Mittelwerte, Standardabweichungen und Autokorrelationen des politischen Interesses der Jugendlichen im Längsschnitt nach Geschlecht*

MZP	überhaupt nicht	wenig	mittel	stark	sehr stark	M	SD	N	r (t_{-1} - t)
t_1, 1996									
männlich	2	18	46	27	8	3.22	.89	185	-
weiblich	4	32	54	8	2	2.72	.75	372	-
t_2, 1997									
männlich	2	16	47	24	11	3.26	.92	186	.63
weiblich	2	32	56	8	2	2.74	.70	371	.56
t_3, 1998									
männlich	3	9	48	28	12	3.37	.90	186	.63
weiblich	2	25	59	12	2	2.88	.72	372	.59
t_4, 1998									
männlich	0	10	41	31	18	3.56	.90	186	.71
weiblich	1	16	62	20	2	3.07	.68	372	.59

Betrachtet man statt den Mittelwertverläufen die messzeitpunktspezifischen Häufigkeitsverteilungen nach Geschlecht (vgl. Tabelle 3) so zeigt sich, dass von den männlichen Jugendlichen über ein Drittel (35 %) schon zum ersten Messzeitpunkt angab, stark oder sehr stark an Politik interessiert zu sein. Bis zum vierten Messzeitpunkt stieg der Anteil Interessierter bei den männlichen Jugendlichen auf fast die Hälfte (48 %) an. Von den weiblichen Jugendlichen bekundeten dagegen zu den ersten beiden Messzeitpunkten nur etwa 10 Prozent starkes oder sehr stark Interesse an Politik. Bis zum vierten Messzeitpunkt stieg der Anteil Interessierter auf nur knapp über ein Fünftel (22 %) an.

---

43 Eine korrekte Darstellung müsste den kürzeren Abstand zwischen den letzten beiden Messzeitpunkten berücksichtigen, was jedoch technisch schwer umzusetzen ist.

Tabelle 3 ist außerdem zu entnehmen, dass die Standardabweichungen bei den weiblichen Jugendlichen niedriger sind als bei den männlichen Jugendlichen. Ebenfalls niedriger liegen die Autokorrelationen zwischen den jeweils aufeinander folgenden Messzeitpunkten. Auffällig ist eine stärkere Tendenz bei den weiblichen Jugendlichen, die mittlere Kategorie anzukreuzen. Die niedrigeren Standardabweichungen und die niedrigeren Autokorrelationen dürften Ausdruck der niedrigeren Reliabilität der Messung bei den weiblichen Jugendlichen sein.

Zusammenfassung und Diskussion

Es kann festgehalten werden, dass das politische Interesse der Jugendlichen insgesamt über den untersuchten Zeitraum hinweg zunahm. Die Zunahme verlief jedoch nicht kontinuierlich, vielmehr ergab sich zwischen den ersten beiden Messzeitpunkten eine Stagnation, zwischen dem zweiten und dem dritten Messzeitpunkt eine leichte Zunahme und zwischen dem dritten und dem vierten Messzeitpunkt eine relativ starke Zunahme. Bei der starken Zunahmen des politischen Interesses zwischen dem dritten und dem vierten Messzeitpunkt dürfte es sich kaum um einen reinen Alterseffekt handeln, eher schon ist diese überproportionale Zunahme mit der mobilisierenden Wirkung des Wahlkampfes und der Bundestagswahl 1998 zu erklären. Die Stagnation zwischen den ersten beiden Messzeitpunkten könnte das Ergebnis zweier sich entgegen wirkender Effekte sein: einem Alterseffekt in positiver Richtung und einem Periodeneffekt (allgemeiner Trend) in negativer Richtung.

Wie erwartet wurde wiesen die männlichen Jugendlichen ein stärkeres Interesse an Politik auf als die weiblichen Jugendlichen. Der Geschlechtsunterschied blieb über alle vier Messzeitpunkte hinweg stabil, es ergab sich also weder eine Annäherung noch eine Auseinanderentwicklung in den Niveaus von weiblichen und männlichen Jugendlichen während des Untersuchungszeitraumes.

Aufgrund einer höheren längsschnittlichen Beteiligung von weiblichen Jugendlichen (vgl. Methodenteil) könnte eingewendet werden, dass die Stärke des vorgefundenen Geschlechtseffektes im Längsschnittdatensatz im Vergleich zum wahren Geschlechtsunterschied in der Population überschätzt wird.[44] Der wahre Geschlechtsun-

---

44 Die Beteiligung am Längsschnitt lag, bezogen auf die Querschnittstichprobe der ersten Welle, bei den weiblichen Jugendlichen mit 44 Prozent höher als bei den männlichen Jugendlichen mit 36 Prozent. Schon die Ausschöpfung in der ersten Welle lag bei den weiblichen Jugendlichen mit 80 Prozent höher als bei den männlichen Jugendlichen mit 71 Prozent. Möglich wäre es somit, dass bei den männlichen Jugendlichen aufgrund einer stärkeren Selbstselektion zugunsten politisch Interessierter, die Verzerrung der Stichprobe gegenüber der Population ausgeprägter ist als

terschied in der Population ist unbekannt. Ein Vergleich der Geschlechtsunterschiede im Längsschnittdatensatz mit den Geschlechtsunterschieden in den jeweiligen Querschnittdatensätzen der einzelnen Erhebungswellen kann Hinweise darauf liefern, ob Effekte der Selbstselektion zu einer Überschätzung der Geschlechtsunterschiede geführt haben könnten. Die Mittelwertdifferenz im politischen Interesse zwischen männlichen und weiblichen Jugendlichen liegt im Längsschnittdatensatz in der Reihenfolge der Messzeitpunkte bei 0.49, 0.52, 0.49 und 0.49. In den Querschnittdatensätzen liegen die entsprechenden Werte bei 0.40, 0.45, 0.47 und 0.42, also etwas niedriger. Es ergeben sich somit tatsächlich Hinweise darauf, dass die Geschlechtsunterschiede im Längsschnittdatensatz die wahren Geschlechtsunterschiede in der Population etwas überschätzen. Die Unterschiede fallen jedoch so geringfügig aus, dass nicht angenommen werden muss, dass der Geschlechtsunterschied in der Population gar nicht existiert.

8.2 Die Bedeutung von Eltern und Gleichaltrigen als Bezugspersonen im Entwicklungsverlauf

Die emotionale Bedeutung von Bezugspersonen beeinflusst möglicherweise sowohl die Häufigkeit, mit der mit den einzelnen Bezugspersonen über Politik kommuniziert wird, als auch die Wirkung, die diese Kommunikation über Politik auf das politische Interesse der Jugendlichen hat. Deshalb soll zunächst einmal beschrieben werden, wie wichtig den Jugendlichen ihre Eltern und gleichaltrigen Freunde über den Untersuchungszeitraum hinweg waren. Dabei werden die Eltern differenziert nach Mutter und Vater betrachtet und die Gleichaltrigen differenziert nach dem/r gleichgeschlechtlichen guten Freund/in, der Freundesgruppe sowie der/s in der Regel gegengeschlechtlichen festen Freundin/es.

Vor dem Hintergrund der dargestellten Befunde zu den sozialen Netzwerken von Jugendlichen (vgl. Abschnitt 4.2.2) können folgende Hypothesen formuliert werden:
- Die Mütter sind für die Jugendlichen im Schnitt wichtiger als die Väter.
- Die Mütter sind für die weiblichen Jugendlichen wichtiger als für die männlichen Jugendlichen. Bezüglich der Väter ist kein Geschlechtsunterschied zu erwarten.
- Die gleichaltrigen Freunde sind während der Schulzeit wichtiger als die Eltern, die Eltern erreichen aber zum Ende der Schulzeit wieder das Niveau der Freunde.

---

bei den weiblichen Jugendlichen. Dies würde zu einem höheren Mittelwertunterschied in der Stichprobe im Vergleich zur Population führen.

- Die Bedeutung gleichgeschlechtlicher Freunde nimmt ab bei gleichzeitiger Zunahme der Bedeutung von gegengeschlechtlichen Partnern. Die Bedeutung von gegengeschlechtlichen Partnern erreicht über den Untersuchungszeitraum hinweg das Niveau der Eltern.
- Gute Freunde und feste Freunde sind für die weiblichen Jugendlichen wichtiger als für die männlichen Jugendlichen. Bezüglich der Freundesgruppe sind keine Geschlechtsunterschiede zu erwarten.

Um die Entwicklungs- und Geschlechtseffekte für die Wichtigkeit von Bezugspersonen auf Signifikanz zu prüfen, wurde zunächst für jede Bezugsperson einzeln ein allgemeines lineares Modell (Prozedur GLM, SPSS) berechnet. Jedes Modell enthielt jeweils den messwiederholten Faktor „Messzeitpunkte", der entsprechend der Anzahl der Messzeitpunkte vier Abstufungen hatte, sowie den Zwischensubjektfaktor „Geschlecht". Für den Faktor „Messzeitpunkte" wurde der Kontrast „wiederholt" spezifiziert, der die intraindividuellen Veränderungen in der Wichtigkeit von Bezugspersonen zwischen den jeweils aufeinander folgenden Messzeitpunkten auf Signifikanz prüft. Im Folgenden werden die Ergebnisse der Analysen beschrieben. Die dazu gehörigen F-Werte sind in Tabelle 20 im Anhang dokumentiert.

- Die *Wichtigkeit der Mutter* (N = 546) nahm zwischen dem zweiten und dem dritten Messzeitpunkt signifikant ab. Außerdem war die Mutter für die weiblichen Befragten über alle vier Messzeitpunkte hinweg signifikant wichtiger als für die männlichen Befragten.
- Für die *Wichtigkeit des Vaters* (N = 510) zeigte sich wie für die Wichtigkeit der Mutter eine signifikante Abnahme zwischen dem zweiten und dem dritten Messzeitpunkt. Für den Vater ergab sich aber – im Unterschied zur Mutter – kein Geschlechtseffekt.
- Die *Wichtigkeit des/r guten Freundes/in* (N = 529) nahm von Messzeitpunkt zu Messzeitpunkt kontinuierlich ab. Außerdem war die gute Freundin für die weiblichen Befragten über alle vier Messzeitpunkte hinweg signifikant wichtiger als der gute Freund für die männlichen Befragten.
- Für die *Wichtigkeit der Freundesgruppe* (N = 545) ergab sich nur zwischen dem dritten und dem vierten Messzeitpunkt eine signifikante Abnahme. Die Freundesgruppe war für die weiblichen Befragten über alle vier Messzeitpunkte hinweg signifikant wichtiger als für die männlichen Befragten.
- Sofern vorhanden, nahm die *Wichtigkeit der/s festen Freundin/es* (N = 199) zwischen dem ersten und dem zweiten Messzeitpunkt signifikant zu und verblieb

dann auf dem erreichten Niveau. Es ergab sich kein signifikanter Geschlechtsunterschied.

Abbildung 5: *Entwicklung der Wichtigkeit von Eltern und Gleichaltrigen über vier Messzeitpunkte*

männlich

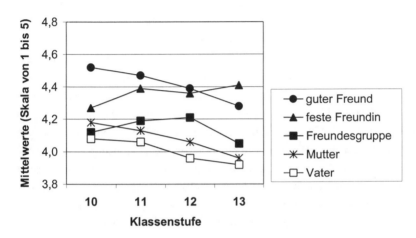

weiblich

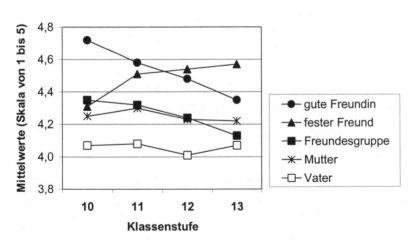

Um die Unterschiede zwischen der Wichtigkeit der einzelnen Bezugspersonen und die Veränderungen der Unterschiede über die Messzeitpunkte hinweg auf Signifikanz zu prüfen, wurde ein weiteres Modell – getrennt für die beiden Geschlechtsgruppen – berechnet. Dieses Modell enthielt zwei messwiederholte Faktoren: Der erste Faktor „Person" hatte die vier Abstufungen gute/r Freund/in, Freundesgruppe, Mutter und Vater. Die feste Freundin bzw. der feste Freund wurde nicht in die Analyse mit einbezogen, denn das Modell setzt voraus, dass zu allen Bezugspersonen Angaben vorliegen. Da nur 48 Prozent der Längsschnittjugendlichen über alle vier Messzeitpunkte hinweg eine/n feste/n Freund/in hatten, hätte deren Einbezug die Fallzahlen stark reduziert.[45] Der zweite Faktor „Messzeitpunkte" hatte der Anzahl der Messzeitpunkte entsprechend ebenfalls vier Abstufungen. Für den Faktor „Messzeitpunkte" wurde wiederum der Kontrast „wiederholt" spezifiziert. Für den Faktor „Person" wurde der Kontrast „einfach" modelliert, wobei in mehreren Berechnungsdurchläufen verschiedene Bezugspersonen als Referenzkategorie dienten. Auf diese Weise konnten Signifikanztests für alle möglichen Paarvergleiche produziert werden. Da nicht alle Paarvergleiche voneinander unabhängig sind und auch nicht für alle vorab explizit Hypothesen formuliert wurden, ist eine Korrektur des Alpha-Fehlerniveaus notwendig. Diese Korrektur erfolgte anhand einer bei Bortz (1993, S. 248) beschriebenen Formel.

Im Folgenden werden die Ergebnisse der Analysen beschrieben. Eine Dokumentation der F-Werte aller signifikanten Effekte und Kontraste befindet sich im Anhang (vgl. Tabelle 21). Zur Veranschaulichung der Ergebnisse kann Abbildung 5[46] sowie die Tabelle 4 herangezogen werden.

(1) Bei den *männlichen Befragten* (N = 164) ergab sich ein signifikanter Haupteffekt für den Faktor „Person". Über alle Messzeitpunkte hinweg erwies sich der gute Freund als die wichtigste Bezugsperson, gefolgt von der Freundesgruppe, der Mutter und dem Vater (vgl. Tabelle 4). Signifikante Unterschiede zeigten sich allerdings nur zwischen der Wichtigkeit des guten Freundes und der aller anderen Bezugspersonen. Neben dem Haupteffekt für den Faktor „Person" ergab sich ein sig-

---

45 Es wurde eine zweite Analyse unter Einbezug der/s festen Freundin/es durchgeführt, deren Ergebnisse weiter unten berichtet werden.
46 Den in Abbildung 5 dargestellten Mittelwertverläufen liegen etwas andere Fallzahlen zugrunde als den im Folgenden beschriebenen Analysen. Die Abbildung 5 bezieht sich auf alle Informationen, die für die jeweilige Bezugsperson im Längsschnitt vorliegen (es werden also auch die Fälle einbezogen, bei denen eine oder mehrere Bezugspersonen nicht existieren). Für die im Folgenden beschriebenen Analysen müssen diese Längsschnittinformation zusätzlich über alle Personen vorliegen. Dadurch ergibt sich eine leichte Reduzierung der Fallzahlen. Die Mittelwerte der in die Analysen einbezogenen Fälle weichen jedoch nur sehr geringfügig von den in der Abbildung dargestellten Mittelwerten ab.

nifikanter Haupteffekt für den Faktor „Messzeitpunkte". Die Kontraste zeigen, dass nur die Abnahme zwischen dem dritten und dem vierten Messzeitpunkt in der Wichtigkeit der Bezugspersonen insgesamt knapp signifikant war. Es ergab sich keine signifikante Interaktion zwischen den beiden Faktoren „Person" und „Messzeitpunkte" (vgl. Tabelle 21 im Anhang).

(2) Bei den *weiblichen Befragten* (N = 308) ergab sich ebenfalls ein signifikanter Haupteffekt für den Faktor „Person". Die gute Freundin erwies sich über alle Messzeitpunkte hinweg als die wichtigste Bezugsperson, gefolgt von der Freundesgruppe, der Mutter und dem Vater (vgl. Tabelle 4). Signifikante Unterschiede zeigten sich sowohl zwischen der Wichtigkeit der guten Freundin und der aller anderen Bezugspersonen als auch zwischen der Wichtigkeit des Vater und der aller anderen Bezugspersonen. Darüber hinaus ergab sich ein signifikanter Haupteffekt für den Faktor „Messzeitpunkte". Gemäß den Kontrasten war zwischen dem zweiten und dem dritten Messzeitpunkt die Abnahme in der Wichtigkeit der Bezugspersonen insgesamt signifikant. Zusätzlich zu den beiden Haupteffekten ergab sich eine signifikante Interaktion zwischen den Faktoren „Person" und „Messzeitpunkte". Die Kontraste weisen auf eine signifikante bzw. schwach signifikante Annäherung der Wichtigkeit der guten Freundin an die Wichtigkeit beider Elternteile zwischen dem ersten und dem zweiten Messzeitpunkt hin. Außerdem zeigte sich eine signifikante Annäherung der Wichtigkeit der guten Freundin sowie der Freundesgruppe an die Wichtigkeit des Vaters zwischen dem dritten und dem vierten Messzeitpunkt (vgl. Tabelle 21 im Anhang).

Tabelle 4: Mittelwerte der Wichtigkeit von Bezugspersonen (ohne fester/m Freund/in) im Schnitt über alle vier Messzeitpunkte für männliche und weibliche Jugendliche[47]

männlich (N = 164)		weiblich (N = 308)	
guter Freund	4.42 [a]	gute Freundin	4.52 [a]
Freundesgruppe	4.17 [b]	Freundesgruppe	4.28 [b]
Mutter	4.09 [b]	Mutter	4.25 [b]
Vater	4.02 [b]	Vater	4.09 [c]

Anmerkung: Bezugspersonen, die keinen Buchstaben miteinander teilen, unterscheiden sich signifikant voneinander.

---

47 Die Darstellung in Tabelle 4 berücksichtigt mögliche Veränderungen in der Wichtigkeit der Bezugspersonen über die vier Messzeitpunkte hinweg nicht, sie bezieht sich allein auf den Haupteffekt des Faktors „Person". Abbildung 5 dagegen veranschaulicht die Interaktion zwischen den beiden Faktoren „Person" und „Messzeitpunkte".

Neben der beschriebenen Analyse wurde eine zweite Analyse unter Einbezug der/s festen Freundin/es durchgeführt. Diese Analyse bezog nur die Jugendlichen mit ein, die über alle vier Messzeitpunkte hinweg eine/n festen Freund/in hatten. Das Modell wurde genauso wie das zuvor beschriebene berechnet, mit dem Unterschied, dass der Faktor „Person" fünf Abstufungen hatte. Eine Dokumentation der F-Werte aller signifikanten Effekte befindet sich im Anhang (vgl. Tabelle 22).

(1) Bei den *männlichen Jugendlichen* (N = 53) ergab sich ein knapp signifikanter Haupteffekt für den Faktor „Person". Die feste Freundin erwies sich im Mittel als etwas weniger wichtig als der gute Freund, aber als wichtiger als der Vater, die Freundesgruppe und die Mutter, signifikant waren die Mittelwertunterschiede zwischen der festen Freundin und den anderen Bezugspersonen allerdings nicht (vgl. Tabelle 5). Zudem war weder der Haupteffekt für den Faktor „Messzeitpunkte" noch die Interaktion zwischen den Faktoren „Person" und „Messzeitpunkte" signifikant (vgl. Tabelle 22 im Anhang).

(2) Bei den *weiblichen Jugendlichen* (N = 124) ergab sich ebenfalls ein signifikanter Haupteffekt für den Faktor „Person". Der feste Freund erwies sich als die wichtigste Bezugsperson, gefolgt von der guten Freundin, der Mutter, der Freundesgruppe und dem Vater. Wiederum war der Mittelwertunterschied zwischen dem festen Freund und der guten Freundin nicht signifikant. Die Unterschiede zwischen dem festen Freund und den beiden Elternteilen sowie der Freundesgruppe dagegen waren signifikant (vgl. Tabelle 5). Neben dem Haupteffekt für den Faktor „Person" ergab sich ein signifikanter Haupteffekt für den Faktor „Messzeitpunkte". Gemäß den Kontrasten nahm die Wichtigkeit der Bezugspersonen insgesamt zwischen dem zweiten und dem dritten Messzeitpunkt schwach signifikant ab. Außerdem ergab sich eine signifikante Interaktion zwischen den Faktoren „Person" und „Messzeitpunkte". Die Kontraste weisen auf eine signifikante Annäherung der Wichtigkeit des festen Freundes an die Wichtigkeit der guten Freundin zwischen dem ersten und dem zweiten Messzeitpunkt hin (vgl. Tabelle 22 im Anhang).

Tabelle 5: Mittelwerte der Wichtigkeit von Bezugspersonen (mit fester/m Freund/in) im Schnitt über alle vier Messzeitpunkte für männliche und weibliche Jugendliche[48]

männlich (N = 53)		weiblich (N = 124)	
guter Freund	4.51 ᵃ	fester Freund	4.51 ᵃ
feste Freundin	4.38 ᵃᵇ	gute Freundin	4.46 ᵃᵇ
Vater	4.23 ᵇ	Mutter	4.27 ᵇᶜ
Freundesgruppe	4.22 ᵇ	Freundesgruppe	4.26 ᶜᵈ
Mutter	4.21 ᵇ	Vater	4.10 ᵈ

Anmerkung: Bezugspersonen, die keinen Buchstaben miteinander teilen, unterscheiden sich signifikant voneinander.

Zusammenfassung

Zusammenfassend kann festgehalten werden, dass die Wichtigkeit aller untersuchten Bezugspersonen, mit Ausnahme der/s festen Freundin/es, über den Untersuchungszeitraum hinweg abnahm. Am stärksten nahm die Wichtigkeit des/r guten Freundes/in ab. Die Wichtigkeit der/s festen Freundin/es dagegen nahm zu.

Geschlechtseffekte zeigten sich dahingehend, dass sich sowohl die gute Freundin als auch die Freundesgruppe für die weiblichen Jugendlichen als wichtiger erwiesen als für die männlichen Jugendlichen. Auch die Mutter war für die weiblichen Jugendlichen wichtiger. Kein Geschlechtsunterschied ergab sich für die Wichtigkeit des Vaters und für die Wichtigkeit der/s festen Freundin/es.

Für die relative Position der Bezugspersonen zueinander zeigte sich, dass der/die gute Freund/in für die männlichen wie für die weiblichen Jugendlichen die wichtigste Bezugsperson bildete. Bei den männlichen Jugendlichen folgten an zweiter Stelle die Freundesgruppe, die Mutter und der Vater. Bei den weiblichen Jugendlichen standen ebenfalls die Freundesgruppe und die Mutter an zweiter Stelle, der Vater kam jedoch erst an dritter Stelle und war damit für die weiblichen Jugendlichen signifikant unwichtiger als alle anderen Bezugspersonen.

Bei den männlichen Jugendlichen zeigten sich keine signifikanten Veränderungen in der relativen Position der Bezugspersonen zueinander über die vier Messzeitpunkte hinweg. Bei den weiblichen Jugendlichen ergab sich – bedingt durch eine star-

---

48 Die Darstellung in Tabelle 5 berücksichtigt mögliche Veränderungen in der Wichtigkeit der Bezugspersonen über die vier Messzeitpunkte hinweg nicht, sie bezieht sich allein auf den Haupteffekt des Faktors „Person". Abbildung 5 dagegen veranschaulicht die Interaktion zwischen den beiden Faktoren „Person" und „Messzeitpunkte".

ke Abnahme der Bedeutung der guten Freundin – zwischen dem ersten und dem zweiten Messzeitpunkt eine signifikante Annäherung der Bedeutung der guten Freundin an die Bedeutung beider Elternteile sowie zwischen dem dritten und dem vierten Messzeitpunkt eine signifikante Annäherung der Bedeutung der guten Freundin an die Bedeutung des Vaters. Außerdem zeigte sich – aufgrund der Abnahme der Bedeutung der Freundesgruppe – zwischen dem dritten und dem vierten Messzeitpunkt eine signifikante Annäherung der Bedeutung der Freundesgruppe an die Bedeutung des Vaters.[49]

Die zweite Analyse unter Einbezug der Bedeutung der/s festen Freundin/es ergab, dass die feste Freundin bei den männlichen Jugendlichen hinter dem guten Freund an zweiter Stelle, bei den weiblichen Jugendlichen dagegen vor der guten Freundin an erster Stelle stand. In beiden Geschlechtsgruppen waren allerdings die Unterschiede zwischen dem/r guten Freund/in und der/m festen Freund/in nicht signifikant. Bei den männlichen Jugendlichen ergaben sich insgesamt keine signifikanten Unterschiede zwischen der Bedeutung der festen Freundin und der Bedeutung von anderen Bezugspersonen. Bei den weiblichen Jugendlichen lag die Bedeutung des festen Freundes signifikant über der Bedeutung der Mutter, der Freundesgruppe und des Vaters. Darüber hinaus zeigte sich bei den weiblichen Jugendlichen – bedingt sowohl durch eine Abnahme der Bedeutung der guten Freundin als auch durch eine Zunahme der Bedeutung des festen Freundes – zwischen dem ersten und dem zweiten Messzeitpunkt eine signifikante Annäherung der beiden genannten Bezugspersonen.

Diskussion

Eingangs wurde die Erwartung formuliert, dass die Mütter im Schnitt wichtiger sein würden als die Väter. Die Ergebnisse zeigen, dass die Mütter nur für die weiblichen Jugendlichen signifikant wichtiger waren als die Väter. Bei den männlichen Jugendlichen ergab sich ein nur sehr geringer und nicht signifikanter Unterschied in der Bedeutung von Müttern und Vätern.

Die Erwartung, dass die gleichaltrigen Freunde für die Jugendlichen während der Schulzeit wichtiger sein würden als die Eltern wurde in Bezug auf den/die gute Freund/in bestätigt. Der/die gute Freund/in erwies sich bei den männlichen wie bei den weiblichen Jugendlichen im Schnitt als signifikant wichtiger als die beiden Elternteile. Allerdings nahm bei den weiblichen Jugendlichen die Wichtigkeit der guten Freundin

---

49 Zu beachten ist, dass bei den männlichen Jugendlichen die Zahl der zugrunde liegenden Fälle deutlich geringer war als bei den weiblichen Jugendlichen. Das kann dazu führen, dass gleich große Mittelwertunterschiede bei männlichen und weiblichen Jugendlichen nur bei den weiblichen Jugendlichen signifikant werden.

über die vier Messzeitpunkte hinweg stärker ab als die Wichtigkeit von Vater und Mutter, so dass es zu einer signifikanten Annäherung in der Wichtigkeit von Eltern und guter Freundin kam.

Im Unterschied zum/r guten Freund/in erwies sich die Freundesgruppe nicht als durchgängig wichtiger als die Eltern. Signifikante Unterschiede ergaben sich lediglich bei den weiblichen Jugendlichen und nur im Vergleich zur Wichtigkeit des Vaters. Im Übrigen ergab sich auch hier durch eine relativ stärkere Abnahme in der Wichtigkeit der Freundesgruppe eine signifikante Annäherung der Wichtigkeit der Freundesgruppe an die Wichtigkeit des Vaters.

Eine Annäherung der Wichtigkeit von Eltern und Gleichaltrigen wurde eigentlich aufgrund eines Wiederanstiegs der Bedeutung der Eltern zum Ende der Schulzeit hin erwartet. Entgegen dieser Erwartung nahm die Wichtigkeit beider Elternteile über den gesamten Untersuchungszeitraum hinweg ab (signifikant nur zwischen dem zweiten und dem dritten Messzeitpunkt). Ein Wiederanstieg der Bedeutung der Eltern war somit nicht zu verzeichnen und die beschriebene Annäherung zwischen der Bedeutung von Eltern und Gleichaltrigen war allein auf die stärkere Abnahme der Bedeutung von Freunden im Vergleich zur Bedeutung der Eltern zurückzuführen.

Erwartet wurde eine Zunahme der Bedeutung von gegengeschlechtlichen Partnern über die Zeit bei gleichzeitiger Abnahme der Bedeutung von gleichgeschlechtlichen Freunden. Zwar ergaben sich bei den männlichen Jugendlichen keinerlei signifikante Veränderungen in der relativen Position der verschiedenen Bezugspersonen zueinander, die Tendenz war aber dieselbe wie bei den weiblichen Jugendlichen. Bei den weiblichen Jugendlichen zeigte sich zwischen dem ersten und dem zweiten Messzeitpunkt eine signifikante Zunahme der Bedeutung des festen Freundes bei gleichzeitiger Abnahme der Bedeutung der guten Freundin.

Die Mütter sollten für die weiblichen Jugendlichen wichtiger sein als für die männlichen Jugendlichen. Bezüglich der Väter sollte sich kein Geschlechtsunterschied ergeben. Die Ergebnisse bestätigen diese Erwartung, nur für die Wichtigkeit der Mütter ergab sich ein über alle vier Messzeitpunkte hinweg stabiler Geschlechtsunterschied.

Außerdem wurde erwartet, dass der feste Freund und die gute Freundin für die weiblichen Jugendlichen wichtiger sein würden als die feste Freundin und der gute Freund für die männlichen Jugendlichen. Bezüglich der Freundesgruppe sollte sich kein Geschlechtseffekt ergeben. Tatsächlich erwies sich die gute Freundin für die weiblichen Jugendlichen als wichtiger als der gute Freund für die männlichen Jugendlichen. Entgegen der Erwartung ergab sich aber ein gleich gelagerter Geschlechtseffekt für die Freundesgruppe, auch die Freundesgruppe war für die weiblichen Jugendlichen wichtiger als für die männlichen Jugendlichen. In Bezug auf die/den gegengeschlechtliche/n feste/n Freund/in zeigte sich dagegen kein Geschlechtseffekt. Die feste Freundin war für die männlichen Jugendlichen genauso wichtig wie der feste Freund für die weiblichen Jugendlichen.

Betrachtet man die Geschlechtseffekte im Überblick, so fällt auf, dass sich entweder keine Unterschiede zeigten oder die Unterschiede auf eine größere Bedeutung der jeweiligen Bezugsperson für die weiblichen Jugendlichen hinweisen. Hieraus kann der Schluss gezogen werden, dass für die weiblichen Jugendlichen die sozialen Beziehungen insgesamt wichtiger waren als für die männlichen Jugendlichen.

8.3 Die Häufigkeit der Exploration in den verschiedenen Kontexten im Entwicklungsverlauf

In diesem Abschnitt wird es um die Frage gehen, welche Kontexte die Jugendlichen häufiger und welche sie weniger häufig für die politische Exploration nutzen. Dazu werden die Entwicklungsverläufe für die Häufigkeit der Exploration in den verschiedenen Kontexten über die Oberstufenzeit hinweg betrachtet und geprüft, welche Geschlechtsunterschiede sich ergeben. Folgende Erwartungen wurden in Abschnitt 6.4 auf der Grundlage vorhandener Forschungsergebnisse formuliert:

- Mit dem Vater wird häufiger über Politik kommuniziert als mit der Mutter.
- Gleichaltrige (Freunde, Partner oder Mitschüler) lösen den Vater als wichtigsten Gesprächspartner zum Thema Politik im Übergang zum Erwachsenenalter ab.
- Die Häufigkeit der Mitarbeit im Schulunterricht liegt auf mittlerem Niveau, und zwar unter der Häufigkeit der Nutzung verschiedener Medien und der Häufigkeit von Gesprächen über Politik mit den Eltern, aber über der Häufigkeit von Gesprächen über Politik mit den Gleichaltrigen.
- Am häufigsten wird das Fernsehen genutzt, um sich über Politik zu informieren. Die Nutzung des Radios und der Tageszeitungen liegt auf etwa gleicher Höhe mit den Gesprächen mit Freunden über Politik.
- Geschlechtsunterschiede werden für die Nutzung von Massenmedien und für die Exploration in den eher öffentlichen Kontexten erwartet, das heißt für die Mitarbeit im Schulunterricht sowie für die Kommunikation mit Mitschülern und mit Freunde allgemein. Für die Häufigkeit der Exploration in den engeren sozialen Beziehungen, das heißt für die Kommunikation mit den Eltern, mit den besten Freunden und mit den Partnern werden keine Geschlechtsunterschiede erwartet.

Da zwischen den letzten beiden Messzeitpunkten die Bundestagswahl von 1998 stattfand, konnte außerdem angenommen werden:
- Die Häufigkeit der Exploration in den verschiedenen Kontexten nimmt über den Untersuchungszeitraum hinweg zu. Dabei können sich Differenzen im Anstieg zwischen den einzelnen Kontexten ergeben.

Um die Entwicklungs- und Geschlechtseffekte für die Häufigkeit der Exploration auf Signifikanz zu prüfen, wurde auf ähnliche Weise wie für die Wichtigkeit von Bezugspersonen für jede der Explorationsvariablen einzeln ein allgemeines lineares Modell (Prozedur GLM, SPSS) berechnet. Diese Modelle enthielten jeweils den messwiederholten Innersubjektfaktor „Messzeitpunkte" mit entsprechend der Anzahl der Messzeitpunkte vier Abstufungen sowie den Zwischensubjektfaktor „Geschlecht". Für den Faktor „Messzeitpunkte" wurde wiederum der Kontrast „wiederholt" spezifiziert, der die Veränderungen zwischen den jeweils aufeinander folgenden Messzeitpunkten auf Signifikanz prüft. Die F-Werte der im Folgenden beschriebenen Effekte und sind im Anhang (vgl. Tabelle 23) dokumentiert.
- Die Häufigkeit der *Kommunikation über Politik mit der Mutter* (N = 533) nahm zwischen dem ersten und dem zweiten Messzeitpunkt sowie zwischen dem dritten und dem vierten Messzeitpunkt signifikant zu. Es zeigte sich kein Geschlechtseffekt.
- Die Häufigkeit der *Kommunikation über Politik mit dem Vater* (N = 504) nahm ebenfalls zwischen dem ersten und dem zweiten Messzeitpunkt sowie zwischen dem dritten und dem vierten Messzeitpunkt signifikant zu. Hier zeigte sich ebenfalls kein Geschlechtseffekt.
- Die Häufigkeit der *Kommunikation über Politik mit dem/r besten Freund/in* (N = 486) nahm kontinuierlich vom ersten auf den zweiten, vom zweiten auf den dritten und vom dritten auf den vierten Messzeitpunkt signifikant zu. Außerdem ergab sich ein signifikanter Geschlechtseffekt: Die männlichen Jugendlichen kommunizierten über alle vier Messzeitpunkte hinweg häufiger mit dem besten Freund über Politik als die weiblichen Jugendlichen mit der besten Freundin.
- Die Häufigkeit der *Kommunikation über Politik mit Freunden* (N = 529) nahm ebenfalls kontinuierlich von Messzeitpunkt zu Messzeitpunkt signifikant zu. Hier ergab sich ein ähnlicher Geschlechtseffekt wie bei der Kommunikation über Politik mit den besten Freunden: Die männlichen Jugendlichen kommunizierten über alle vier Messzeitpunkte hinweg signifikant häufiger mit Freunden über Politik als die weiblichen Jugendlichen.

- Auch die *Kommunikation über Politik mit den Mitschülern* (N = 536) nahm kontinuierlich von Messzeitpunkt zu Messzeitpunkt signifikant zu. Es ergab sich jedoch kein Geschlechtseffekt.
- Die Häufigkeit der *Kommunikation über Politik mit der/m festen Freund/in* (N = 215) wurde erst ab dem zweiten Messzeitpunkt erfasst. Hier zeigte sich lediglich zwischen dem dritten und dem vierten Messzeitpunkt eine signifikante Zunahme. Der Geschlechtseffekt war anders gelagert als bei den Freunden und dem/r besten Freund/in: Die weiblichen Jugendlichen kommunizierten über die drei Messzeitpunkte hinweg signifikant häufiger mit ihrem festen Freund über Politik als die männlichen Jugendlichen mit ihrer festen Freundin.
- Für die *Mitarbeit im Unterricht* (N = 541) zeigte sich nur zwischen dem dritten und dem vierten Messzeitpunkt eine signifikante Zunahme. Außerdem gaben die männlichen Jugendlichen über alle vier Messzeitpunkte hinweg an, bei politischen Themen stärker im Unterricht mitzuarbeiten als die weiblichen Jugendlichen.
- Für die *Nutzung der Massenmedien* (Skala) (N = 540) zeigte sich zwischen dem zweiten und dem dritten sowie zwischen dem dritten und vierten Messzeitpunkt ein signifikanter Anstieg. Außerdem ergab sich ein schwach signifikanter Geschlechtseffekt: Wiederum gaben die männlichen Jugendlichen über alle vier Messzeitpunkte hinweg an, die Medien stärker zu nutzen als die weiblichen Jugendlichen.

Bei der differenzierten Betrachtung der einzelnen Medien zeigte sich Folgendes:
- Das *Sehen von Nachrichten im Fernsehen* (N = 541) nahm zwischen dem zweiten und dem dritten sowie zwischen dem dritten und vierten Messzeitpunkt signifikant zu. Männliche Jugendliche sahen häufiger Fernsehnachrichten an als weibliche Jugendliche.
- Für das *Nachrichten hören im Radio* (N = 541) zeigte sich kein signifikanter Anstieg über die vier Messzeitpunkte hinweg. Es ergab sich aber ein signifikanter Geschlechtseffekt: Weibliche Jugendliche hörten häufiger Radionachrichten als männliche Jugendliche.
- Das *Lesen des politischen Teils in Tageszeitungen* (N = 543) nahm kontinuierlich zwischen den jeweils aufeinander folgenden Messzeitpunkten zu. Es ergab sich kein signifikanter Geschlechtsunterschied.
- Beim *Anschauen von politischen Magazin-, Diskussions- und Informationssendungen im Fernsehen* (N = 543) verhielt es sich ganz ähnlich wie beim Sehen von Fernsehnachrichten. Auch hier ergab sich ein signifikanter Anstieg zwischen dem zweiten und dem dritten sowie zwischen dem dritten und dem vierten Messzeit-

punkt. Männliche Jugendliche schauten die entsprechenden Sendungen häufiger an als weibliche Jugendliche. Um die Unterschiede in der Häufigkeit der Exploration in den verschiedenen Kontexten sowie deren Veränderungen über die vier Messzeitpunkte hinweg auf Signifikanz zu prüfen, wurde ein weiteres Modell – getrennt für männliche und weibliche Jugendliche – berechnet. Dieses Modell enthielt zwei messwiederholte Faktoren: Der erste Faktor „Kontext" hatte die sieben Abstufungen Massenmedien, Schulunterricht, Mitschüler, Vater, Mutter, Freunde und beste/r Freund/in. Die Kommunikation mit der/m festen Freund/in wurde nicht in die Analysen einbezogen, da die Berechnung des Modells voraussetzt, dass von den Befragten zu jeweils allen Kontexten und über alle vier Messzeitpunkte hinweg Angaben vorliegen. Nur weniger als die Hälfte der Längsschnittjugendlichen konnte jedoch Angaben zur Häufigkeit der Kommunikation mit der/m festen Freund/in machen. Zudem wurde die Häufigkeit der Kommunikation mit der/m festen Freund/in zum ersten Messzeitpunkt nicht erhoben.[50] Der zweite Faktor „Messzeitpunkte" hatte den vier Messzeitpunkten entsprechend vier Abstufungen. Für den Faktor „Kontext" wurde der Kontrast „einfach" modelliert. Um Signifikanztests für alle möglichen Paarvergleiche zu produzieren, wurden in mehreren Berechnungsdurchläufen unterschiedliche Kontexte als Referenzkategorie definiert. Da nicht alle Paarvergleiche voneinander unabhängig sind und nicht für alle vorab explizit Hypothesen formuliert wurden, war eine Korrektur des Alpha-Fehlerniveaus notwendig. Diese Korrektur erfolgte anhand einer bei Bortz (1993, S. 248) beschriebenen Formel. Für den zweiten Faktor „Messzeitpunkte" wurde der Kontrast „wiederholt" spezifiziert.

---

50 Da sich keine der eingangs formulierten Thesen unmittelbar auf den Stellenwert der Kommunikation über Politik mit der/m festen Freund/in bezieht, wurde auf die Durchführung einer zweiten Analyse unter Einbezug der/s festen Freundin/es verzichtet.

Abbildung 6: Entwicklung der Häufigkeit der Exploration im Kontext von Schule, Massenmedien, Elternhaus und Gleichaltrigen über vier Messzeitpunkte

männlich

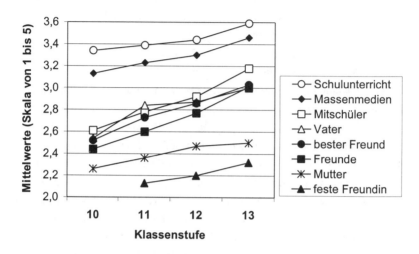

weiblich

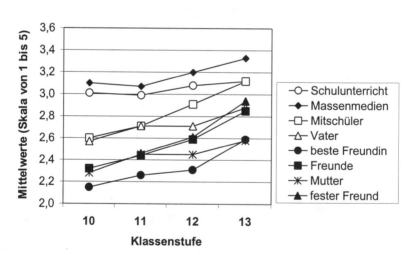

Im Folgenden werden die Ergebnisse der Analysen beschrieben. Eine Dokumentation der F-Werte aller signifikanten Effekte und Kontraste befindet sich im Anhang (vgl. Tabelle 24). Zur Veranschaulichung der Ergebnisse kann die Abbildungen 6[51] sowie Tabelle 6 herangezogen werden.

(1) Bei den *männlichen Jugendlichen* (N = 144) ergab sich ein signifikanter Haupteffekt für den Faktor „Kontext". Über alle vier Messzeitpunkte hinweg betrachtet, nutzten die männlichen Jugendlichen am häufigsten den Schulunterricht und die Massenmedien, um sich über Politik zu informieren. Es folgte die Kommunikation mit den Mitschülern, mit dem Vater, mit dem besten Freund und mit Freunden. Am seltensten kommunizierten die männlichen Jugendlichen mit der Mutter über Politik. Signifikant waren die Unterschiede zwischen der Mitarbeit im Unterricht und der Nutzung von Massenmedien und allen anderen Kontexten, zwischen der Kommunikation mit Mitschülern und der Kommunikation mit Freunden und zwischen der Kommunikation mit der Mutter und allen anderen Kontexten (vgl. Tabelle 6). Neben dem Haupteffekt für den Faktor „Kontext" ergab sich ein signifikanter Haupteffekt für den Faktor „Messzeitpunkte". Die Kontraste dokumentieren einen signifikanten Anstieg in der Häufigkeit der Kommunikation über Politik zwischen allen jeweils aufeinander folgenden Messzeitpunkten. Zusätzlich ergab sich eine signifikante Interaktion zwischen den Faktoren „Kontext" und „Messzeitpunkte", von den entsprechenden Kontrasten war jedoch keiner signifikant (vgl. Tabelle 24 im Anhang).

(2) Bei den *weiblichen Jugendlichen* (N = 268) ergab sich ebenfalls ein signifikanter Haupteffekt für den Faktor „Kontext". Auch die weiblichen Jugendlichen nutzten am häufigsten die Massenmedien und den Schulunterricht, um sich über Politik zu informieren. Es folgten die Kommunikation mit den Mitschülern und mit dem Vater, dann die Kommunikation mit Freunden und zum Schluss die Kommunikation mit der Mutter und mit der besten Freundin. Keine signifikanten Unterschiede ergaben sich jeweils zwischen der Nutzung von Massenmedien und der Mitarbeit im Schulunterricht, zwischen der Kommunikation mit den Mitschülern und der Kommunikation mit dem Vater sowie zwischen der Kommunikation mit der Mutter und der Kommunikation mit der besten Freundin. Alle anderen Unterschiede waren

---

51 Den in Abbildung 6 dargestellten Mittelwertverläufen liegen etwas andere Fallzahlen zugrunde als den im Folgenden beschriebenen Analysen. Abbildung 6 bezieht sich auf alle Informationen, die für den jeweiligen Kontext im Längsschnitt vorlagen. Für die im Folgenden beschriebenen Analysen mussten die Längsschnittinformation zusätzlich über alle Kontexte hinweg vorliegen. Dadurch ergab sich eine leichte Reduzierung der Fallzahlen. Die durch die unterschiedlichen Fallzahlen bedingten Abweichungen in den Mittelwerten waren jedoch nur sehr gering.

signifikant (vgl. Tabelle 6). Neben dem Haupteffekt für den Faktor „Kontext" ergab sich ein signifikanter Haupteffekt für den Faktor „Messzeitpunkte". Wie bei den männlichen Jugendlichen erwies sich der Anstieg in der Häufigkeit der Exploration insgesamt zwischen allen jeweils aufeinander folgenden Messzeitpunkten als signifikant. Darüber hinaus ergab sich eine signifikante Interaktion zwischen den Faktoren „Kontext" und „Messzeitpunkte". Die Kontraste dokumentieren vom ersten auf den zweiten Messzeitpunkt einen signifikant stärkeren Anstieg der Kommunikation mit der Mutter im Vergleich zur Nutzung von Massenmedien und vom zweiten auf den dritten Messzeitpunkt einen signifikant stärkeren Anstieg für die Kommunikation mit den Mitschülern im Vergleich zur Kommunikation mit beiden Elternteilen sowie mit der besten Freundin. Außerdem ergab sich vom dritten auf den vierten Messzeitpunkt ein signifikant stärkerer Anstieg für die Kommunikation mit Freunden im Vergleich zur Nutzung von Massenmedien und zur Mitarbeit im Schulunterricht (vgl. Tabelle 24 im Anhang).

Tabelle 6: *Mittelwerte der Häufigkeit der Exploration in verschiedenen Kontexten (ohne fester/m Freund/in) im Schnitt über alle vier Messzeitpunkte für männliche und weibliche Jugendliche*[52]

männlich (N = 147)		weiblich (N = 272)	
Unterricht	3.44 [a]	Medien	3.18 [a]
Medien	3.30 [a]	Unterricht	3.04 [a]
Mitschüler	2.89 [b]	Mitschüler	2.83 [b]
Vater	2.81 [bc]	Vater	2.69 [b]
bester Freund	2.79 [bc]	Freunde	2.53 [c]
Freunde	2.72 [c]	Mutter	2.38 [d]
Mutter	2.38 [d]	beste Freundin	2.32 [d]

Anmerkung: Bezugspersonen, die keinen Buchstaben miteinander teilen, unterscheiden sich signifikant voneinander.

Die vorangegangene Analyse bezog den Single-Item-Indikator zur Mitarbeit im Schulunterricht, die Skala zur Nutzung von Massenmedien und die Indizes zur Kommunikation mit verschiedenen Bezugspersonen ein. Es ist nicht ganz unproblematisch, zusammengesetzte Skalen und Indizes mit Single-Item-Indikatoren zu vergleichen,

---

52 Die Darstellung in Tabelle 6 berücksichtigt mögliche Veränderungen der Häufigkeit der Exploration in den verschiedenen Kontexten über die vier Messzeitpunkte hinweg nicht, sie veranschau-

denn das Niveau von Skalen und Indizes wird durch die berücksichtigten Items bestimmt. Wäre beispielsweise ein weiteres, wenig genutztes Medium in die Skala zur Nutzung von Massenmedien einbezogen worden, läge der Mittelwertverlauf auf einem niedrigeren Niveau. Um dieser Problematik gerecht zu werden, werden in Abbildung 7 die Verläufe für die Häufigkeit der Nutzung der einzelnen Medien im Vergleich zur Häufigkeit der Mitarbeit im Schulunterricht und zur Häufigkeit von Gesprächen über Politik mit den verschiedenen Bezugspersonen dargestellt. Die Verläufe der Häufigkeit von Auseinandersetzungen über Politik mit den verschiedenen Bezugspersonen werden aus Komplexitätsgründen nicht mit dargestellt. Tabelle 13 und 14 im Anhang ist zu entnehmen, dass die Häufigkeit der Auseinandersetzung mit einer bestimmten Bezugsperson durchweg auf einem niedrigeren Niveau lag als die Häufigkeit von Gesprächen über Politik. Auf eine Signifikanzprüfung der Unterschiede wird verzichtet.

Abbildung 7 zeigt, dass sich bei der Darstellung der einzelnen Items kein wesentlich anderes Bild ergab als bei der Darstellung der Indizes und Skalen (vgl. Abbildung 6). Sowohl männliche wie auch weibliche Jugendliche schauten am häufigsten Fernsehnachrichten an, um sich über Politik zu informieren. Bei den männlichen Jugendlichen folgten die Mitarbeit im Schulunterricht und das Hören von Radionachrichten. Bei den weiblichen Jugendlichen hatte das Hören von Radionachrichten fast denselben Stellenwert wie das Sehen von Fernsehnachrichten, die Mitarbeit im Schulunterricht, aber auch die Gespräche mit den Mitschülern und das Lesen der Tageszeitung folgten erst mit deutlichem Abstand. Bei den männlichen Jugendlichen lagen das Lesen der Tageszeitung und das Anschauen von politischen Diskussions- und Magazinsendungen im Fernsehen ungefähr auf derselben Höhe wie die Gespräche mit Mitschülern, Freunden und besten Freunden. Seltener wurde mit der Mutter über Politik gesprochen und noch seltener mit der festen Freundin. Bei den weiblichen Jugendlichen nahmen die Gespräche über Politik mit dem Vater und mit dem festen Freund einen mittleren Stellenwert ein, wobei die Gespräche mit dem festen Freund über die vier Messzeitpunkte hinweg stärker an Bedeutung gewannen als die Gespräche mit dem Vater (und mit der Mutter). Auf etwas niedrigerem Niveau lag bei den weiblichen Jugendlichen das Anschauen von politischen Diskussions- und Magazinsendungen sowie Gespräche mit Freunden und mit der Mutter. Am seltensten sprachen die weiblichen Jugendlichen mit der besten Freundin über Politik.

---

licht allein den Haupteffekt des Faktors „Kontext". Abbildung 6 dagegen veranschaulicht die Interaktion zwischen den beiden Faktoren „Kontext" und „Messzeitpunkte".

Abbildung 7: Entwicklung der Häufigkeit der Mitarbeit im Schulunterricht, der Nutzung verschiedener Medien und der Gespräche über Politik mit Eltern und Gleichaltrigen über vier Messzeitpunkte

männlich

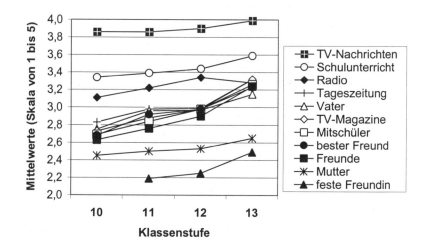

weiblich

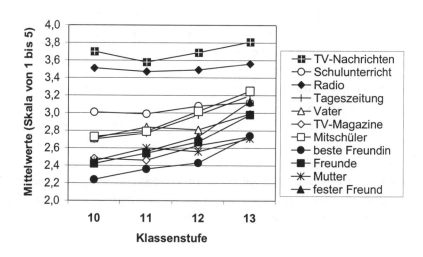

Zusammenfassung

In Bezug auf den Stellenwert, den die einzelnen Kontexte für die politische Exploration der Jugendlichen einnehmen, zeigte sich, dass bei den männlichen wie bei den weiblichen Jugendlichen Nachrichten im Fernsehen an erster Stelle standen. Bei den männlichen Jugendlichen folgten der Schulunterricht und Nachrichten im Radio. Das Lesen von Tageszeitungen, das Anschauen von politischen Magazinsendungen, Gespräche und Auseinandersetzungen mit Mitschülern, mit dem Vater, mit dem besten Freund und mit Freunden hatten bei den männlichen Jugendlichen einen mittleren Stellenwert. Relativ selten kommunizierten die männlichen Jugendlichen mit ihren Müttern und noch seltener mit ihrer festen Freundin über Politik.

Die weiblichen Jugendlichen hörten fast ebenso häufig Nachrichten im Radio wie sie Nachrichten im Fernsehen ansahen. Deutlich seltener im Vergleich dazu arbeiteten sie im Schulunterricht bei politischen Themen mit. Einen Anstieg bis auf das Niveau der Mitarbeit im Schulunterricht erfuhr über den Untersuchungszeitraum hinweg die Kommunikation mit Mitschülern und das Lesen von Tageszeitungen. Es folgte die Kommunikation mit dem festen Freund, mit dem Vater und mit den Freunden allgemein. Auf etwas niedrigerem Niveau lag im Vergleich dazu die Kommunikation mit der Mutter, das Anschauen von politischen Magazinsendungen im Fernsehen und die Häufigkeit der Kommunikation mit der besten Freundin.

Bei den männlichen Jugendlichen ergaben sich keine signifikanten Veränderungen in der relativen Position der einzelnen Kontexte zueinander, obgleich der Interaktionseffekt zwischen Messzeitpunkt und Kontext insgesamt signifikant war. Bei den weiblichen Jugendlichen nahm vor allem die Kommunikation mit den Mitschülern und mit den Freunden signifikant stärker zu als die Kommunikation mit den beiden Elternteilen und mit der besten Freundin. Wäre die Kommunikation mit dem festen Freund in die Signifikanzprüfung einbezogen gewesen, so hätte sich vermutlich auch hier eine signifikant stärkere Zunahme ergeben.

Insgesamt kann festgehalten werden, dass die Häufigkeit der Exploration in fast allen Kontexten über den Untersuchungszeitraum hinweg zunahm. Einzige Ausnahme bildete das Hören von Nachrichten im Radio. Bei den männlichen Jugendlichen verlief diese Zunahme in den verschiedenen Kontexten relativ gleichmäßig, bei den weiblichen Jugendlichen zeigten sich dagegen signifikante Unterschiede in der Zunahme zwischen den einzelnen Kontexten. Insbesondere nahm die Exploration im Gleichaltrigenkontext, ausgenommen die Kommunikation mit der besten Freundin, stärker zu als die Exploration im Elternhaus.[53]

Männliche Jugendliche kommunizierten signifikant häufiger mit dem besten Freund und mit Freunden allgemein über Politik als weibliche Jugendliche mit der besten Freundin oder mit Freunden allgemein. Weitere Geschlechtseffekte zugunsten der männlichen Jugendlichen ergaben sich für die Mitarbeit im Schulunterricht und für die Skala zur Nutzung von Massenmedien. Eine differenzierte Betrachtung der einzelnen Medien zeigte allerdings, dass die männlichen Jugendlichen vor allem häufiger das Fernsehen nutzten, sie schauten sowohl häufiger Nachrichten als auch politische Diskussions- und Magazinsendungen an. Für das Lesen von Tageszeitungen ergab sich dagegen kein Geschlechtsunterschied und Nachrichten im Radio wurden häufiger von den weiblichen Jugendliche gehört. Kein Geschlechtsunterschied ergab sich für die Häufigkeit der Kommunikation mit den Eltern sowie für die Häufigkeit der Kommunikation mit den Mitschülern. Ein Geschlechtsunterschied zugunsten der weiblichen Jugendlichen zeigte sich für die Häufigkeit der Kommunikation mit der/m festen Freund/in. Weibliche Jugendliche kommunizierten häufiger mit ihrem festen Freund über Politik als männliche Jugendliche mit ihrer festen Freundin.

Diskussion

Eingangs wurde die Erwartung formuliert, dass mit dem Vater häufiger über Politik kommuniziert wird als mit der Mutter. Diese Erwartung hat sich sowohl für die männlichen als auch für die weiblichen Jugendlichen bestätigt. Offenbar sind bei Fragen zur Politik innerhalb der Familie nach wie vor die Väter zuständig. In der Regel interessieren sich die Väter stärker für Politik als die Mütter (das wird durch die Auswertungen von Daten bestätigt, die wir bei den Eltern erhoben haben), was dazu führen dürfte, dass die Jugendlichen den Vätern eine größere politische Kompetenz zuschreiben als den Müttern. Vor diesem Hintergrund ist es wahrscheinlich, dass die Väter häufiger als die Mütter Gespräche über Politik mit den Jugendlichen initiieren.

Die zweite Erwartung lautete, dass im Übergang zum Erwachsenenalter der Vater als wichtigster Gesprächspartner bei politischen Fragen durch Gleichaltrige abgelöst würde. Diese Erwartung hat sich nur bei den weiblichen Jugendlichen bestätigt. Zudem erwiesen sich in beiden Geschlechtsgruppen Gleichaltrige schon vom ersten

---

53 Zu beachten ist auch hier wieder, dass den Analysen für die männlichen Jugendlichen deutlich niedrigere Fallzahlen zugrunde lagen, so dass gleiche Mittelwertunterschiede wie bei den weiblichen Jugendlichen bei den männlichen Jugendlichen unter Umständen nicht signifikant werden.

Messzeitpunkt an als gleich wichtige Gesprächspartner in Sachen Politik wie die Väter. Differenziert beschrieben, sah das Bild folgendermaßen aus: Zum ersten Messzeitpunkt kommunizierten die männlichen Jugendlichen etwa gleich häufig wie mit dem Vater mit den Mitschülern, mit dem besten Freund und mit den Freunden über Politik, seltener dagegen mit der Mutter und der festen Freundin. Dieses Verhältnis änderte sich über die vier Messzeitpunkte hinweg nicht. Die weiblichen Jugendlichen kommunizierten zum ersten Messzeitpunkt nur mit den Mitschülern etwa gleich häufig wie mit dem Vater, seltener dagegen mit den Freunden, mit der Mutter, mit der besten Freundin und vermutlich auch seltener mit dem festen Freund.[54] Der Erwartung entsprechend zeigte sich bei den weiblichen Jugendlichen dann aber ein überproportionaler Anstieg in der Häufigkeit der Kommunikation mit den Mitschülern, den Freunden und dem festen Freund, so dass zum vierten Messzeitpunkt häufiger als mit dem Vater mit den Mitschülern über Politik kommuniziert wurde, etwa gleich häufig mit den Freunden und dem festen Freund und seltener mit der Mutter und der besten Freundin.

Für die Mitarbeit im Schulunterricht wurde erwartet, dass sie einen mittleren Stellenwert zwischen der Häufigkeit von Gesprächen mit den Eltern und der Häufigkeit von Gesprächen mit den Gleichaltrigen einnehmen würde. Entgegen dieser Erwartung lag die Häufigkeit der Mitarbeit im Schulunterricht bei politischen Themen in beiden Geschlechtsgruppen auf etwa gleich hohem Niveau wie die durchschnittliche Häufigkeit der Nutzung von Massenmedien und damit signifikant über dem Niveau der Häufigkeit der Kommunikation mit den verschiedenen Bezugspersonen. Für männliche wie für weibliche Jugendliche bildete der Schulunterricht demnach einen der am häufigsten genutzten Kontexte für die politische Exploration.

Eine weitere Erwartung war, dass am häufigsten das Fernsehen genutzt wird, um sich über Politik zu informieren. Die Nutzung von Radio und Tageszeitung wurde dagegen auf etwa gleicher Höhe mit Gesprächen über Politik mit den Freunden vermutet. Tatsächlich sahen sich sowohl die männlichen wie die weiblichen Jugendlichen am häufigsten Fernsehnachrichten an. Radionachrichten wurden ebenfalls relativ häufig gehört, häufiger noch als Gespräche über Politik mit Mitschülern oder mit Freunden geführt wurden. Die männlichen Jugendlichen lasen zudem etwa gleich häufig die Tageszeitung wie sie Gespräche über Politik mit Mitschülern, mit Freunden oder mit besten Freunden führten. Die weiblichen Jugendlichen lasen die Tageszeitung eher häufiger als dass sie Gespräche über Politik mit Freunden oder mit der besten Freundin

---

54 Angaben zu den festen Freunden lagen zum ersten Messzeitpunkt noch nicht vor.

führten. Nur mit den Mitschülern führten sie etwa gleich häufig Gespräche über Politik wie sie die Tageszeitung lasen. Politische Diskussions- und Magazinsendungen wurden in beiden Geschlechtsgruppen deutlich seltener angesehen als Nachrichtensendungen. Insgesamt zeigen die Ergebnisse, dass die Nutzung von Massenmedien einen sehr hohen Stellenwert für die politische Exploration hatte.

Geschlechtsunterschiede für die Häufigkeit der Exploration über Politik wurden vor allem für den Kontext der Massenmedien und die eher im öffentlichen Bereich anzusiedelnden Kontexte des Schulunterrichts und des weiteren Freundes- und Bekanntenkreises (Freunde allgemein und Mitschüler) erwartet. Für den Nahbereich der Eltern-Kind-Beziehung sowie der engen Freundschafts- und Partnerschaftsbeziehung wurden keine Geschlechtsunterschiede angenommen.

Für die Häufigkeit der Kommunikation über Politik mit den Eltern fanden sich tatsächlich keine Geschlechtsunterschiede. Männliche wie weibliche Jugendliche kommunizierten jeweils gleich häufig mit ihrem Vater und gleich selten mit ihrer Mutter über Politik. Ein deutlicher Geschlechtsunterschied ergab sich aber in Bezug auf die enge Freundschaftsbeziehung. Männliche Jugendliche kommunizierten häufiger mit ihrem besten Freund über Politik als weibliche Jugendliche mit ihrer besten Freundin. Ein ebenfalls deutlicher Geschlechtsunterschied zeigte sich für die Häufigkeit der Kommunikation über Politik mit der/m festen Freund/in. Hier lag der Mittelwertunterschied jedoch in umgekehrter Richtung, weibliche Jugendliche kommunizierten häufiger mit ihrem festen Freund über Politik als männliche Jugendliche mit ihrer festen Freundin. Wie erwartet kommunizierten die männlichen Jugendlichen häufiger mit ihren Freunden allgemein über Politik als die weiblichen Jugendlichen. Entgegen den Erwartungen fand sich für die Häufigkeit der Kommunikation über Politik mit den Mitschülern kein Geschlechtsunterschied. Weibliche Jugendliche kommunizierten mit Mitschülern genauso häufig über Politik wie männliche Jugendliche.

Zusammengenommen weisen die Befunde darauf hin, dass die Geschlechtsunterschiede in der Häufigkeit der Kommunikation über Politik mit den verschiedenen Bezugspersonen nicht so sehr durch das Kriterium öffentlicher Kontext versus sozialer Nahbereich bestimmt werden, sondern entscheidend vom politischen Interesse der jeweiligen Bezugsperson abhängen. So kommunizierten weibliche Jugendliche sowohl mit ihren besten Freundinnen wie auch mit ihren Freunden allgemein seltener über Politik als männliche Jugendliche. Wenn unterstellt wird, dass Freundschaftsbeziehungen, insbesondere die Beziehungen zu den besten Freunden, überwiegend gleichgeschlechtlich sind, dann ist die Annahme plausibel, dass die (besten) Freundinnen von weiblichen Jugendlichen weniger politisch interessiert sind als die (besten) Freunde der männlichen Jugendlichen. Die Unterschiede im politischen Interesse von befreundeten männlichen und weiblichen Jugendlichen führen dazu, dass in weiblichen Freundschaften seltener über Politik kommuniziert wird als in männlichen Freundschaften.

Ähnlich verhält es sich in Bezug auf die/den festen Freund/in. Bei den weiblichen Jugendlichen kann den gegengeschlechtlichen festen Freunden ein im Vergleich zu ihnen selbst stärkeres politisches Interesse unterstellt werden. Das führt zum einen dazu, dass die weiblichen Jugendlichen häufiger mit ihrem festen Freund über Politik kommunizieren als die männlichen Jugendlichen mit ihrer festen Freundin. Zum anderen trägt dieser Sachverhalt dazu bei, dass die weiblichen Jugendlichen häufiger mit ihrem gegengeschlechtlichen festen Freund über Politik kommunizieren als mit ihrer gleichgeschlechtlichen besten Freundin während die männlichen Jugendlichen häufiger mit ihrem gleichgeschlechtlichen besten Freund über Politik kommunizieren als mit ihrer gegengeschlechtlichen festen Freundin.[55]

Ein deutlicher Geschlechtsunterschied zeigte sich für die Häufigkeit der Mitarbeit im Schulunterricht. Weibliche Jugendliche arbeiteten bei politischen Themen im Schulunterricht signifikant seltener mit als männliche Jugendliche. Sofern man den Schulunterricht zu den eher öffentlichen Kontexten zählt, bestätigt sich hier die These, wonach sich weibliche Jugendliche im öffentlichen Kontext eher zurückhalten.

Für die Häufigkeit der Exploration im Kontext der Massenmedien ergab sich insgesamt ein nur schwacher Geschlechtsunterschied. Die differenzierte Betrachtung der einzelnen Medien zeigte, dass die weiblichen Jugendlichen seltener das Fernsehen, aber häufiger das Radio und etwa gleich häufig wie die männlichen Jugendlichen die Tageszeitungen nutzen. Das bestätigte sowohl die Erwartungen als auch die Befunde von anderen Untersuchungen (Oesterreich, 2002).

Die letzte der eingangs formulierten Erwartungen bezog sich auf die Zunahme der Exploration in den verschiedenen Kontexten über die vier Messzeitpunkte hinweg. Dazu lässt sich festhalten, dass sich wie erwartet insgesamt ein deutlicher Anstieg für die Exploration in den verschiedenen Kontexten über die vier Messzeitpunkte hinweg ergab. Der Anstieg fiel zwischen den letzten beiden Messzeitpunkten überproportional steil aus im Vergleich zu den Anstiegen zwischen den jeweils vorangegangenen Mess-

---

55 Bezüglich der Häufigkeit der Kommunikation über Politik mit der/m festen Freund/in liegt eine Asymmetrie im Antwortverhalten von männlichen und weiblichen Jugendlichen vor. Weibliche Jugendliche kommunizierten häufiger mit ihrem festen Freund über Politik als männliche Jugendliche mit ihrer festen Freundin. Diese Asymmetrie lässt sich plausibel erklären, wenn die typischerweise vorhandenen Altersunterschiede in Partnerschaftsbeziehungen sowie ein Anwachsen des politischen Interesses mit dem Alter unterstellt werden.

zeitpunkten.[56] Offenbar wirkten der Bundestagswahlkampf und die Bundestagswahl, die zwischen den letzten beiden Messzeitpunkten stattfanden, nicht nur stimulierend auf das politische Interesse, sondern auch auf die Häufigkeit der Exploration in den verschiedenen Kontexten.

8.4 Der Einfluss der Wichtigkeit von Bezugspersonen auf die Häufigkeit der Kommunikation über Politik

Nachdem die Entwicklungsverläufe für die Wichtigkeit der einzelnen Bezugspersonen und für die Häufigkeit der Kommunikation über Politik mit den jeweiligen Bezugspersonen beschrieben wurden, soll nun geprüft werden, inwieweit die Wichtigkeit von Bezugspersonen die Häufigkeit der Kommunikation über Politik mit den entsprechenden Personen beeinflusst.

– Zu erwarten ist, dass mit wichtigen Bezugspersonen häufiger über Politik gesprochen wird als mit weniger wichtigen Bezugspersonen.

Geprüft wurden die Einflüsse anhand von einfachen Regressionsanalysen mit der Wichtigkeit der Bezugsperson als unabhängiger und der Häufigkeit der Kommunikation über Politik mit der entsprechenden Person als abhängiger Variable. Die Regressionsanalysen wurden mit dem Strukturgleichungsprogramm AMOS berechnet. AMOS ermöglicht es, mehrere Gruppen gleichzeitig in die Analyse einzubeziehen und Unterschiede zwischen den Gruppen auf Signifikanz zu prüfen. Im vorliegenden Fall wurde jedes Modell mit acht Untergruppen (4 Messzeitpunkte x 2 Geschlechtsgruppen) berechnet. Für jede Untergruppe wurde eine Varianz-Kovarianzmatrix eingelesen.

---

56 Zwischen den letzten beiden Messzeitpunkten fiel der Anstieg sogar etwas steiler aus als es die Abbildungen darstellen, denn zwischen diesen beiden Messzeitpunkten war der zeitliche Abstand mit nur 8 Monaten kürzer als zwischen den vorangegangenen mit jeweils einem Jahr. Aus technischen Gründen berücksichtigen die Abbildungen diesen kürzeren Abstand nicht.

Tabelle 7: Einfluss der Wichtigkeit von Bezugspersonen auf die Häufigkeit der Kommunikation über Politik (Einfache Regressionen, Berechnung mit AMOS, Modelle mit jeweils acht Untergruppen)

Modell Restriktion über ...	Änderung der Modellanpassung			Beta-Gewichte in den Untergruppen		
	Δ chi^2	Δ df	p			
Mutter						
Messzeitpunkte	20.86	18	.286	männlich	.09*	
Geschlecht	5.53	1	.019	weiblich	.20***	
Vater						
Messzeitpunkte	19.21	18	.379	männlich	.20***	
Geschlecht	0.59	1	.443	weiblich	.20***	
beste/r Freund/in					männlich	weiblich
Messzeitpunkte	44.47	18	.000	t_1	.20*	.04
Geschlecht	8.59	4	.072	t_2	.17*	-.02
				t_3	.11	.04
				t_4	.06	-.00
Freunde						
Messzeitpunkte	10.54	18	.913	männlich	.07$^+$	
Geschlecht	0.17	1	.682	weiblich	.05$^+$	
feste/r Freund/in[1]						
Messzeitpunkte	14.49	12	.271	männlich	.14*	
Geschlecht	2.23	1	.135	weiblich	.21***	

1 Diese Modell hat nur sechs Untergruppen, weil die Häufigkeit von Gesprächen über Politik mit dem/r festen Freund/in zum ersten Messzeitpunkt nicht erhoben wurde.
Signifikanzniveau: *** p < .001 , ** p < .01, * p < .05, + p < .10.

Im ersten Schritt wurde geprüft, ob sich die Varianz-Kovarianzmatrizen über die vier Messzeitpunkte hinweg gleichsetzen ließen. Sofern dies der Fall war, wurde im zweiten Schritt zusätzlich die Gleichsetzung über die Geschlechtsgruppen hinweg geprüft. Die Prüfgröße bildet ein Chi^2-Differenz-Test, der angibt, ob sich die Modellanpassung durch die Gleichsetzung von Koeffizienten signifikant verschlechtert.

Tabelle 7 dokumentiert die Ergebnisse. Sofern die Varianz-Kovarianzmatrizen über die Messzeitpunkte hinweg gleichgesetzt werden konnten, wurden die Beta-Gewichte des restringierten Modells für die männlichen und weiblichen Jugendlichen dargestellt. Inwieweit sich die Beta-Gewichte der männlichen und weiblichen Jugendlichen unterscheiden, ist dem Signifikanztest „Restriktion über Geschlecht" zu entnehmen.

Die Varianz-Kovarianzmatrizen des Modells für die Mutter konnten über die vier Messzeitpunkte hinweg gleichgesetzt werden, ohne dass sich eine signifikante Verschlechterung in der Modellanpassung ergab (Δ chi^2 = 20.86, Δ df = 18, p = .286). Inhaltlich bedeutet das, dass sich die Varianzen und die Regressionsgewichte über die vier Messzeitpunkte hinweg nicht signifikant unterscheiden. Die zusätzliche Gleichsetzung der Regressionsgewichte über die beiden Geschlechtsgruppen hinweg dagegen führte zu einer signifikanten Verschlechterung in der Modellanpassung (Δ chi^2 = 5.53, Δ df = 1, p = .019). Das bedeutet, dass sich das Regressionsgewicht der männlichen Jugendlichen (.09*) signifikant von dem der weiblichen Jugendlichen (.20***) unterscheidet.

Die Varianz-Kovarianzmatrizen des Modells für den/die beste Freund/in konnten nicht über die vier Messzeitpunkte hinweg gleichgesetzt werden. Deshalb werden für dieses Modell die Beta-Gewichte für alle vier Messzeitpunkte dargestellt. Die Prüfung des Geschlechtsunterschiedes erfolgte auf der Grundlage des Modells ohne Restriktionen, er war nur schwach signifikant.

Die Ergebnisse zeigen, dass die Wichtigkeit der Mutter bei den männlichen Jugendlichen nur einen schwachen Einfluss auf die Häufigkeit der Kommunikation über Politik hatte, bei den weiblichen Jugendlichen dagegen einen deutlich stärkeren. Je wichtiger die Mutter für die weiblichen Jugendlichen war, desto häufiger wurde mit ihr über Politik kommuniziert. Die Wichtigkeit des Vaters beeinflusste sowohl bei den männlichen als auch bei den weiblichen Jugendlichen signifikant die Häufigkeit der Kommunikation über Politik. Je wichtiger der Vater als Bezugsperson war, desto häufiger wurde mit ihm über Politik kommuniziert.

Die Wichtigkeit des besten Freundes hatte bei den männlichen Jugendlichen einen über die vier Messzeitpunkte hinweg abnehmenden Einfluss auf die Häufigkeit der Kommunikation über Politik. Bei den weiblichen Jugendlichen ergab sich zu keinem Messzeitpunkt ein Einfluss. Die Wichtigkeit der Freunde hatte weder bei den männlichen noch bei den weiblichen Jugendlichen einen nennenswerten Einfluss auf die Häufigkeit der Kommunikation über Politik.

Für die Wichtigkeit der/s festen Freundin/es zeigte sich sowohl bei den männlichen wie bei den weiblichen Jugendlichen ein signifikanter Einfluss auf die Häufigkeit der Kommunikation über Politik. Der Einfluss war bei den weiblichen Jugendlichen etwas stärker, obgleich der Geschlechtsunterschied nicht signifikant war.

Zusammenfassend kann festgehalten werden, dass die Qualität der Beziehung nicht bei allen Bezugspersonen einen Einfluss auf die Häufigkeit der Kommunikation über Politik hatte. Mit Freunden wurde über Politik diskutiert, egal ob diese besonders wichtige oder weniger wichtige Bezugspersonen für die Jugendlichen darstellten. Für die Häufigkeit der Kommunikation über Politik mit dem/r besten Freund/in spielte die Qualität der Beziehung bei den weiblichen Jugendlichen keine, bei den männlichen Jugendlichen dagegen eine über die Zeit hinweg abnehmende Rolle. Der fehlende Einfluss bei den weiblichen Jugendlichen könnte darauf zurückzuführen sein, dass mit der besten Freundin insgesamt nur selten über Politik gesprochen wurde. Auf ähnliche Weise ließe sich der nur schwache Einfluss der Wichtigkeit der Mutter auf die Häufigkeit der Kommunikation über Politik mit der Mutter bei den männlichen Jugendlichen erklären. Deutlich eine Rolle spielte die Qualität der Beziehung bei den weiblichen Jugendlichen für die Häufigkeit der Kommunikation über Politik mit der Mutter und bei beiden Geschlechtern für die Häufigkeit der Kommunikation über Politik dem Vater und mit der/m festen Freund/in.

8.5 Der Einfluss der Exploration in den verschiedenen Kontexten auf das politische Interesse

In diesem Abschnitt wird in querschnittlichen Analysen der Einfluss der Häufigkeit der Exploration in den verschiedenen Kontexten auf das politische Interesse der Jugendlichen überprüft. Um folgende Fragen geht es dabei (vgl. Abschnitt 6.4):

– Unklar war, ob die Exploration im Kontext des Elternhauses oder die Exploration im Kontext der Gleichaltrigenwelt stärker das politische Interesse der Jugendlichen beeinflusst.
– Ebenfalls unklar war, ob die Exploration im Kontext des Elternhauses einen stärkeren Einfluss auf das politische Interesse der Jugendlichen hat als die Exploration im Kontext des Schulunterrichts.
– Am stärksten wird vermutlich der Einfluss der Exploration im Kontext von Massenmedien auf das politische Interesse der Jugendlichen sein. Dies würde den Selbstberichten der Jugendlichen entsprechen.
– Wenn die Gleichaltrigen für die Jugendlichen zu zunehmend wichtigeren Gesprächspartnern im Vergleich zu den Eltern werden, nimmt der Einfluss der Exploration im Kontext der Gleichaltrigenwelt auf das politische Interesse der Jugendlichen möglicherweise mit der Zeit zu und der Einfluss der Exploration im Kontext des Elternhauses ab.

- Der Einfluss der Mitarbeit im Schulunterricht auf das politische Interesse der Jugendlichen könnte aufgrund des besonders hohen Informationsgehaltes, den dieser während des Wahlkampfes und der Bundestagswahl für die Jugendlichen gehabt haben dürfte, zu den letzten beiden Messzeitpunkten höher liegen als zu den ersten beiden.
- Zu erwarten ist außerdem ein stärkerer Einfluss der Exploration im Kontext von Massenmedien auf das politische Interesse bei den männlichen Jugendlichen im Vergleich zu den weiblichen Jugendlichen. Inwieweit sich Geschlechtsunterschiede für den Einfluss der anderen Kontexte ergeben könnten, blieb eine offene Frage.

In einem ersten Schritt wurden für jeden Kontext einzeln einfache Regressionsanalysen berechnet, mit der Häufigkeit der Exploration in den jeweiligen Kontexten als unabhängiger und dem politischen Interesse als abhängiger Variable. Die Vorgehensweise war ähnlich, wie im vorangegangenen Abschnitt beschrieben. Die Modelle wurden wieder mit dem Strukturgleichungsprogramm AMOS berechnet und bezogen jeweils acht Untergruppen ein (4 Messzeitpunkte x 2 Geschlechtsgruppen). Für jede Untergruppe wurde eine Varianz-Kovarianzmatrix eingelesen. Im ersten Schritt wurde geprüft, ob sich die Varianz-Kovarianzmatrizen über die Messzeitpunkte hinweg gleichsetzen ließen. Sofern sich keine signifikante Verschlechterung in der Modellanpassung ergab, wurden im zweiten Schritt zusätzlich die Regressionsgewichte über die Geschlechtsgruppen hinweg auf signifikante Unterschiede geprüft.

Tabelle 8 dokumentiert die Ergebnisse. Sofern die Varianz-Kovarianzmatrizen über die Messzeitpunkte hinweg gleichgesetzt werden konnten, wurden die Beta-Gewichte des restringierten Modells für die männlichen und weiblichen Jugendlichen dargestellt. Inwieweit sich die Beta-Gewichte der männlichen und weiblichen Jugendlichen unterscheiden, ist dem entsprechenden Signifikanztest in der Tabelle zu entnehmen.

In allen Modellen konnten die Varianz-Kovarianzmatrizen über die vier Messzeitpunkte hinweg gleichgesetzt werden, ohne dass sich eine signifikante Verschlechterung in der Modellanpassung ergab. Inhaltlich bedeutet das, dass sich weder die Varianzen der Variablen noch die Regressionsgewichte über den Untersuchungszeitraum hinweg signifikant veränderten. Signifikante Geschlechtsunterschiede für die Regressionsgewichte ergaben sich im Modell für den Vater, im Modell für die Mitschüler, im Modell für den Unterricht und im Modell für die Medien. In allen diesen Fällen lagen die Regressionsgewichte bei den männlichen Jugendlichen höher als bei den weiblichen Jugendlichen.

Tabelle 8: Einfluss der Häufigkeit der Exploration in den verschiedenen Kontexten auf das politische Interesse (einfache Regressionen, Berechnung mit AMOS, Modelle mit jeweils acht Untergruppen)

Modell Restriktion über ...	Änderung in der Modellanpassung			Beta-Gewichte in den Untergruppen	
	Δ chi²	Δ df	p		
Mutter					
Messzeitpunkte	12.80	18	.803	männlich	.27***
Geschlecht	0.02	1	.902	weiblich	.35***
Vater					
Messzeitpunkte	8.95	18	.961	männlich	.44***
Geschlecht	8.02	1	.005	weiblich	.38***
beste/r Freund/in					
Messzeitpunkte	10.10	18	.929	männlich	.45***
Geschlecht	2.67	1	.102	weiblich	.41***
Freunde					
Messzeitpunkte	8.45	18	.971	männlich	.45***
Geschlecht	2.05	1	.153	weiblich	.47***
Mitschüler					
Messzeitpunkte	14.87	18	.671	männlich	.42***
Geschlecht	19.38	1	.000	weiblich	.29***
feste/r Freund/in[1]					
Messzeitpunkte	3.14	12	.994	männlich	.31***
Geschlecht	0.30	1	.582	weiblich	.43***
Unterricht					
Messzeitpunkte	10.00	18	.932	männlich	.50***
Geschlecht	28.06	1	.000	weiblich	.34***
Medien					
Messzeitpunkte	15.27	18	.643	männlich	.61***
Geschlecht	19.60	1	.000	weiblich	.51***

1 Dieses Modell hat nur sechs Untergruppen, weil die Häufigkeit von Gesprächen über Politik mit dem/r festen Freund/in zum ersten Messzeitpunkt nicht erhoben wurde.
Signifikanzniveau der Regressionsgewichte: *** $p < .001$, ** $p < .01$, * $p < .05$, + $p < .10$.

Die stärksten Beta-Gewichte ergaben sich für beide Geschlechter im Modell für die Massenmedien. Ebenfalls hohe Beta-Gewichte zeigten sich für beide Geschlechter im Modell für den/die beste/n Freund/in und die Freunde sowie im Modell für den Vater. Bei den männlichen Jugendlichen ergaben sich außerdem hohe Beta-Gewichte im Modell für die Mitschüler und den Unterricht, bei den weiblichen Jugendlichen im Modell für den festen Freund. Weniger hoch fielen die Beta-Gewichte für beide Geschlechter im Modell für die Mutter aus.[57]

In einem zweiten Schritt wurde der Einfluss der Häufigkeit der Exploration in den verschiedenen Kontexten auf das politische Interesse der Jugendlichen mittels einer multiplen Regressionsanalyse berechnet. In multiplen Regressionsanalysen wird der Einfluss von unabhängigen Variablen auf die abhängige Variable unter der Kontrolle des Einflusses der anderen unabhängigen Variablen geprüft. Multiple Regressionsanalysen sind somit besser geeignet als einfache Regressionsanalysen, die Frage nach dem stärksten Zusammenhang zwischen der Exploration in den verschiedenen Kontexten und dem politischen Interesse der Jugendlichen zu beantworten.

Auch die multiple Regressionsanalyse wurde mit dem Strukturgleichungsprogramm AMOS berechnet. Wiederum wurden jeweils acht Untergruppen berücksichtigt (4 Messzeitpunkte x 2 Geschlechtsgruppen). Die Vorgehensweise war dieselbe wie bei den einfachen Regressionsanalysen. Im ersten Schritt wurde geprüft, ob sich die Varianz-Kovarianzmatrizen über die vier Messzeitpunkte hinweg gleichsetzen ließen und anschließend wurden die einzelnen Regressionsgewichte auf Geschlechtsunterschiede getestet.

Die Berechnung des Modells setzt voraus, dass für die Exploration in allen Kontexten gültige Werte vorliegen. Da die Angaben zur Kommunikation mit der/m festen Freund/in zum ersten Messzeitpunkt nicht erhoben wurden und zudem ein großer Teil der Jugendlichen keine/n feste/n Freund/in hatte, wurde die Kommunikation mit der/m festen Freund/in nicht in die Analysen einbezogen. Der erste Teil von Tabelle 9 stellt das über die vier Messzeitpunkte hinweg restringierte Modell für die männlichen und weiblichen Jugendlichen dar. Durch die Gleichsetzung der Varianz-Kovarianzmatrizen

---

57 Zu beachten ist, dass in den Modellen die nicht-standardisierten Regressionsgewichte (B-Gewichte) über die Geschlechtsgruppen hinweg gleichgesetzt wurden. Diese weichen zum Teil erheblich von den dargestellten standardisierten Beta-Gewichten ab. In die standardisierten Beta-Gewichte gehen die Varianzen der unabhängigen und der abhängigen Variablen ein. Signifikant höhere Varianzen lagen bei den männlichen Jugendlichen beim politischen Interesse, bei der Kommunikation über Politik mit dem Vater, mit dem besten Freund und mit den Freunden, bei der Mitarbeit im Unterricht und bei der Nutzung von Massenmedien vor.

über die vier Messzeitpunkte hinweg ergab sich keine signifikante Verschlechterung in der Modellanpassung (Δ chi2 = 234.85, Δ df = 216, p 0 .180). In diesem ersten Modell fällt auf, dass das Regressionsgewicht von der Häufigkeit der Kommunikation über Politik mit den Mitschülern auf das politische Interesse bei den männlichen Jugendlichen fast gleich Null ist und bei den weiblichen Jugendlichen ein negatives Vorzeichen trägt. Da in den einfachen Regressionen der Einfluss der Häufigkeit der Kommunikation über Politik mit den Mitschülern auf das politische Interesse der weiblichen Jugendlichen positiv war, ist es wahrscheinlich, dass das negative Vorzeichen auf Multikollinearitäten mit den anderen unabhängigen Variablen zurückzuführen ist. Darüber hinaus stellt sich die Frage, inwieweit die Kommunikation über Politik mit den Mitschülern in beiden Geschlechtsgruppen überhaupt einen eigenen Erklärungswert für das politische Interesse hat.

Tabelle 9: Einfluss der Häufigkeit der Exploration in den verschiedenen Kontexten auf das politische Interesse (multiple Regressionen, Berechnung mit AMOS, Modelle mit jeweils acht Untergruppen)

	Modell mit Mitschülern					Modell ohne Mitschüler				
	Beta-Gewichte		Restriktion über Geschlecht			Beta-Gewichte		Restriktion über Geschlecht		
Explorationskontext	männlich	weiblich	Δ chi^2	Δ df	p	männlich	weiblich	Δ chi^2	Δ df	p
Mutter	.01	.07**	1.12	1	.291	.01	.07**	1.32	1	.251
Vater	.14***	.14***	0.37	1	.543	.14***	.13***	0.59	1	.444
beste/r Freund/in	.06	.10***	0.55	1	.456	.06	.10***	0.50	1	.478
Freunde	.14***	.22***	0.75	1	.387	.15***	.18***	0.03	1	.868
Mitschüler	.01	-.09***	3.70	1	.054					
Unterricht	.24***	.15***	9.87	1	.002	.24***	.12***	14.7	1	.000
Medien	.38***	.35***	4.00	1	.045	.38***	.34***	4.78	1	.029
R^2	.51	.42				.51	.42			

Modellanpassung für über die vier Messzeitpunkte restringierte Modelle: Modell mit Mitschülern chi^2 = 234.85, df = 216, p = .180; Modell ohne Mitschüler chi^2 = 158.51, df = 168, p = .688. Signifikanzniveau der Regressionsgewichte: *** p < .001 , ** p < .01, * p < .05, $^+$ p < .10.

Um diese Frage zu prüfen, wurde ein zweites multiples Regressionsmodell ohne die Kommunikation mit den Mitschülern berechnet. Das Ergebnis dieses Modells ist im zweiten Teil der Tabelle 9 dargestellt. Der Vergleich der erklärten Varianz (R^2) der beiden Modelle zeigt, dass mit beiden Modellen gleich viel Varianz erklärt wird. Demnach hat die Kommunikation mit den Mitschülern tatsächlich keinen eigenen Erklärungswert für das politische Interesse der Jugendlichen. Die folgende Beschreibung bezieht sich deshalb auf das zweite Modell ohne die Berücksichtigung von Mitschülern.

Wie in den einfachen Regressionen, so ergaben sich auch in der multiplen Regression die stärksten Beta-Gewichte in beiden Geschlechtsgruppen für die Nutzung von Massenmedien. Bei den männlichen Jugendlichen lag das zweitstärkste Beta-Gewicht bei der Mitarbeit im Schulunterricht. Deutlich niedriger als in den einfachen Regressionen fielen bei den männlichen Jugendlichen in der multiplen Regression die Beta-Gewichte für die Kommunikation mit den Freunden und für die Kommunikation mit dem Vater aus. Nicht signifikant von Null verschieden waren die Beta-Gewichte für die Kommunikation mit dem besten Freund und für die Kommunikation mit der Mutter.

Bei den weiblichen Jugendlichen lag das zweitstärkste Beta-Gewicht bei der Kommunikation mit den Freunden. Am dritt- und am viertstärksten fielen die Beta-Gewichte für die Kommunikation mit dem Vater und für die Mitarbeit im Schulunterricht aus. Im Unterschied zu den männlichen Jugendlichen ergaben sich bei den weiblichen Jugendlichen signifikant von Null verschiedene Beta-Gewichte für die Kommunikation mit der besten Freundin und für die Kommunikation mit der Mutter.

Signifikante Geschlechtsunterschiede ergaben sich für die Regressionsgewichte der Mitarbeit im Schulunterricht und der Nutzung von Massenmedien. In beiden Fällen fiel der Einfluss auf das politische Interesse bei den männlichen Jugendlichen stärker aus.

Um den Kontext Elternhaus besser mit dem Kontext Gleichaltrigenwelt vergleichen zu können, wurde ein weiteres multiples Regressionsmodell berechnet, in dem jeweils die Kommunikation mit dem Vater und der Mutter und die Kommunikation mit dem/r besten Freund/in und mit den Freunden zusammengefasst wurde. Tabelle 10 dokumentiert sowohl die einfachen Regressionen für die zusammengefassten Kontexte als auch das multiple Regressionsmodell.

Auch in dieser zusammengefassten Version blieb in beiden Geschlechtsgruppen der Einfluss der Nutzung von Massenmedien am stärksten ausgeprägt. Bei den männlichen Jugendlichen ging der zweitstärkste Einfluss von der Mitarbeit im Schulunterricht aus, bei den weiblichen Jugendlichen von der Kommunikation mit Gleichaltrigen. An dritter Stelle lag bei den männlichen Jugendlichen die Kommunikation mit den Gleichaltrigen, bei den weiblichen Jugendlichen dagegen die Kommunikation mit den Eltern. Den schwächsten Einfluss hatte bei den männlichen Jugendlichen die Kommunikation mit den Eltern und bei den weiblichen Jugendlichen die Mitarbeit im Schulunterricht.

Tabelle 10: Einfluss der Häufigkeit der Exploration in den verschiedenen Kontexten auf das politische Interesse (einfache und multiple Regressionen für zusammengefasste Kontexte, Berechnung mit AMOS, Modelle mit jeweils acht Untergruppen)

	Einfache Regressionen					Multiple Regression				
	Beta-Gewichte		Restriktion über Geschlecht			Beta-Gewichte		Restriktion über Geschlecht		
Explorations-kontext	männ-lich	weib-lich	Δ chi2	Δ df	p	männ-lich	weiblich	Δ chi2	Δ df	p
Eltern	.42***	.42***	3.56	1	.059	.13***	.18***	0.15	1	.700
Gleichaltrige	.48***	.49***	1.10	1	.295	.19***	.26***	1.14	1	.285
Unterricht	.50***	.34***	28.1	1	.000	.25***	.13***	16.3	1	.000
Medien	.61***	.51***	19.6	1	.000	.39***	.34***	5.37	1	.020
R^2						.51	.42			

Modellanpassung für über vier Messzeitpunkte restringierte Modelle: Eltern $chi^2 = 9.09$, df = 18, p = .958; Gleichaltrige $chi^2 = 10.95$, df = 18, p = .896; Unterricht $chi^2 = 10.00$, df = 18, p = .932; Medien $chi^2 = 15.27$, df = 18, p = .643; Multiples Modell $chi^2 = 78.08$, df = 90, p = .811.
Signifikanzniveau der Beta-Gewichte: *** p < .001 , ** p < .01, * p < .05, $^+$ p < .10.

Obgleich bei den weiblichen Jugendlichen die Beta-Gewichte für die Kommunikation mit den Eltern und die Kommunikation mit den Gleichaltrigen etwas höher lagen als bei den männlichen Jugendlichen, zeigten sich signifikante Geschlechtsunterschiede nur für die Mitarbeit im Schulunterricht und die Nutzung von Massenmedien. In beiden Fällen lagen die Beta-Gewichte bei den männlichen Jugendlichen höher.[58]

Zusammenfassung

Der stärkste Einfluss auf das politische Interesse der Jugendlichen zeigte sich in beiden Geschlechtsgruppen für die Häufigkeit der Nutzung von Massenmedien. Für diesen Einfluss ergab sich außerdem ein signifikanter Geschlechtsunterschied. Die Häufigkeit der Nutzung von Massenmedien hatte bei den männlichen Jugendlichen einen signifikant stärkeren Einfluss auf das politische Interesse als bei den weiblichen Jugendlichen.

Bei den männlichen Jugendlichen folgte als zweitstärkster Einfluss die Häufigkeit der der Mitarbeit im Schulunterricht bei politischen Themen. Bei den weiblichen Jugendlichen lag der zweitstärkste Einfluss bei der Häufigkeit der Kommunikation über Politik mit Gleichaltrigen.

---

58 Hier ist wieder zu beachten, dass in AMOS-Modellen die nicht-standardisierten Regressionsgewichte (B-Gewichte) über die Geschlechtsgruppen hinweg gleichgesetzt werden. Diese weichen etwas von den dargestellten standardisierten Beta-Gewichten ab.

Der Einfluss der Häufigkeit der Mitarbeit im Schulunterricht auf das politische Interesse war bei den weiblichen Jugendlichen signifikant schwächer ausgeprägt als bei den männlichen Jugendlichen. Dies hatte zur Folge, dass die Häufigkeit der Mitarbeit im Schulunterricht bei den weiblichen Jugendlichen den vergleichsweise schwächsten Einfluss auf das politische Interesse hatte. Den schwächsten Einfluss bei den männlichen Jugendlichen hatte die Häufigkeit der Kommunikation über Politik mit den Eltern.

Bei der differenzierten Betrachtung der Gleichaltrigen zeigte sich in der multiplen Regression bei den männlichen Jugendlichen lediglich ein signifikanter Einfluss für die Häufigkeit der Kommunikation mit Freunden. Der Einfluss der Häufigkeit der Kommunikation über Politik mit den besten Freunden war nicht signifikant. Bei den weiblichen Jugendlichen dagegen ergab sich ein signifikanter Einfluss sowohl für die Häufigkeit der Kommunikation über Politik mit den Freunden als auch – etwas schwächer ausgeprägt – für die Häufigkeit der Kommunikation über Politik mit der besten Freundin. Für die Häufigkeit der Kommunikation über Politik mit den Mitschülern zeigte sich in den einfachen Regressionen in beiden Geschlechtsgruppen ein signifikanter Einfluss. Dieser fiel zudem bei den männlichen Jugendlichen signifikant stärker aus als bei den weiblichen Jugendlichen. In der multiplen Regression hatte die Häufigkeit der Kommunikation über Politik mit den Mitschülern jedoch keinen eigenen Erklärungswert mehr.

Bei der differenzierten Betrachtung der Eltern zeigten sich in den einfachen Regressionen sowohl für die Häufigkeit der Kommunikation über Politik mit der Mutter als auch für die Häufigkeit der Kommunikation über Politik mit dem Vater signifikante Einflüsse. Darüber hinaus erwies sich der Einfluss der Häufigkeit der Kommunikation über Politik mit dem Vater bei den männlichen Jugendlichen als signifikant stärker ausgeprägt als bei den weiblichen Jugendlichen. In der multiplen Regression war bei den männlichen Jugendlichen nur noch der Einfluss der Häufigkeit der Kommunikation über Politik mit dem Vater signifikant. Bei den weiblichen Jugendlichen war der Einfluss der Häufigkeit der Kommunikation über Politik mit beiden Elternteilen signifikant, zudem lag der Einfluss der Häufigkeit der Kommunikation über Politik mit der Mutter etwas höher als der Einfluss der Häufigkeit der Kommunikation über Politik mit dem Vater. In der multiplen Regression ergaben sich keine signifikanten Geschlechtsunterschiede mehr.

Insgesamt wurde bei den männlichen Jugendlichen durch die Exploration in den verschiedenen Kontexten mehr Varianz im politischen Interesse aufgeklärt als bei den weiblichen Jugendlichen. Möglicherweise läge die erklärte Varianz bei den weiblichen

Jugendlichen etwas höher, wenn die Häufigkeit der Kommunikation über Politik mit dem festen Freund hätte einbezogen werden können. Eine weitere Ursache für die niedrigere Erklärungskraft des Modells dürfte allerdings in der niedrigeren Reliabilität der Messung des politischen Interesses bei den weiblichen Jugendlichen zu suchen sein (vgl. Methodenteil).

Diskussion

Eine der eingangs gestellten Fragen richtete sich auf den Vergleich des Einflusses der Exploration im Kontext des Elternhauses mit dem Einfluss der Exploration im Kontext der Gleichaltrigenwelt. Der Forschungsüberblick zeigte, dass normalerweise wohl die Eltern im Vergleich zu den Gleichaltrigen den stärkeren Einfluss auf die politischen Orientierungen von Kindern und Jugendlichen haben. In einer Untersuchung von Oswald und Völker (1973) fanden sich jedoch Hinweise, dass gerade das politische Interesse stärker durch die Gleichaltrigen beeinflusst sein könnte.

Das Ergebnis der vorliegenden Untersuchung spricht ebenfalls dafür, dass die Gleichaltrigen einen stärkeren Einfluss auf das politische Interesse von Jugendlichen haben. Für die Exploration im Kontext der Gleichaltrigenwelt ergaben sich stärkere Beta-Gewichte auf das politische Interesse der Jugendlichen als für die Exploration im Kontext des Elternhauses. Das Ergebnis beruht allerdings auf einer Stichprobe von 16- bis 19-jährigen Gymnasiasten und ist somit nicht auf jüngere Altersgruppen oder auf Jugendliche mit niedrigerem Bildungsniveau verallgemeinerbar. Gerade in jüngeren Altersgruppen könnte der Einfluss der Exploration im Kontext des Elternhauses noch größer sein als derjenige der Exploration im Gleichaltrigenkontext.

Die zweite der eingangs gestellten Fragen bezog sich auf den Einfluss der Schule im Vergleich zum Einfluss des Elternhauses auf das politische Interesse der Jugendlichen. Die Schule bildet die einzige Sozialisationsinstanz, der ausdrücklich die Aufgabe der Erziehung zum kritisch mündigen Bürger zugewiesen wird und die systematisch politisches Wissen vermittelt. Vor dem Hintergrund der bisherigen Forschung konnte angenommen werden, dass die Eltern zwar stärker als die Schule die politisch-ideologischen Positionen von Jugendlichen prägen, auf das politische Interesse von Jugendlichen könnte aber durchaus die Schule einen stärkeren Einfluss haben.

Gemäß den Ergebnissen findet die Frage, ob die Schule oder das Elternhaus den stärkeren Einfluss auf das politische Interesse der Jugendlichen hat, in der vorliegenden Untersuchung bei männlichen und weiblichen Jugendlichen eine unterschiedliche Antwort. Bei den männlichen Jugendlichen zeigte sich ein stärkeres Beta-Gewicht für den Einfluss der Häufigkeit der Mitarbeit im Schulunterricht auf ihr politisches Interesse im Vergleich zum Einfluss der Häufigkeit der Kommunikation über Politik mit den Eltern. Bei den weiblichen Jugendlichen war das Verhältnis umgekehrt: Die Häufigkeit der Kommunikation mit den Eltern hatte einen stärkeren Einfluss auf das politische Interesse als die Häufigkeit der Mitarbeit im Schulunterricht. Für den Einfluss der Häufigkeit der Mitarbeit im Schulunterricht ergab sich zudem ein signifikanter Geschlechtsunterschied: Das Beta-Gewicht lag bei den weiblichen Jugendlichen deutlich niedriger als bei den männlichen Jugendlichen. Offenbar förderte die Mitarbeit im Schulunterricht bei den weiblichen Jugendlichen das politische Interesse nicht in gleichem Maße wie bei den männlichen Jugendlichen.

Gemäß den Selbstberichten von Jugendlichen sollte das politische Interesse am stärksten durch die Exploration im Kontext von Massenmedien beeinflusst sein. Diese These bestätigte sich für beide Geschlechtsgruppen, denn in beiden Geschlechtsgruppen lagen die jeweils höchsten Beta-Gewichte bei der Häufigkeit der Nutzung von Massenmedien zur politischen Information. Darüber hinaus ergab sich auch für die Häufigkeit der Nutzung von Massenmedien ein signifikanter Geschlechtsunterschied: Bei den weiblichen Jugendlichen lagen die Beta-Gewichte etwas niedriger als bei den männlichen Jugendlichen. Die männlichen Jugendlichen schienen demnach nicht nur von der Exploration im Kontext des Schulunterrichts, sondern außerdem auch von der Exploration im Kontext von Massenmedien stärker zu profitieren als die weiblichen Jugendlichen.

Zwei weitere Thesen bezogen sich auf mögliche Veränderungen in der Einflusskonstellation über den Untersuchungszeitraum hinweg. Vermutet wurde zum Einen ein Zuwachs des Einflusses der Exploration im Kontext der Gleichaltrigenwelt bei gleichzeitiger Abnahme des Einflusses der Exploration im Kontext des Elternhauses. Zum Zweiten wurde angenommen, dass der Einfluss der Mitarbeit im Schulunterricht auf das politische Interesse zu den beiden letzten Messzeitpunkten höher liegen könnte als zu den ersten beiden Messzeitpunkten. Die Ergebnisse bestätigen jedoch weder die eine noch die andere These. In allen Modellen ließen sich die Varianz-Kovarianzmatrizen über die vier Messzeitpunkte hinweg gleichsetzen, ohne dass sich eine signifikante Verschlechterung in der jeweiligen Modellanpassung ergab. Somit waren keine signifikanten Veränderungen in der Einflusskonstellation zu verzeichnen.

Im Gegensatz zum Einfluss der Mitarbeit im Schulunterricht bei politischen Themen und der Nutzung von Massenmedien zur politischen Information ergaben sich für den Einfluss der Kommunikation über Politik mit den Eltern und mit den Gleichaltrigen keine Geschlechtsunterschiede. Weibliche Jugendliche profitierten demnach in etwa gleichem Maße wie die männlichen Jugendlichen von der Exploration im Kontext des Elternhauses und der Gleichaltrigenwelt.

8.6 Die Wichtigkeit von Bezugspersonen als moderierender Faktor

Nachdem im vorigen Abschnitt der Einfluss der Exploration in den verschiedenen Kontexten auf das politische Interesse der Jugendlichen dargestellt wurde, soll in diesem Abschnitt die Frage untersucht werden, ob der Einfluss der Häufigkeit der Kommunikation über Politik mit einer bestimmten Bezugspersonen von der Wichtigkeit der jeweiligen Bezugsperson abhängt. Die These dazu lautet:
– Je wichtiger die Bezugsperson, desto stärker ist der Einfluss von Gesprächen und Auseinandersetzungen über Politik mit dieser Person auf das politische Interesse der Jugendlichen.

Wiederum wurden die Analysen mit dem Strukturgleichungsprogramm AMOS durchgeführt. Es wurden getrennte Modelle für jede Bezugsperson berechnet.[59] Die Variablen für die Wichtigkeit der Bezugspersonen wurden dichotomisiert: Werte kleiner/gleich 4 wurden zusammengefasst zur Gruppe „Bezugsperson weniger wichtig", der höchste Wert 5 bildete die Gruppe „Bezugsperson sehr wichtig".[60] Jedes Modell bezog 16 Untergruppen ein (4 Messzeitpunkte x 2 Gruppen für die Wichtigkeit der Bezugsperson x 2 Geschlechtsgruppen).

Für jedes Modell wurde zunächst geprüft, ob sich die Varianz-Kovarianz-Matrizen über die vier Messzeitpunkte hinweg gleichsetzen ließen. Im zweiten Schritt wurden dann die Regressionskoeffizienten jeweils innerhalb der Geschlechtsgruppen über die beiden Untergruppen „Bezugsperson sehr wichtig" und „Bezugsperson weniger wichtig" gleichgesetzt und auf diese Weise auf signifikante Unterschiede geprüft. Tabelle 11 dokumentiert die Ergebnisse.

---

59 Für die Mitschüler wurde kein Modell berechnet, da die Wichtigkeit von Mitschülern nicht erhoben wurde.
60 Die Dichotomisierung wurde auf diese Weise vorgenommen, weil nur so gewährleistet war, dass die Fallzahlen in den einzelnen Gruppen noch ausreichend groß sind.

Tabelle 11: Wichtigkeit von Bezugspersonen als Moderator für den Einfluss der Häufigkeit der Kommunikation über Politik mit Bezugspersonen auf politisches Interesse (Einfache Regressionen, Berechnung mit AMOS, Modelle mit jeweils 16 Untergruppen)

Modell	Änderung der Modellanpassung			Beta-Gewichte in den Untergruppen		
Restriktion über ...	Δ chi²	Δ df	p	Gruppe	männlich	weiblich
Mutter						
Messzeitpunkte	35.92	36	.473		männlich	weiblich
Wichtigkeit (männlich)	0.02	1	.902	sehr wichtig	.27***	.40***
Wichtigkeit (weiblich)	2.02	1	.155	weniger wichtig	.26***	.30***
Vater						
Messzeitpunkte	21.80	36	.970		männlich	weiblich
Wichtigkeit (männlich)	2.36	1	.125	sehr wichtig	.54***	.49***
Wichtigkeit (weiblich)	17.86	1	.000	weniger wichtig	.38***	.29***
beste/r Freund/in						
Messzeitpunkte	32.10	36	.654		männlich	weiblich
Wichtigkeit (männlich)	1.29	1	.257	sehr wichtig	.44***	.44***
Wichtigkeit (weiblich)	0.10	1	.756	weniger wichtig	.46***	.38***
Freunde						
Messzeitpunkte	30.81	36	.714		männlich	weiblich
Wichtigkeit (männlich)	1.37	1	.241	sehr wichtig	.47***	.52***
Wichtigkeit (weiblich)	0.56	1	.455	weniger wichtig	.44***	.43***
feste/r Freund/in[1]						
Messzeitpunkte	22.36	24	.558		männlich	weiblich
Wichtigkeit (männlich)	4.47	1	.034	sehr wichtig	.43***	.48***
Wichtigkeit (weiblich)	1.96	1	.162	weniger wichtig	.17***	.36***

1 Diese Modell hat nur 12 Untergruppen, weil die Häufigkeit von Gesprächen über Politik mit dem/r festen Freund/in zum ersten Messzeitpunkt nicht erhoben wurde.
Signifikanzniveau der Beta-Gewichte: *** $p < .001$, ** $p < .01$, * $p < .05$, + $p < .10$.

In allen Modellen ließen sich die Varianz-Kovarianzmatrizen über die vier Messzeitpunkte hinweg gleichsetzen, ohne dass sich eine signifikante Verschlechterung in der Modellanpassung ergab. Die zusätzliche Gleichsetzung der Regressionsgewichte über die beiden Gruppen „Bezugsperson sehr wichtig" versus „Bezugsperson weniger wichtig" führte nur in zwei Fällen zu einer signifikanten Verschlechterung der Modellanpassung: Zum einen bei den weiblichen Jugendlichen im Modell für den Vater und zum anderen bei den männlichen Jugendlichen im Modell für die feste Freundin. In beiden Fällen erwies sich der Einfluss der Häufigkeit der Kommunikation über Politik auf das politische Interesse als signifikant stärker, wenn die jeweilige Bezugsperson sehr wichtig war. Zusätzlich zeigten sich Tendenzen in entsprechender Richtung bei den weiblichen Jugendlichen im Modell für die Mutter und im Modell für den festen Freund sowie bei den männlichen Jugendlichen im Modell für den Vater.

Festgehalten werden kann, dass die Wichtigkeit der Bezugsperson nur in manchen Fällen den Einfluss der Häufigkeit der Kommunikation über Politik auf das politische Interesse der Jugendlichen moderiert. Die Wichtigkeit der Bezugsperson spielt vor allem für den Einfluss der Kommunikation mit dem Vater und mit dem festen Freund bzw. der festen Freundin eine Rolle sowie bei den weiblichen Jugendlichen für den Einfluss der Kommunikation mit der Mutter. Der Einfluss der Kommunikation mit den besten Freunden und den Freunden dagegen scheint eher unabhängig von der Qualität der Beziehung zu sein.

8.7 Die Entwicklung des politischen Interesses als rekursiver Prozess

Alle Modelle in den vorangegangenen Analysen unterstellten querschnittliche einseitige Einflüsse von der Häufigkeit der Exploration in den verschiedenen Kontexten auf das politische Interesse der Jugendlichen. Längsschnittliche Informationen waren nur insofern einbezogen, als die querschnittlichen Einflüsse auf Veränderungen über die vier Messzeitpunkte hinweg überprüft wurden. Wie im Methodenteil dargelegt wurde, ist es nicht zulässig, querschnittlich berechnete Einflüsse als Einflüsse im Sinne von Ursache und Wirkung zu interpretieren. Hinter den querschnittlich berechneten Einflüssen können sich sowohl Scheinzusammenhänge als auch Einflüsse in die andere Richtung bzw. wechselseitige Einflüsse verbergen. Im Falle von wechselseitigen Einflüssen wird auch von rekursiven Prozessen gesprochen.[61]

Im Folgenden soll anhand von längsschnittlich angelegten Kreuzpfadmodellen geprüft werden, inwieweit es sich bei den querschnittlich berechneten Einflüssen von der Häufigkeit der Exploration in den verschiedenen Kontexten auf das politische Interesse um

---

61 Um einen rekursiven Prozess handelt es sich, wenn eine Variable X zu einem gegebenen Zeitpunkt eine Variable Y beeinflusst, und die Variable Y mit einem mehr oder weniger großen Zeitabstand wieder auf Variable X zurückwirkt. Variable X beeinflusst dann wiederum Variable Y, diese wirkt wieder zurück auf Variable X, usw. (vgl. Opp & Schmidt, 1976, S. 264).

einseitige Einflüsse oder um Wechselwirkungsprozesse handelt. Darüber hinaus soll die Frage beantwortet werden, ob es sich überhaupt um kausal interpretierbare Einflüsse handelt.

- Hat die Exploration im Kontext von Massenmedien einen kausal interpretierbaren Effekt auf das politische Interesse?
- Lässt sich für die Mitarbeit im Schulunterricht ein positiver, kausal interpretierbarer Effekt auf das politische Interesse der Jugendlichen feststellen?
- Wie sieht es für die Exploration im Kontext des Elternhauses und der Gleichaltrigenwelt aus und welche Geschlechtsunterschiede ergeben sich?

Kreuzpfadmodelle bestehen aus simultan berechneten Regressionsanalysen, wobei die unabhängige Variable der einen Regression jeweils die abhängige Variable der anderen Regression bildet. Durch die Berücksichtigung der zeitlichen Dimension werden zwei wesentliche Voraussetzungen für kausale Interpretationen erfüllt: Zum einen ist das Modell so angelegt, dass die jeweils unabhängige Variable (Ursache) der abhängigen Variable (Wirkung) zeitlich vorausgeht. Zum anderen gewährleistet die Kontrolle der Stabilitäten (idealerweise) die vollständige Kontrolle des Einflusses von Drittvariablen (vgl. dazu Methodenteil). Signifikante Kreuzpfadkoeffizienten können somit als Wirkungen oder Einflüsse in kausalem Sinne interpretiert werden.

Als Voraussetzung für die Abbildung von kausal interpretierbaren Einflüssen gilt, dass die Messabstände so gewählt sein müssen, dass sich im Zeitraum dazwischen Veränderungen in den abhängigen Variablen ergeben. Die vorliegenden einjährigen Abstände dürften ausreichend groß sein, um Veränderungen sowohl im Explorationsverhalten als auch im politischen Interesse der Jugendlichen zuzulassen. Auch der kürzere, nur etwa achtmonatige Abstand zwischen den letzten beiden Messzeitpunkten dürfte in diesem Sinne kein Problem darstellen, denn zwischen den letzten beiden Messzeitpunkten fand die Bundestagswahl von 1998 statt, die ja entsprechend den dargestellten Entwicklungsverläufen eine besonders stimulierende Wirkung sowohl auf die Häufigkeit der Exploration als auch auf das politische Interesse hatte.

Die Kreuzpfadmodelle wurden für jeden Kontext einzeln berechnet. Bei der Modellbildung wurde folgendermaßen vorgegangen (vgl. Engel & Reinecke, 1994, S. 29ff): Zunächst wurde ein Grundmodell getestet, das (1) die Kovarianz der beiden exogenen Variablen (das politische Interesse der Jugendlichen und die Häufigkeit der Exploration im jeweiligen Kontext zum ersten Messzeitpunkt), (2) die Längsschnittpfade zwischen den jeweils aufeinander folgenden Messzeitpunkten für die wiederholt gemessenen Variablen politisches Interesse und Häufigkeit der Exploration im jeweiligen Kontext sowie (3) die um jeweils einen Messzeitpunkt verzögerten Kreuzpfade in beide Richtungen enthielt (vgl. Abbildung 3 im Methodenteil). Dieses Grundmodell erklärte in der Regel die längsschnittlichen Daten noch nicht hinreichend gut, um als Interpretationsgrundlage akzeptiert werden zu können. Im zweiten Schritt wurde deshalb geprüft, ob durch das Zulassen zusätzlicher Längsschnittpfade vom ersten auf den dritten, vom zweiten auf den vierten und vom ersten auf den vierten Messzeitpunkt die Modellanpassung signifikant verbessert werden konnte. Sofern dieses Modell die Daten immer noch nicht hinreichend gut erklärte, mussten im dritten Schritt die querschnittlichen Kovarianzen der Residuen zugelassen werden.[62] Sofern das resultierende Modell dann eine gute Anpassung aufwies, diente es als Ausgangsmodell für den Test von Geschlechtsunterschieden.

Die Modelle wurden ohne Messmodelle berechnet, wodurch sich bestimmte Einschränkungen für die Interpretation ergeben. In längsschnittlichen Analysen, die ohne Messmodelle berechnet werden, können echte Veränderungen über die Zeit nicht von Veränderungen, die lediglich durch Messfehler zustande kommen, unterschieden werden (vgl. Engel & Reinecke, 1994, S. 8f). Dadurch kann es zu einer Unterschätzung (bei systematischen Messfehlern aber auch zu einer Überschätzung) von Stabilitätspfadkoeffizienten und zu einer Unterschätzung (bei systematischen Messfehlern aber auch zu einer Überschätzung) von Kreuzpfadkoeffizienten kommen.

Um eine übersichtliche Ergebnispräsentation zu gewährleisten, werden im Folgenden nur Modelle für die zusammengefassten Indikatoren der Häufigkeit der Exploration im Kontext des Elternhauses, der Gleichaltrigenwelt, des Schulunterrichts und der Massenmedien dargestellt.

---

62 Inhaltlich kann sich hinter querschnittlich kovariierenden bzw. korrelierenden Residuen Dreierlei verbergen (vgl. Engel & Reinecke, 1994, S. 26): Zum einen kann der Zusammenhang auf eine gemeinsame Variable zurückzuführen sein, die im Modell nicht enthalten ist. Zum zweiten können Residuen Messfehler enthalten, die sich systematisch über die Messzeitpunkte hinweg fortsetzen. Und drittens kann sich hinter dem Zusammenhang eine kausale Beziehung zwischen den Variablen im Querschnitt oder mit kürzerer Wirkungszeit als vom Modell vorgesehen verbergen („short causal lag").

Abbildung 8: Kreuzpfadmodell für die Häufigkeit der Exploration im Kontext des Elternhauses (standardisierte Koeffizienten)

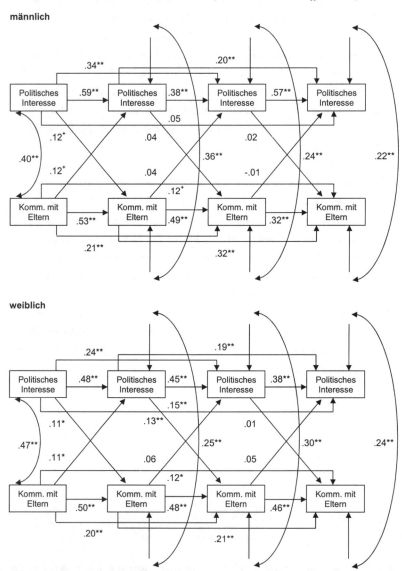

Modellanpassung: chi² = 10.46, df = 12, p = .576,
** p < .01; * p < .05; ⁺ p < .10.

Das Kreuzpfadmodell für die Häufigkeit der Kommunikation über Politik im Elternhaus wies ohne die zusätzlichen Längsschnittpfade und ohne die Kovarianz der Residuen eine sehr schlechte Modellanpassung auf (chi^2 = 277.40, df = 30, p = .000). Auch das Zulassen der zusätzlichen Längsschnittpfade führte noch zu keinem akzeptablen Modell (chi^2 = 121.65, df = 18, p = .000). Erst durch das Zulassen der Kovarianz der Residuen ergab sich eine gute Modellanpassung (vgl. Abbildung 8).

Bei den männlichen Jugendlichen ergab sich nur zwischen dem ersten und dem zweiten Messzeitpunkt ein signifikanter Kreuzpfad vom politischen Interesse auf die Häufigkeit der Kommunikation über Politik im Elternhaus.[63] Von den Kreuzpfaden in umgekehrter Richtung von der Häufigkeit der Kommunikation über Politik im Elternhaus auf das politische Interesse war ebenfalls nur der zwischen dem ersten und dem zweiten Messzeitpunkt signifikant.

Bei den weiblichen Jugendlichen zeigten sich sowohl zwischen dem ersten und dem zweiten als auch zwischen dem zweiten und dem dritten Messzeitpunkt signifikante Kreuzpfade vom politischen Interesse auf die Häufigkeit der Kommunikation über Politik im Elternhaus. Von den Kreuzpfaden in umgekehrter Richtung von der Häufigkeit der Kommunikation über Politik im Elternhaus auf das politische Interesse war wie bei den männlichen Jugendlichen nur der zwischen dem ersten und dem zweiten Messzeitpunkt signifikant.

Die Tests der Kreuzpfadkoeffizienten auf Geschlechtsunterschiede führte zu keinen signifikanten Ergebnissen. Auch die Kovarianzen der Residuen ließen sich über die beiden Geschlechtsgruppen hinweg gleichsetzen, ohne dass sich eine signifikante Verschlechterung in der Modellanpassung ergab.

---

63 Kreuzpfadkoeffizienten können auch dann ein positives Vorzeichen annehmen, wenn der Mittelwert der abhängigen Variablen zwischen zwei Messzeitpunkten gleich bleibt oder sogar sinkt. Das positive Vorzeichen zeigt in solchen Fällen an, dass bei höheren Werten der unabhängigen Variable die Veränderungen in der abhängigen Variable weniger stark negativ ausfallen als bei niedrigeren Werten.

Abbildung 9: Kreuzpfadmodell für die Häufigkeit der Exploration im Kontext von Gleichaltrigen (standardisierte Koeffizienten)

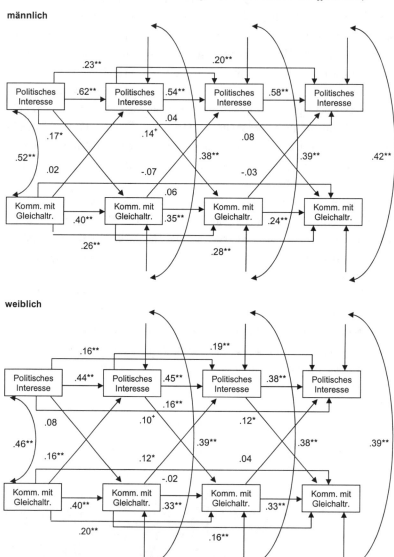

Modellanpassung: chi^2 = 11.64, df = 12, p = .475,
** p < .01; * p < .05; $^+$ p < .10.

Das Kreuzpfadmodell für die Häufigkeit der Kommunikation über Politik mit den Gleichaltrigen wies ohne die zusätzlichen Längsschnittpfade und die Kovarianzen der Residuen ebenfalls eine sehr schlechte Modellanpassung auf (chi^2 = 349.43, df = 30, p = .000). Auch das Zulassen der zusätzlichen Längsschnittpfade führte noch zu keiner akzeptablen Modellanpassung (chi^2 = 241.06, df = 18, p = .000). Erst durch das Zulassen der Kovarianzen der Residuen ergab sich ein hinreichend angepasstes Modell (vgl. Abbildung 9).

In diesem Modell zeigten sich bei den männlichen Jugendlichen zwischen dem ersten und dem zweiten sowie zwischen dem zweiten und dem dritten Messzeitpunkt signifikante Kreuzpfade vom politischen Interesse auf die Häufigkeit der Kommunikation über Politik mit den Gleichaltrigen. Von den Kreuzpfaden in umgekehrter Richtung von der Häufigkeit der Kommunikation über Politik mit den Gleichaltrigen auf das politische Interesse war keiner signifikant.

Bei den weiblichen Jugendlichen ergaben sich zwischen dem zweiten und dem dritten sowie zwischen dem dritten und dem vierten Messzeitpunkt signifikante Kreuzpfade vom politischen Interesse auf die Häufigkeit der Kommunikation über Politik mit den Gleichaltrigen. Ebenfalls signifikant waren zwei Kreuzpfade in umgekehrter Richtung von der Häufigkeit der Kommunikation über Politik mit den Gleichaltrigen auf das politische Interesse, und zwar zwischen dem ersten und dem zweiten sowie zwischen dem zweiten und dem dritten Messzeitpunkt.

Die Gleichsetzung der Kreuzpfadkoeffizienten von der Häufigkeit der Kommunikation über Politik mit den Gleichaltrigen auf das politische Interesse über die beiden Geschlechtsgruppen hinweg führte zu einer schwach signifikanten Verschlechterung in der Modellanpassung (Δchi^2 = 7.04, Δ df = 3, p = .071). Die entsprechenden Koeffizienten lagen bei den weiblichen Jugendlichen etwas höher als bei den männlichen Jugendlichen. Für die anderen Kreuzpfadkoeffizienten und für die Kovarianzen ergaben sich keine signifikanten Geschlechtsunterschiede.

Abbildung 10: Kreuzpfadmodell für die Häufigkeit der Exploration im Kontext des Schulunterrichts (standardisierte Koeffizienten)

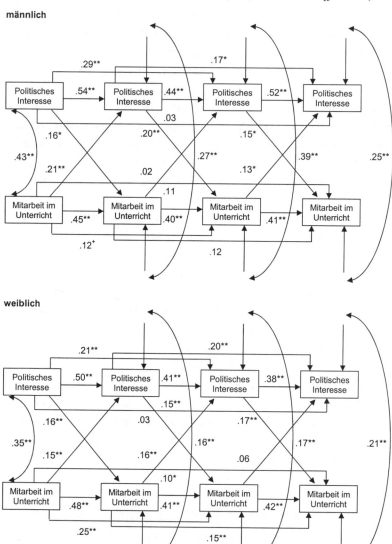

Modellanpassung: chi² = 5.23, df = 12, p = .950,
** p < .01; * p < .05; ⁺ p < .10.

Auch das Modell für die Häufigkeit der Mitarbeit im Schulunterricht bei politischen Themen wies ohne die zusätzlichen Längsschnittpfade und die Kovarianz der Residuen eine sehr schlechte Modellanpassung auf (chi^2 = 226.88, df = 30, p = .000). Das Zulassen der zusätzlichen Längsschnittpfade führte noch zu keiner hinreichend guten Modellanpassung (chi^2 = 96.50, df = 18, p = .000). Erst durch das Zulassen der Kovarianz der Residuen der ergab sich ein akzeptables Modell (vgl. Abbildung 10).

Bei den männlichen Jugendlichen ergaben sich zwischen allen jeweils aufeinander folgenden Messzeitpunkten signifikante Kreuzpfade vom politischen Interesse auf die Häufigkeit der Mitarbeit im Schulunterricht. Die umgekehrten Kreuzpfade von der Häufigkeit der Mitarbeit im Schulunterricht auf das politische Interesse erwiesen sich immerhin zwischen dem ersten und dem zweiten sowie zwischen dem dritten und dem vierten Messzeitpunkt als signifikant.

Bei den weiblichen Jugendlichen ergaben sich zwischen dem ersten und dem zweiten sowie zwischen dem dritten und dem vierten Messzeitpunkt signifikante Kreuzpfade vom politischen Interesse auf die Häufigkeit der Mitarbeit im Schulunterricht. Von den Kreuzpfaden in umgekehrter Richtung von der Häufigkeit der Mitarbeit im Schulunterricht auf das politische Interesse waren die zwei zwischen dem ersten und dem zweiten sowie zwischen dem zweiten und dem dritten Messzeitpunkt signifikant.

Signifikante Geschlechtsunterschiede ergaben sich lediglich für die Kovarianzen der Residuen (Δ chi^2 = 12.67, Δ df = 3, p = .005). Bei den männlichen Jugendlichen zeigten sich höhere Kovarianzen als bei den weiblichen Jugendlichen.

Abbildung 11: Kreuzpfadmodell für die Häufigkeit der Exploration im Kontext der Massenmedien (standardisierte Koeffizienten)

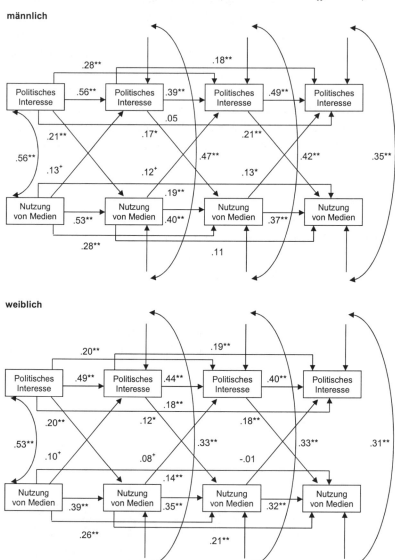

Modellanpassung: chi^2 = 9.25, df = 12, p = .681,
** p < .01; * p < .05; $^+$ p < .10.

Das Kreuzpfadmodell für die Häufigkeit der Nutzung von Massenmedien zur politischen Information wies ohne die zusätzlichen Längsschnittpfade und die Kovarianz der Residuen eine sehr schlechte Modellanpassung auf (chi^2 = 397.11, df = 30, p = .000). Auch das Zulassen der zusätzlichen Längsschnittpfade führte noch zu keiner akzeptablen Modellanpassung (chi^2 = 230.59, df = 18, p = .000). Erst durch das Zulassen der Kovarianz der Residuen ergab sich ein hinreichend angepasstes Modell (vgl. Abbildung 11).

Bei den männlichen Jugendlichen waren sowohl die Kreuzpfade vom politischen Interesse auf die Häufigkeit der Nutzung von Massenmedien als auch die Kreuzpfade von der Häufigkeit der Nutzung von Massenmedien auf das politische Interesse und zwar jeweils zwischen allen aufeinander folgenden Messzeitpunkten signifikant.

Bei den weiblichen Jugendlichen ergaben sich zwischen allen aufeinander folgenden Messzeitpunkten signifikante Kreuzpfade vom politischen Interesse auf die Häufigkeit der Nutzung von Massenmedien. Die umgekehrten Kreuzpfade von der Häufigkeit der Nutzung von Massenmedien auf das politische Interesse waren nur zwischen dem ersten und dem zweiten sowie zwischen dem zweiten und dem dritten Messzeitpunkt signifikant.

Signifikante Geschlechtsunterschiede ergaben sich wiederum nur für die Kovarianzen der Residuen (Δ chi^2 = 7.78, Δ df = 3, p = .051). Auch hier lagen die Kovarianzen bei den männlichen Jugendlichen höher als bei den weiblichen Jugendlichen.

Zusammenfassung und Diskussion

In allen Modellen fanden sich signifikante, kausal interpretierbare Einflüsse vom politischen Interesse auf die Häufigkeit der Exploration. Konsistent zwischen allen jeweils angrenzenden Messzeitpunkten zeigten sich diese aber nur für den Kontext der Massenmedien (in beiden Geschlechtsgruppen) und für den Kontext des Schulunterrichts (nur bei den männlichen Jugendlichen). Signifikante, kausal interpretierbare Einflüsse von der Häufigkeit der Exploration auf das politische Interesse der Jugendlichen fanden sich ebenfalls für alle Kontexte, mit Ausnahme des Gleichaltrigenkontextes bei den männlichen Jugendlichen. Konsistent zwischen allen jeweils angrenzenden Messzeitpunkten signifikant waren diese Einflüsse aber nur für den Kontext der Massenmedien bei den männlichen Jugendlichen.

Festgehalten werden kann somit, dass sich partiell Hinweise dafür ergaben, dass nicht nur das politische Interesse die Häufigkeit der Exploration in den jeweiligen Kontexten positiv beeinflusst, sondern dass sich auch umgekehrt Hinweise dafür fanden, dass die Häufigkeit der Exploration in den jeweiligen Kontexten sich positiv auf das politische Interesse der Jugendlichen auswirkt.

Eine deutliche Schwäche aller vier Modelle besteht in den hohen Residualkorrelationen, die zugelassen werden mussten, um eine hinreichend gute Modellanpassung zu erzielen. Hinter solchen Residualkorrelationen können sich weitere kausale Effekte verbergen, über deren Richtung nichts ausgesagt werden kann (vgl. Fußnote 62). Es ist deshalb nicht sinnvoll, wenn hohe Residualkorrelationen vorliegen, die Stärke der Einflüsse der einen Richtung gegen die Stärke der Einflüsse der anderen Richtung zu testen. Die Modelle lassen somit keine Aussagen bezüglich des Überwiegens einer der beiden Einflussrichtungen zu.

Ähnliches gilt für die Geschlechtsunterschiede. Zwar wurde geprüft, ob sich signifikante Unterschiede in den Pfadkoeffizienten der jeweiligen Wirkungsrichtungen ergeben. Da sich aber hinter den hohen Residualkorrelationen weitere kausale Effekte verbergen können, über deren Stärke und Richtung nichts ausgesagt werden kann, kann nicht mit Sicherheit auf die gefundenen Geschlechtsunterschiede in der Stärke der Pfadkoeffizienten geschlossen werden.

Mit Bezug auf die eingangs gestellten Fragen kann festgehalten werden, dass sich Hinweise darauf ergaben, dass sowohl die Exploration im Kontext von Massenmedien als auch die Mitarbeit im Schulunterricht bei politischen Themen die Entwicklung des politischen Interesses von Jugendlichen, und zwar das der männlichen wie das der weiblichen, kausal positiv beeinflusst.

Für die Exploration im Kontext der Gleichaltrigen konnte dieser Nachweis nur bei den weiblichen Jugendlichen geführt werden, bei den männlichen Jugendlichen waren die entsprechenden Pfadkoeffizienten allesamt nicht signifikant. Wie schon angesprochen, können sich aber auch bei den männlichen Jugendlichen hinter den hohen Residualkorrelationen kausale Effekte mit kürzerer Wirkungszeit als vom Modell vorgesehen verbergen. Die These, dass der Zusammenhang zwischen der Exploration im Kontext von Gleichaltrigen und dem politischen Interesse bei den männlichen Jugendlichen ebenfalls auf einem Wechselwirkungsprozess beruht, kann deshalb nicht einfach zurückgewiesen werden.

Für die Exploration im Kontext des Elternhauses ergab sich in beiden Geschlechtsgruppen ein nur schwacher kausaler Effekt auf das politische Interesse. Jedoch waren auch hier die Residualkorrelationen relativ hoch, so dass wiederum nicht ausgeschlossen werden kann, dass dennoch Wechselwirkungsprozesse zwischen der Exploration im Kontext des Elternhauses und dem politischen Interesse der Jugendlichen bestehen.

Geschlechtsunterschiede ergaben sich neben dem schwach signifikanten Unterschied für die Wirkung der Exploration im Gleichaltrigenkontext auf das politische Interesse vor allem für die Stärke der Kovarianzen der Residuen, und zwar im Modell für den Schulunterricht und im Modell für die Massenmedien. Diese beiden Geschlechtsunterschiede spiegeln die Unterschiede wieder, die sich auch in den einfachen und in den multiplen Regressionen zeigten. Sowohl in den querschnittlichen wie in den längsschnittlichen Analysen ergaben sich somit bei den männlichen Jugendlichen stärkere Zusammenhänge als bei den weiblichen Jugendlichen für die Exploration in den beiden Kontexten Schulunterricht und Massenmedien mit dem politischen Interesse. Rückschlüsse darauf, inwieweit die stärkeren Zusammenhänge bei den männlichen Jugendlichen jeweils einer bestimmten Einflussrichtung geschuldet sind, lassen die Ergebnisse jedoch nicht zu.

9 Zusammenfassung und Diskussion der Ergebnisse

Die vorliegende Arbeit bildet einen Beitrag zur politischen Sozialisationsforschung. Politische Sozialisation wurde nicht als ein einseitiger Prozess der Vermittlung von politischem Wissen und politischen Fähigkeiten durch Sozialisationsagenten gefasst, vielmehr wurde angenommen, dass es sich um einen über soziale Interaktionen vermittelten Prozess des Erwerbs von politischem Wissen und politischen Fähigkeiten sowie von inhaltlichen politischen Standpunkten durch das Subjekt handelt.

Gegenstand der Untersuchung war die Entwicklung des politischen Interesses von Jugendlichen. Politisches Interesse kann als ein Schlüsselkonzept für die politische Identitätsentwicklung im Jugendalter angesehen werden, denn es bildet die motivationale Grundlage für die aktive Auseinandersetzung mit politischen Themen. Die aktive Auseinandersetzung mit politischen Themen, die auch als Exploration bezeichnet werden kann, ist wiederum Voraussetzung und Motor für politische Lernprozesse. Vor dem Hintergrund eines Identitätskonzeptes, das den politisch mündigen Bürger als Ziel der politischen Sozialisation ansieht, umfassen politische Lernprozesse den Erwerb von politischem Wissen und von politischen Handlungskompetenzen sowie die Erarbeitung eines eigenen, reflektierten politischen Standpunktes (Fend, 1991).

Als wichtigste Kontexte für die Auseinandersetzung mit politischen Themen stehen Jugendlichen die Massenmedien, der Schulunterricht, das Elternhaus und die Gleichaltrigenwelt zur Verfügung. Inwieweit Jugendliche diese Kontexte zur politischen Exploration nutzen und welche Geschlechtsunterschiede dabei auftreten, bildete eine der Fragen der vorliegenden Untersuchung. Massenmedien, Schulunterricht, Elternhaus und Gleichaltrigenwelt stellen Kontexte mit unterschiedlichem Anregungsgehalt für die Jugendlichen dar. Welchen Einfluss die Exploration in den verschiedenen Kontexten auf das politische Interesse der Jugendlichen jeweils hat und welche Geschlechtsunterschiede dabei auftreten, bildete eine zweite Frage der vorliegenden Untersuchung. Eine dritte Frage richtete sich auf den Einfluss, den die unterschiedliche emotionale Qualität der sozialen Beziehungen sowohl auf die Häufigkeit der Kommunikation über Politik mit den verschiedenen Bezugspersonen als auch auf den Einfluss der Häufigkeit der Kommunikation über Politik mit den verschiedenen Bezugspersonen auf das politische Interesse der Jugendlichen (Moderatoreffekt) hat. Eine vierte Frage war dem Nachweis kausal interpretierbarer Effekte von der Häufigkeit der Exploration in den verschiedenen Kontexten auf das politische Interesse der Jugendlichen auf der Grundlage von längsschnittlich angelegten Kreuzpfadanalysen gewidmet. Bevor die Ergebnisse zu diesen vier Punkten diskutiert werden, soll noch einmal auf die

Ergebnisse zur Entwicklung des politischen Interesses während des Untersuchungszeitraums eingegangen werden.

In beiden Geschlechtsgruppen zeigte sich eine Zunahme des politischen Interesses der Jugendlichen über die vier Messzeitpunkte hinweg. Signifikant war die Zunahme jedoch nur vom zweiten auf den dritten sowie vom dritten auf den vierten Messzeitpunkt. Zwischen den letzten beiden Messzeitpunkten fand die Bundestagswahl von 1998 statt. Bundestagswahlen wird allgemein ein stimulierender Einfluss auf das politische Interesse zugeschrieben. Darüber hinaus war diese Bundestagswahl die erste, an der sich die Jugendlichen selbst beteiligen konnten. Sehr wahrscheinlich ist von daher die relativ starke Zunahme im politischen Interesse, die sich zwischen den letzten beiden Messzeitpunkten zeigte, auf die mobilisierende Wirkung der Bundestagswahl und den damit verbundenen Wahlkampf zurückzuführen.

Außerdem aber dürfte die Zunahme im politischen Interesse durch den im Allgemeinen zu verzeichnenden Anstieg des politischen Interesses mit dem Alter beeinflusst gewesen sein, wobei es gut möglich ist, dass die Zunahme mit dem Alter durch Periodeneffekte, die in eine negative Richtung wirkten, abgeschwächt wurde. Eine Trennung beider Effekte war in der vorliegenden Untersuchung nicht möglich, dazu hätte es eines komplexeren Untersuchungsdesigns bedurft.[64]

Bei der Zunahme des politischen Interesses über die vier Messzeitpunkte hinweg handelte es sich im Übrigen nicht um ein Spezifikum der Gymnasiasten. Ein Vergleich mit den Daten des Teilprojekts A zeigt, dass das politische Interesse der Nicht-Abiturienten zwar auf einem durchweg niedrigeren Niveau als das der Abiturienten lag, aber ebenfalls über die vier Messzeitpunkte hinweg anstieg (Weiss, Isermann & Brauer, 2000).

Neben dem Anstieg im politischen Interesse zeigten sich wie erwartet signifikante Geschlechtsunterschiede. Die männlichen Jugendlichen äußerten über alle vier Messzeitpunkte hinweg, also von der 10. bis zur 13. Klasse, stabil ein stärkeres politisches Interesse als die weiblichen Jugendlichen. Der Geschlechtsunterschied im politischen Interesse bildete sich demnach vor dem Beginn unserer Untersuchung, also vor dem Eintritt der Schüler in die 10. Klasse aus, und veränderte sich während der Oberstufenzeit nicht mehr.[65]

---

64 Die getrennte Berechnung von Alters- und Periodeneffekten ist nur mit einem Kohorten-Sequenz-Design möglich.

65 Vermutlich besteht der Geschlechtsunterschied im politischen Interesse von dem Zeitpunkt an, an dem Kinder und Jugendliche in der Lage sind, die Frage zum politischen Interesse sinnvoll zu beantworten. Beispielsweise hatte Fend (1991, S. 171) in seiner Untersuchung zwar nicht nach dem politischen Interesse in allgemeiner Form gefragt, aber einen Indikator für politische Wachheit in

9.1 Die Häufigkeit der Exploration in den verschiedenen Kontexten

Parallel zum politischen Interesse stieg auch die Häufigkeit der Exploration in den verschiedenen Kontexten über den Untersuchungszeitraum hinweg an. Auch für die Häufigkeit der Exploration in den verschiedenen Kontexten fiel der Anstieg zwischen den letzten beiden Messzeitpunkten überproportional steil aus. Demnach hatte die Bundestagswahl 1998 nicht nur auf das politische Interesse, sondern auch auf das Explorationsverhalten der Jugendlichen einen stimulierenden Effekt.

In beiden Geschlechtsgruppen erwiesen sich der Schulunterricht und die Massenmedien als die am häufigsten genutzten Kontexte für die politische Exploration. In beiden Geschlechtsgruppen folgte auf die Nutzung von Massenmedien und die Mitarbeit im Schulunterricht die Kommunikation über Politik mit den Mitschülern und mit den Vätern. Bei den männlichen Jugendlichen lag die Kommunikation über Politik mit den besten Freunden auf etwa demselben Häufigkeitsniveau wie die Kommunikation über Politik mit den Mitschülern und mit den Vätern, die Kommunikation über Politik mit den Freunden lag knapp darunter. Deutlich niedriger lag die Häufigkeit der Kommunikation über Politik mit den Müttern und mit der festen Freundin. Im Unterschied zu den männlichen Jugendlichen kommunizierten die weiblichen Jugendlichen mit ihren Freunden etwas seltener über Politik als mit den Mitschülern und mit den Vätern, noch seltener aber mit ihren Müttern und mit der besten Freundin. Mit dem festen Freund kommunizierten sie ungefähr so häufig über Politik wie mit den Freunden.

Der hohe Stellenwert, den die Massenmedien als Explorationskontext bei politischen Themen einnahmen, war erwartet worden. Dass aber der Schulunterricht einen so häufig genutzten Kontext darstellte, war vor dem Hintergrund der aus anderen Untersuchungen berichteten Befunde überraschend und ist möglicherweise darauf zurückzuführen, dass es sich bei den befragten Jugendlichen um eine bildungsprivilegierte Gruppe von Gymnasiasten handelt.[66] Der hohe Stellenwert des Schulunterrichts wird noch dadurch unterstrichen, dass das Sehen von Fernsehnachrichten und das Hören von Radionachrichten (es handelt sich hier um die beiden Medien mit den höchsten Nutzungswerten) weniger intensive und weniger auf Eigenaktivitäten der Jugendlichen beruhende Beschäftigungen mit dem Gegenstand Politik darstellen als die Mitarbeit im Schulunterricht bei politischen Themen.

---

seine Untersuchung einbezogen. Für diesen Indikator fand sich schon in der jüngsten der untersuchten Altersgruppen, bei den 12-Jährigen, der charakteristische Geschlechtsunterschied.

66 Nicht auszuschließen ist außerdem, dass die Werte erhöht sind, weil die Untersuchung in den Schulen durchgeführt wurde.

Ebenfalls erwartet worden war der hohe Stellenwert der Väter, denn diese erwiesen sich auch in anderen Untersuchungen als die wichtigsten Gesprächspartner bei Fragen zu politischen Themen. Mit den Müttern wurde deutlich seltener über Politik gesprochen, auch dies deckt sich mit Befunden anderer Untersuchungen. Überraschend hoch war jedoch der Stellenwert der Mitschüler und bei den männlichen Jugendlichen außerdem der Stellenwert der besten Freunde und Freunde. Mit den Mitschülern wurde so häufig über Politik gesprochen wie mit den Vätern.

Die Mitschüler hatten in beiden Geschlechtsgruppen schon vom ersten Messzeitpunkt an einen ebenso hohen Stellenwert als Gesprächspartner bei politischen Themen wie die Väter. Bei den männlichen Jugendlichen traf das auch auf die besten Freunde und die Freunde zu, niedriger lag die Häufigkeit von Gesprächen über Politik mit der Mutter und mit der festen Freundin. Bei den weiblichen Jugendlichen lag die Häufigkeit von Gesprächen mit Freunden, mit der Mutter, mit der besten Freundin und vermutlich auch mit dem festen Freund zum ersten Messzeitpunkt noch unter der Häufigkeit von Gesprächen mit dem Vater und mit den Mitschülern. Die Häufigkeit von Gesprächen mit den Mitschülern, mit den Freunden und mit dem festen Freund nahm dann aber über die vier Messzeitpunkte hinweg stärker zu als die Häufigkeit von Gesprächen mit dem Vater, mit der Mutter und mit der besten Freundin. Zum vierten Messzeitpunkt erwiesen sich bei den weiblichen Jugendlichen die Mitschüler als die wichtigsten Gesprächspartner. Der Vater, die Freunde und der feste Freund standen erst an zweiter Stelle, niedriger lag die Häufigkeit von Gesprächen mit der Mutter und mit der besten Freundin. Die These, dass der Vater im Übergang zum Erwachsenenalter als wichtigster Gesprächspartner bei politischen Fragen durch Gleichaltrige abgelöst wird, hat sich somit nur für die weiblichen Jugendlichen bestätigt.

Der Exkurs in Abschnitt 4.3 belegt, dass sich Abiturienten stärker für Politik interessieren als Schüler anderer Schulformen oder als Jugendliche, die im entsprechenden Alter das schulische Bildungssystem schon verlassen haben. Mitschüler und Freunde (die ja häufig aus dem schulischen Umfeld rekrutiert werden) dürften deshalb bei Abiturienten einen stärker politisierten Kontext bilden als Kollegen oder Freunde bei Nicht-Abiturienten. Von daher ist es möglich, dass der hohe Stellenwert der Mitschüler und Freunde als Gesprächspartner über Politik ein Spezifikum von Abiturienten darstellt. Ein Blick auf die vergleichbaren Daten der Paralleluntersuchung des Teilprojekts A belegt jedoch, dass auch die Auszubildenden mit zunehmendem Alter häufiger mit Kollegen und mit Freunden über Politik sprechen als mit ihrem Vater.

Geschlechtsunterschiede für die Häufigkeit der Exploration in den verschiedenen Kontexten wurden sowohl für die Massenmedien als auch für die eher zum öffentlichen Bereich zählenden Kontexte des Schulunterrichts, der Mitschüler und der Freunde allgemein erwartet. Für die Kontexte der engeren sozialen Beziehungen zu den Eltern, den besten Freunden und den festen Freunden wurden keine Geschlechtsunterschiede angenommen.

Entsprechend den Ergebnisse anderer Untersuchungen (z.B. Owen & Dennis, 1992) zeigte sich für die Skala zur Häufigkeit der Nutzung von Massenmedien insgesamt ein knapp signifikanter Geschlechtseffekt. Die männlichen Jugendlichen nutzten die Massenmedien etwas häufiger als die weiblichen Jugendlichen zur politischen Information. Die differenzierte Betrachtung der einzelnen Medien ergab jedoch, dass sich die Geschlechtsunterschiede zugunsten der männlichen Jugendlichen auf das Fernsehen beschränkten. Die männlichen Jugendlichen sahen häufiger Fernsehnachrichten sowie politische Magazin- und Diskussionssendungen im Fernsehen an. Die weiblichen Jugendlichen dagegen hörten häufiger Radionachrichten. Kein Geschlechtsunterschied ergab sich für das Lesen von politischen Artikeln in der Tageszeitung. Die Geschlechtsunterschiede in unseren Daten korrespondieren mit den Befunden in der letzten IEA-Studie (Torney-Purta u.a., 2001).

Für die Häufigkeit der Mitarbeit im Schulunterricht ergab sich ebenfalls entsprechend den Erwartungen ein Geschlechtsunterschied. Weibliche Jugendliche arbeiteten bei politischen Themen signifikant seltener im Schulunterricht mit als männliche Jugendliche. Die niedrigere Beteiligung der weiblichen Jugendlichen dürfte sowohl auf ihr niedrigeres politisches Interesse als auch auf ein niedrigeres Vertrauen in ihre eigenen politischen Kompetenzen (vgl. Oswald u.a., 1999) zurückzuführen sein. Dieser Befund korrespondiert ebenfalls mit den Ergebnissen anderer Untersuchungen, beispielsweise mit dem Befund einer Beobachtungsstudie, die in den 8. und 10. Klassen eines Essener Gymnasiums durchgeführt wurde (Bittner & Hoppe, 1998): Jungen beteiligten sich dort weit stärker am Politikunterricht als Mädchen. Die Beteiligung der Mädchen stieg jedoch an, wenn das Unterrichtsthema stärkere lebensweltliche Bezüge aufwies oder die Unterrichtsform verändert wurde (Gruppenarbeit oder Text als Grundlage für das Unterrichtsgespräch).

Für die Häufigkeit der Kommunikation mit den verschiedenen Bezugspersonen ergaben sich andere Geschlechtseffekte als erwartet wurde. Männliche Jugendliche kommunizierten häufiger mit ihren Freunden und mit ihren besten Freunden über Politik, weibliche Jugendliche häufiger mit ihrem festen Freund. Die Geschlechtsunterschiede im Kontext von sozialen Beziehungen werden offenbar weniger dadurch bestimmt, ob es sich um einen öffentlichen Kontext oder um eine enge soziale Beziehung handelt, als vielmehr durch das politische Interesse der jeweiligen Beziehungspartner.

Männliche Jugendliche sind im Schnitt stärker an Politik interessiert als weibliche Jugendliche und es kann unterstellt werden, dass die zumeist gleichgeschlechtlichen Freunde und der beste Freund von männlichen Jugendlichen im Schnitt ebenfalls stärker an Politik interessiert sind als die Freundinnen und die beste Freundin von weiblichen Jugendlichen. Beides, das eigene stärkere politische Interesse der männlichen Jugendlichen wie auch das stärkere politische Interesse ihrer Freunde und besten Freunde, dürfte dazu beitragen, dass männliche Jugendliche häufiger mit ihren Freunden über Politik kommunizieren als weibliche Jugendliche mit ihren Freundinnen.

Auf ähnliche Weise kann der Geschlechtsunterschied bei der Häufigkeit der Kommunikation mit dem festen Freund bzw. der festen Freundin erklärt werden. Wenn unterstellt wird, dass der feste Freund von weiblichen Jugendlichen ein deutlich höheres politisches Interesse hat als die feste Freundin von männlichen Jugendlichen und die Häufigkeit der Kommunikation über Politik sowohl durch das politische Interesse der Jugendlichen selbst als auch durch das politische Interesse des jeweiligen Beziehungspartners bestimmt wird, dann ist es plausibel, dass weibliche Jugendliche häufiger mit ihrem festen Freund über Politik kommunizieren als männliche Jugendliche mit ihrer festen Freundin.

Aus dem oben beschriebenen Befund einer häufigeren Kommunikation über Politik von männlichen Jugendlichen mit Freunden und besten Freunden lässt sich ableiten, dass politische Themen in männlichen Freundschaftsbeziehungen einen höheren Stellenwert haben als in weiblichen Freundschaftsbeziehungen. Von daher liegt die Vermutung nahe, dass gleichgeschlechtliche Freundschaftsbeziehungen für männliche Jugendliche einen stärker stimulierenden Kontext für die politische Identitätsentwicklung bilden als für weibliche Jugendliche. Dieser These wird weiter unten nachgegangen werden. Ähnlich kann mit Bezug auf die Partnerschaftsbeziehung argumentiert werden. Anzunehmen ist, dass der feste Freund für die weiblichen Jugendlichen einen stärker stimulierenden Kontext darstellt als die feste Freundin für die männlichen Jugendlichen.

9.2 Der Einfluss der Exploration in den verschiedenen Kontexten auf das politische Interesse

In der Untersuchung von Krampen (1991) hatte sich gezeigt, dass die Häufigkeit der Exploration in einem bestimmten Kontext noch nichts aussagt über den Einfluss, den die Exploration in den jeweiligen Kontexten auf das politische Interesse oder auf andere politische Handlungsorientierungen von Jugendlichen hat. In einem zweiten Schritt wurde deshalb anhand querschnittlich berechneter Modelle der Einfluss der Exploration in den verschiedenen Kontexten auf das politische Interesse der Jugendlichen überprüft. Eine der dabei untersuchten Fragen richtete sich auf den Vergleich des Einflusses der Exploration im Kontext des Elternhauses mit dem Einfluss der Exploration im Kontext der Gleichaltrigenwelt. Der Forschungsüberblick zeigte, dass in der Regel die Eltern im Vergleich zu den Gleichaltrigen den stärkeren Einfluss auf die politischen Orientierungen von Kindern und Jugendlichen haben. In einer Untersuchung von Oswald und Völker (1973) ergab sich jedoch ein Hinweis, dass gerade das politische Interesse stärker durch die Gleichaltrigen beeinflusst sein könnte. Der Hinweis basierte auf einer stärkeren Übereinstimmung von Jugendlichen mit Freunden im Vergleich zu Jugendlichen mit Eltern im politischen Interesse.

In den querschnittlichen Regressionsanalysen zeigte sich in beiden Geschlechtsgruppen ein stärkerer Einfluss der Häufigkeit der Kommunikation über Politik mit den Gleichaltrigen (Freunde allgemein sowie beste Freunde) auf das politische Interesse der Jugendlichen im Vergleich zum Einfluss der Häufigkeit der Kommunikation über Politik mit den Eltern. Jugendliche entwickeln ihr politisches Interesse demnach stärker in Auseinandersetzung mit ihren Freunden als in Auseinandersetzung mit ihren Eltern. Das Ergebnis bestätigt somit die These, dass Gleichaltrige für das politische Interesse der Jugendlichen eine größere Rolle spielen als die Eltern.

Eine weitere der untersuchten Fragen bezog sich auf den Vergleich des Einflusses der Schule mit dem des Elternhauses. Die Schule bildet die einzige Sozialisationsinstanz, der ausdrücklich die Aufgabe der Erziehung zum kritisch mündigen Bürger zugewiesen wird und die systematisch politisches Wissen vermittelt. Vor dem Hintergrund der dargestellten Forschungsbefunde wurde angenommen, dass die Eltern stärker als die Schule die politisch-ideologischen Positionen von Jugendlichen prägen. Auf das politische Interesse von Jugendlichen könnte aber durchaus die Schule einen stärkeren Einfluss haben.

In den querschnittlich berechneten Regressionsanalysen fiel bei den männlichen Jugendlichen der Einfluss der Häufigkeit der Mitarbeit im Schulunterricht auf das politische Interesse deutlich stärker aus als der Einfluss der Häufigkeit der Kommunikation über Politik mit den Eltern. Bei den weiblichen Jugendlichen war das Verhältnis umgekehrt, der Einfluss der Häufigkeit der Mitarbeit im Schulunterricht auf das politische Interesse war noch schwächer ausgeprägt als der Einfluss der Häufigkeit der Kommunikation über Politik mit den Eltern. Die gestellte Frage muss somit geschlechtsspezifisch beantwortet werden. Die männlichen Jugendlichen entwickeln ihr politisches Interesse stärker über die Auseinandersetzung mit politischen Themen im

Schulunterricht als im Elternhaus, bei den weiblichen Jugendlichen spielen beide Kontexte eine nur untergeordnete Rolle.

Eingangs wurde die Vermutung geäußert, dass der Einfluss der Exploration im Kontext von Gleichaltrigen auf das politische Interesse der Jugendlichen über den Untersuchungszeitraum hinweg zunehmen könnte, weil Gleichaltrige im Übergang zum Erwachsenenalter zu immer wichtigeren Gesprächspartnern bei politischen Fragen werden. Für diese These fand sich keine Bestätigung, der Einfluss der Exploration im Kontext von Gleichaltrigen zeigte keinerlei Veränderungen über die vier Messzeitpunkte hinweg. Zudem hat sich herausgestellt, dass die Gleichaltrigen schon vom ersten Messzeitpunkt an relativ wichtige Gesprächspartner für die Jugendlichen waren. So wurde in beiden Geschlechtsgruppen schon zum ersten Messzeitpunkt mit den Mitschülern so häufig über Politik diskutiert wie mit den Vätern. Bei den männlichen Jugendlichen traf das außerdem auf die besten Freunde und auf die Freunde zu, bei den weiblichen Jugendlichen hatte die Kommunikation über Politik mit den Freunden erst zum vierten Messzeitpunkt denselben Stellenwert, die Kommunikation über Politik mit der besten Freundin behielt einen untergeordneten Rangplatz.

Für die Mitarbeit im Schulunterricht bei politischen Themen wurde ebenfalls ein sich über die vier Messzeitpunkte hinweg verändernder Einfluss vermutet. Vor der Bundestagswahl 1998 war der Schulunterricht in vielen Schulen darauf ausgerichtet gewesen, über das Wahlrecht und die Wahlprogramme der Parteien zu informieren. Da die Jugendlichen zum ersten Mal selbst wählen durften, wurde angenommen, dass der Unterricht zu den letzten beiden Messzeitpunkten einen besonders hohen Informationswert für sie gehabt haben dürfte und aus diesem Grund möglicherweise einen besonders starken Einfluss auf ihr politisches Interesse ausgeübt haben könnte. Für diese These fand sich jedoch keine Bestätigung. Der Einfluss der Mitarbeit im Schulunterricht auf das politische Interesse der Jugendlichen veränderte sich über die vier Messzeitpunkte hinweg nicht.

Der stärkste Einfluss auf das politische Interesse der Jugendlichen ging in beiden Geschlechtsgruppen von der Exploration im Kontext von Massenmedien aus. Das bedeutet, dass nicht nur, wie gemäß den Selbstberichten der Jugendlichen, inhaltlich-politische Orientierungen sehr stark durch die Medien geprägt werden, sondern auch das politische Interesse.

Für den Einfluss der Nutzung von Massenmedien auf das politische Interesse der Jugendlichen wurde ein Geschlechtsunterschied erwartet. In einer US-amerikanischen Untersuchung (Owen & Dennis, 1992) hatte sich gezeigt, dass weibliche Jugendliche nicht nur seltener als männliche Jugendliche Massenmedien nutzten, um sich über

Politik zu informieren, sondern dass darüber hinaus die Nutzung von Massenmedien bei den weiblichen Jugendlichen einen schwächeren Einfluss auf den Grad an Politisierung zeigte. Dieses Ergebnis bestätigt sich in unserer Untersuchung. Die männlichen Jugendlichen nutzten insgesamt etwas häufiger die Massenmedien, um sich über Politik zu informieren als die weiblichen Jugendlichen. Darüber hinaus ergab sich in den querschnittlichen Regressionsanalysen bei den männlichen Jugendlichen ein signifikant stärkerer Einfluss der Häufigkeit der Nutzung von Massenmedien auf das politische Interesse als bei den weiblichen Jugendlichen.

Ein zweiter Geschlechtsunterschied zeigte sich für den Einfluss der Mitarbeit im Schulunterricht auf das politische Interesse der Jugendlichen. Dabei verhielt es sich ganz ähnlich wie bei den Massenmedien. Die männlichen Jugendlichen arbeiteten nicht nur häufiger als die weiblichen Jugendlichen im Schulunterricht bei politischen Themen mit, die häufigere Mitarbeit im Schulunterricht zeigte bei den männlichen Jugendlichen außerdem einen stärkeren Einfluss auf das politische Interesse. Dieser Befund weist darauf hin, dass die weiblichen Jugendlichen weniger vom Schulunterricht zu politischen Themen profitieren als die männlichen Jugendlichen.

Owen und Dennis (1992) sahen in dem geschlechtsspezifischen Muster für die Nutzung der Massenmedien einen der Mechanismen, über den die Jugendlichen selbst vor dem Hintergrund der gegebenen gesellschaftlichen Strukturen und geschlechtsspezifischer Sozialisationsprozesse die Geschlechtsunterschiede im politischen Interesse immer wieder reproduzieren. Das beschriebene Muster für den Schulunterricht kann als ein zweiter solcher Mechanismus betrachtet werden.

9.3 Die Rolle der emotionalen Qualität von sozialen Beziehungen

Vor dem Hintergrund der Ergebnisse von Krampen (1991) konnte das Fazit gezogen werden, dass die Stärke des Einflusses, den die Exploration in verschiedenen Kontexten auf das politische Interesse oder andere politische Handlungsorientierungen hat, nicht nur von der Häufigkeit der Exploration, sondern außerdem vom Informations- und Anregungsgehalt sowie von der kommunikativen und emotionalen Qualität von sozialen Interaktionen abhängt. In einem dritten Schritt sollte deshalb geprüft werden, welche Rolle die emotionale Qualität von sozialen Beziehungen im Prozess der politischen Interessensentwicklung spielt.

Die erste Annahme zur Rolle der emotionalen Qualität von sozialen Beziehungen lautete, dass die Wichtigkeit von Bezugspersonen die Häufigkeit beeinflusst, mit der mit den entsprechenden Personen über Politik kommuniziert wird. Die Ergebnisse bestätigen diese These in Bezug auf die Väter und die/den feste/n Freund/in sowie in

Bezug auf die Mütter (nur bei den weiblichen Jugendlichen) und in Bezug auf den besten Freund (nur bei den männlichen Jugendlichen und mit über die Messzeitpunkte hinweg abnehmendem Einfluss). Je wichtiger die jeweilige Bezugsperson war, um so häufiger wurde mit ihr über Politik kommuniziert.

Die zweite Annahme lautete, dass die Wichtigkeit von Bezugspersonen den Einfluss der Häufigkeit der Kommunikation über Politik auf das politische Interesse der Jugendlichen beeinflussen könnte. Die Ergebnisse bestätigen diese These in Bezug auf den Einfluss der Häufigkeit der Kommunikation über Politik mit dem Vater (bei den männlichen Jugendlichen nur tendenziell), in Bezug auf den Einfluss der Häufigkeit der Kommunikation über Politik mit dem/der feste/n Freund/in (bei den weiblichen Jugendlichen nur tendenziell) und In Bezug auf den Einfluss der Häufigkeit der Kommunikation über Politik mit der Mutter (nur bei den weiblichen Jugendlichen und nur tendenziell). Je wichtiger die entsprechende Bezugsperson war, desto stärker fiel der Einfluss der Häufigkeit der Kommunikation über Politik mit dieser Person auf das politische Interesse aus.

Die dritte Annahme lautete, dass weibliche Jugendliche aufgrund einer stärkeren Orientierung an sozialen Beziehungen die Entwicklung ihres politischen Interesses möglicherweise stärker als männliche Jugendliche auf die Auseinandersetzungen mit politischen Themen in den engeren sozialen Beziehungen des persönlichen Nahbereichs stützen. In den Analysen zum sozialen Netzwerk der Jugendlichen erwiesen sich die weiblichen Jugendlichen tatsächlich als stärker beziehungsorientiert: Die Mutter, die gute Freundin und die Freundesgruppe waren für die weiblichen Jugendlichen wichtigere Bezugspersonen als für die männlichen Jugendlichen. Für die anderen Bezugspersonen ergaben sich keine Geschlechtsunterschiede. Für die Stärke des Einflusses der Häufigkeit der Kommunikation über Politik mit den Eltern und mit den Gleichaltrigen auf das politische Interesse der Jugendlichen zeigten sich zwar keine signifikanten Geschlechtsunterschiede, bei den weiblichen Jugendlichen hatte aber die Häufigkeit der Kommunikation über Politik mit den Gleichaltrigen den zweitstärksten und die Häufigkeit der Kommunikation mit den Eltern den drittstärksten Einfluss während beide Formen der Exploration bei den männlichen Jugendlichen nur den dritt- und den viertstärksten Einfluss hatten. Die weiblichen Jugendlichen entwickelten demnach ihr politisches Interesse zumindest relativ gesehen stärker über die politische Exploration im Kontext der Gleichaltrigen und des Elternhauses während die männlichen Jugendlichen stärker auf die Massenmedien und den Schulunterricht zurückgriffen.

Weiter oben wurde die These formuliert, dass Freundschaftsbeziehungen für männliche Jugendliche einen das politische Interesse stärker stimulierenden Kontext bilden könnten als für weibliche Jugendliche. Diese Annahme schien plausibel, weil sich gezeigt hat, dass in männlichen Freundschaftsbeziehungen deutlich häufiger über Politik kommuniziert wird als in weiblichen Freundschaftsbeziehungen. Die These wird jedoch nicht bestätigt. Die Exploration im Kontext von Gleichaltrigen (beste/r Freund/in und Freunde) zeigte in beiden Geschlechtsgruppen einen etwa gleich starken Einfluss auf dass politische Interesse der Jugendlichen. Relativ zu den anderen Kontexten betrachtet, erwies sich der Einfluss der Exploration im Kontext von Gleichaltrigen bei den weiblichen Jugendlichen sogar als stärker als bei den männlichen Jugendlichen.

9.4 Kausalanalysen

Im Methodenteil wurde dargelegt, dass die in den statistischen Analysen querschnittlich ermittelten Einflüsse nicht als Einflüsse in einem kausalen Sinne von Ursache und Wirkung interpretiert werden dürfen. Mit Längsschnittdaten ist es jedoch möglich, Modelle zu berechnen, deren Logik es erlaubt, kausale Aussagen zu treffen. Im vierten Schritt wurde deshalb der Versuch unternommen, anhand von Kreuzpfadmodellen Kausalanalysen durchzuführen.

Dabei stand die Frage im Vordergrund, inwieweit sich hinter den zuvor nur querschnittlich ermittelten, einseitigen Einflüssen in Wirklichkeit rekursive Prozesse, das heißt wechselseitige Einflüsse zwischen dem politischen Interesse und der Häufigkeit der Exploration in den jeweiligen Kontexten, verbergen. Angenommen wurde, dass nicht nur das politische Interesse kausal die Häufigkeit der Exploration in den verschiedenen Kontexten beeinflusst, sondern dass sich auch umgekehrte, kausal interpretierbare Einflüsse von der Häufigkeit der Exploration in den jeweiligen Kontexten auf das politische Interesse zeigen würden.

Im Kreuzpfadmodell für den Kontext des Elternhauses ergaben sich in beiden Geschlechtsgruppen nur schwache und partiell signifikante Kreuzpfade sowohl vom politischen Interesse auf die Häufigkeit der Exploration als auch von der Häufigkeit der Exploration auf das politische Interesse. Im Kreuzpfadmodell für den Kontext der Gleichaltrigen ergaben sich ebenfalls in beiden Geschlechtsgruppen nur partiell signifikante Kreuzpfade vom politischen Interesse auf die Häufigkeit der Exploration, außerdem aber zeigten sich nur bei den weiblichen Jugendlichen signifikante Rückwirkungen von der Häufigkeit der Exploration auf das politische Interesse. In den beiden Kreuzpfadmodellen für den Schulunterricht und die Massenmedien waren zwar sowohl die Kreuzpfade vom politischen Interesse auf die Häufigkeit der Exploration als auch die Rückwirkungen von der Häufigkeit der Exploration auf das politische Interesse etwas stärker ausgeprägt als in den beiden anderen Modellen, sie erwiesen sich aber ebenfalls nicht als durchgehend signifikant.

Einen Schwachpunkt der Modelle bildeten die hohen und signifikanten Residualkorrelationen, die zugelassen werden mussten, um eine ausreichende Modellanpassung zu erzielen. Hinter solchen Residualkorrelationen können sich weitere kausale Effekte mit kürzerer Wirkungszeit als durch die Messzeitpunkte abgebildet wird verbergen. Deshalb erübrigt sich bei hohen Residualkorrelationen ein Test der Stärke der beiden Einflussrichtungen gegeneinander.

Eine weitere Frage bezog sich auf mögliche Geschlechtsunterschiede in den kausal interpretierbaren Einflüssen von der Häufigkeit der Exploration in den jeweiligen Kontexten auf das politischen Interesse der Jugendlichen. Ein Test auf Geschlechtsunterschiede ließ sich zwar durchführen, war aufgrund der hohen Residualkorrelationen aber ebenfalls nicht sinnvoll interpretierbar.

Festgehalten werden kann, dass sich abgesehen von der einen Ausnahme in allen Modellen Hinweise darauf ergaben, dass es sich bei den in den querschnittlichen Analysen ermittelten einseitigen Einflüssen in Wirklichkeit um wechselseitige Einflussprozesse handelt. Darüber hinaus kann auch bei dieser einen Ausnahme nicht ausgeschlossen werden, dass sich entsprechende kausale Einflüsse in den hohen Residualkorrelationen verbergen, dass es sich also auch dort eigentlich um einen rekursiven Prozess handelt.

9.5 Fazit

Wie in vielen anderen Untersuchungen fand sich auch in unseren Daten ein deutlicher Geschlechtsunterschied im politischen Interesse. Weibliche Jugendliche waren über alle Messzeitpunkte hinweg weniger an Politik interessiert als männliche Jugendliche.

Hinter Geschlechtsunterschieden im politischen Interesse wurde häufig ein Artefakt der Messung vermutet. Vor dem Hintergrund des immer noch weit verbreiteten Geschlechtsrollenstereotyps, demnach Politik eher Männersache sei, würden Frauen in Interviewsituationen ihr politisches Interesse untertreiben, Männer ihres übertreiben. Der Indikator für politisches Interesse sei somit anfällig für Effekte der sozialen Erwünschtheit (z.B. van Deth, 1990). Entgegen dieser These existieren eine Reihe von Befunden, die belegen, dass es sich beim Geschlechtsunterschied im politischen Interesse nicht nur um ein methodisches Artefakt, sondern auch um einen substantiellen Unterschied handelt (vgl. dazu Westle, 2001b). Weibliche Jugendliche messen dem

Lebensbereich Politik weniger Bedeutung bei, halten sich in Sachen Politik für weniger kompetent und können oder wollen sich selbst seltener einer politischen Position zuordnen als männliche Jugendliche. Zudem zeigt die vorliegende Untersuchung, dass weibliche Jugendliche weniger häufig über politische Sachverhalte explorieren als männliche Jugendliche, was insbesondere für die Kontexte Freundschaftsbeziehungen, Schulunterricht und Massenmedien (hier nur das Fernsehen) gilt.

Von feministischer Seite wurde häufiger die beschränkte Validität der Messung des politischen Interesses kritisiert. Die Indikatoren der politischen Kulturforschung seien darauf ausgerichtet, ausschließlich institutionalisierte Formen der politischen Beteiligung zu erfassen. Sie orientierten sich dabei an einem männlich verengten Politikbegriff. Im Gegensatz zu Männern hätten Frauen aber ein durch Kooperation und gesamtheitliches Denken gekennzeichnetes Politikverständnis, das seinen Ausdruck vor allem in den nicht institutionalisierten Formen politischer Beteiligung finde. Das politische Interesse und die politische Beteiligung von Frauen erscheine somit allein schon durch die Art der Erfassung und entgegen der Realität als defizitär (z.B. Meyer, 1994; Sauer, 1995).

Zu diesem Punkt kann angemerkt werden, dass unsere eigene Untersuchung Hinweise dafür liefert, dass mit dem Indikator für das allgemeine politische Interesse stärker die männlich dominierten, klassischen Felder der Politik assoziiert werden als die so genannten neuen Politikfelder (Kuhn & Schmid, 2004). Das politische Potential von weiblichen Jugendlichen, aber auch das von männlichen, wird durch den Indikator für das allgemeine politische Interesse also tatsächlich in dem Maße unterschätzt, wie sich die Jugendlichen ausschließlich in diesen neuen, wenig institutionalisierten Politikformen engagieren. Inwieweit sich durch diese Unterschätzung aber Verzerrungen zugunsten der männlichen Jugendlichen ergeben, hängt davon ab, in welchem Maße sich die weiblichen Jugendlichen stärker als die männlichen in den neuen, weniger institutionalisierten Formen politisch engagieren.

Insgesamt spricht Einiges dafür, dass es sich bei dem Geschlechtsunterschied im politischen Interesse um einen substantiellen Unterschied handelt, dass der Indikator für politisches Interesse aber vor allem das Interesse im Sinne eines traditionellen Politikbegriffs erfasst. Die so genannten neuen Politikfelder werden weder von den männlichen noch von den weiblichen Jugendlichen mit der Frage nach dem allgemeinen Interesse an Politik assoziiert. Die Ergebnisse der vorliegenden Arbeit beziehen sich damit sämtlich auf politisches Interesse im Sinne dieses traditionellen Politikbegriffs, eines Politikbegriffs allerdings, den die Jugendlichen selbst ihrem Handeln zugrunde legen.

Zu den Ergebnissen bleibt anzumerken, dass die querschnittlich durchgeführten Analysen als eine nur recht unzuverlässige Basis für die Interpretation angesehen werden können, da in querschnittlichen Analysen keine vollständige Kontrolle von Drittvariablen möglich ist. Der Versuch, diesen Mangel über die Berechnung von längsschnittlich angelegten Kreuzpfadmodellen zu beheben, war jedoch ebenfalls von nur eingeschränktem Erfolg gekrönt. Zum einen wurden die Modelle mangels mehrerer Indikatoren (und weil die Messung des politischen Interesses bewusst anhand eines in der Umfrageforschung gebräuchlichen Instruments durchgeführt wurde) ohne Messmodelle berechnet. Dadurch bleibt eine gewisse Unsicherheit über die Gültigkeit der Ergebnisse bestehen, da Kreuzpfadkoeffizienten empfindlich auf die mangelnde Reliabilität der Indikatoren reagieren können (vgl. die Anmerkungen auf S. 145). Zukünftigen Untersuchungen dieser Art wäre anzuraten, von vornherein Messungen anhand von mehreren Indikatoren vorzusehen. Zum anderen aber mussten in den berechneten Kreuzpfadmodellen die Residualkorrelationen zugelassen werden. Das Zulassen von Residualkorrelationen schmälert zwar nicht die Möglichkeit des Nachweises von kausalen Effekten, es ist jedoch beim Auftreten hoher Residualkorrelationen nicht mehr möglich, gesicherte Aussagen über die relative Stärke dieser Effekte oder über das Vorhandensein von Geschlechtsunterschieden in diesen Effekten zu machen.

Als Ergebnis bleibt festzuhalten, dass die männlichen Jugendlichen häufiger als die weiblichen Jugendlichen Massenmedien nutzten, um sich über Politik zu informieren, und dass die Nutzung von Massenmedien bei den männlichen Jugendlichen einen stärkeren Einfluss auf ihr politisches Interesse hatte als bei den weiblichen Jugendlichen. Darüber hinaus erwiesen sich die Massenmedien als ein Kontext, der von beiden Geschlechtern relativ häufig für die politische Exploration genutzt wurde und der gleichzeitig in beiden Geschlechtsgruppen den vergleichsweise stärksten Einfluss auf das politische Interesse der Jugendlichen hatte. Es konnte der Nachweis erbracht werden, dass die Nutzung von Massenmedien, entgegen der These einer möglicherweise entpolitisierenden Wirkung der Medienberichterstattung, in beiden Geschlechtsgruppen einen positiven kausalen Effekt auf das politische Interesse der Jugendlichen hatte.

Männliche Jugendliche gaben an, im Schulunterricht bei politischen Themen häufiger mitzuarbeiten als weibliche Jugendliche. Außerdem hatte die Mitarbeit im Schulunterricht bei den männlichen Jugendlichen einen signifikant stärkeren Einfluss auf ihr politischen Interesse als bei den weiblichen Jugendlichen. Zwar bildete der Schulunterricht für beide Geschlechter einen relativ häufig genutzten Kontext für die politische Exploration, auf das politische Interesse jedoch zeigte die politische Exploration im Kontext des Schulunterrichts nur bei den männlichen Jugendlichen einen vergleichsweise starken, bei den weiblichen Jugendlichen dagegen einen nur sehr schwachen Einfluss. Offenbar profitierten die weiblichen Jugendlichen nicht in gleichem Maße vom Unterricht zu politischen Themen wie die männlichen Jugendlichen. Der über die vier Messzeitpunkte hinweg stabile Geschlechtsunterschied zeigt zudem, dass der Unterricht nicht in der Lage war, kompensatorisch auf das geringere politische Interesse der weiblichen Jugendlichen einzuwirken. Anhand der längsschnittlich durchgeführten Kreuzpfadanalysen konnte nachgewiesen werden, dass der Unterricht überhaupt eine kausal interpretierbare, positive Wirkung auf das politische Interesse der Jugendlichen hat, und zwar in beiden Geschlechtsgruppen.

Männliche Jugendliche kommunizierten signifikant häufiger mit ihren besten Freunden und mit ihren Freunden allgemein über Politik als weibliche Jugendliche mit ihrer besten Freundin und mit ihren Freunden allgemein. Außerdem bildeten der beste Freund und die Freunde allgemein für die männlichen Jugendlichen bei Fragen zur Politik fast ebenso wichtige Gesprächspartner wie der Vater, für die weiblichen Jugendlichen dagegen erwiesen sich die Freunde und die beste Freundin als weniger wichtige Gesprächspartner im Vergleich zum Vater. Angenommen wurde vor diesem Hintergrund, dass die gleichaltrigen Freunde für die männlichen Jugendlichen einen stärker stimulierenden Kontext für die Herausbildung von politischem Interesse bilden könnten als für die weiblichen Jugendlichen. Entgegen dieser These zeigte sich jedoch für den Einfluss der Exploration im Kontext von Gleichaltrigen (beste Freunde und Freunde) auf das politische Interesse der Jugendlichen kein Geschlechtsunterschied. Zudem erwies sich die Exploration im Kontext von Gleichaltrigen bei den weiblichen Jugendlichen als zweitstärkster Einflussfaktor während er bei den männlichen Jugendlichen erst an dritter Stelle stand. Zurückgeführt wurde dieser relativ hohe Stellenwert des Gleichaltrigenkontextes bei den weiblichen Jugendlichen auf ihre größere Beziehungsorientierung. Freunde und beste Freunde waren für die weiblichen Jugendlichen wichtigere Bezugspersonen als für die männlichen Jugendlichen.

Ein kausaler Effekt der Häufigkeit der Exploration im Kontext von Gleichaltrigen auf das politische Interesse der Jugendlichen konnte nur für die weiblichen Jugendlichen nachgewiesen werden. Aufgrund der hohen Residualkorrelationen, die sich im entsprechenden Kreuzpfadmodell auch bei den männlichen Jugendlichen ergaben, ist jedoch nicht auszuschließen, dass auch bei den männlichen Jugendlichen kausale Wirkungen existieren. Vermutlich wurden diese über die erhobenen Messzeitpunkte nur nicht erfasst.

Obgleich die Mütter für die weiblichen Jugendlichen signifikant wichtigere Bezugspersonen waren als für die männlichen Jugendlichen, ergab sich weder für die

Häufigkeit der Kommunikation über Politik mit den Müttern noch für die Häufigkeit der Kommunikation über Politik mit den Vätern ein Geschlechtsunterschied. In beiden Geschlechtsgruppen erwiesen sich die Väter als gleichermaßen wichtige Gesprächspartner bei politischen Fragen und die Mütter als in dieser Hinsicht als gleichermaßen unwichtig. Für den Einfluss der Häufigkeit der Kommunikation über Politik mit den Müttern auf das politische Interesse zeigte sich ebenfalls kein Geschlechtsunterschied, der Einfluss der Häufigkeit der Kommunikation über Politik mit den Vätern dagegen lag bei den männlichen Jugendlichen etwas höher als bei den weiblichen Jugendlichen (nur im bivariaten Modell). Insgesamt hatte die Exploration im Kontext des Elternhauses bei den weiblichen Jugendlichen noch vor der Exploration im Kontext des Schulunterrichts den drittstärksten Einfluss auf das politische Interesse während er bei den männlichen Jugendlichen erst an vierter Stelle stand. Trotz des in beiden Geschlechtsgruppen eher schwachen Einflusses der Exploration im Kontext des Elternhauses auf das politische Interesse der Jugendlichen zeigten sich in der Längsschnittanalyse bei den männlichen wie bei den weiblichen Jugendlichen kausal interpretierbare Effekte.

Insgesamt verlief die Entwicklung des politischen Interesses bei den männlichen Jugendlichen etwas stärker über die Exploration im Kontext von Massenmedien und deutlich stärker über die Exploration im Kontext des Schulunterrichts. Bei den weiblichen Jugendlichen verlief die Entwicklung des politischen Interesses dagegen – zumindest relativ betrachtet – etwas stärker über die Exploration im Kontext von Gleichaltrigen sowie über die Exploration im Kontext des Elternhauses.

Die Ergebnisse können somit dahingehend interpretiert werden, dass die Exploration im Kontext von engen sozialen Beziehungen bei den weiblichen Jugendlichen einen höheren Stellenwert hat als bei den männlichen Jugendlichen. Diese Interpretation kann durch zwei weitere Argumente unterstrichen werden. Zum einen erwies sich die Messung des politischen Interesses bei den weiblichen Jugendlichen als weniger reliabel als bei den männlichen Jugendlichen. Niedrigere Reliabilitäten führen in der Regel dazu, dass Zusammenhänge mit anderen Variablen unterschätzt werden. Trotz der niedrigeren Reliabilität der Messung des politischen Interesses waren bei den weiblichen Jugendlichen die querschnittlich ermittelten Einflüsse der Exploration im Kontext von Gleichaltrigen und im Kontext des Elternhauses etwa gleich stark ausgeprägt wie bei den männlichen Jugendlichen. Zum anderen war im multivariaten Modell die Exploration im Kontext von Partnerschaftsbeziehungen nicht mit einbezogen. Zwar war der Geschlechtsunterschied in den entsprechenden bivariaten Analysen nicht signifikant, es zeigten sich aber bei den weiblichen Jugendlichen tendenziell höhere Beta-Gewichte für den Einfluss der Häufigkeit der Kommunikation mit dem festen

Freund auf das politische Interesse als bei den männlichen Jugendlichen. Zumindest für den Teil der weiblichen Jugendlichen, die einen festen Partner haben, könnte die Partnerschaft somit einen weiteren einflussreicheren Explorationskontext des sozialen Nahbereichs darstellen.

Literatur

Achatz, J. (2000). Lebensverhältnisse in Deutschland im Spiegel subjektiver Wahrnehmung. In M. Gille & W. Krüger (Hrsg.), *Unzufriedene Demokraten. Politische Orientierungen der 16- bis 29jährigen im vereinigten Deutschland* (S. 81-119). Opladen: Leske & Budrich.

Achatz, J., Gaiser, W., Gille, M., Kleinert, C., Krüger, W., & de Rijke, J. (2000). Jugendliche und junge Erwachsene 1992 und 1997: Eine kritische Bilanz. In M. Gille & W. Krüger (Hrsg.), *Unzufriedene Demokraten. Politische Orientierungen der 16- bis 29jährigen im vereinigten Deutschland* (S. 423-436). Opladen: Leske & Budrich.

Achatz, J., Krüger, W., Rainer, M., & de Rijke, J. (2000). Heranwachsen im vereinigten Deutschland: Lebensverhältnisse und private Lebensformen. In M. Gille & W. Krüger (Hrsg.), *Unzufriedene Demokraten. Politische Orientierungen der 16- bis 29jährigen im vereinigten Deutschland* (S. 33-79). Opladen: Leske & Budrich.

Ackermann, P. (1996). Das Schulfach „Politische Bildung" als institutionalisierte politische Sozialisation. In B. Claußen & R. Geißler (Hrsg.), *Die Politisierung des Menschen. Instanzen der politischen Sozialisation. Ein Handbuch* (S. 91-100). Opladen: Leske & Budrich.

Adelson, J. (1977). Die politischen Vorstellungen des Jugendlichen in der Frühadoleszenz. In R. Döbert & J. Habermas & G. Nunner-Winkler (Hrsg.), *Entwicklung des Ichs* (S. 272-293). Köln: Kiepenheuer & Witsch.

Albert, M., Hurrelmann, K., Linssen, R. & Quellenberg, H. (2002). Entgrenzung von Politik? Ein Resümee. In Deutsche Shell (Hrsg.), *Jugend 2002. Zwischen pragmatischem Idealismus und robustem Materialismus* (S. 213-220). Frankfurt a.M.: Fischer.

Allerbeck, K. R., Jennings, M. K., & Rosenmayr, L. (1979). Generations and Families. Political Action. In S. H. Barnes, M. Kaase u.a (Hrsg.), *Political Action. Mass Participation in Five Western Democracies* (S. 487-522). Beverly Hills, CA: Sage.

Barnes, S. H., Kaase, M. u.a. (1979). *Political Action. Mass Participation in Five Western Democracies*. Beverly Hills, CA: Sage.

Becker-Schmidt, R. (1993). Geschlechterdifferenz-Geschlechterverhältnis: Soziale Dimensionen des Begriffs „Geschlecht". *Zeitschrift für Frauenforschung, 11*(1,2), 37-46.

Behrmann, G. C. (1975). *Soziales System und politische Sozialisation. Eine Kritik der neueren politischen Pädagogik* (2. erw. Auflage). Stuttgart: Kohlhammer.

Bilden, H. (1982). Geschlechtsspezifische Sozialisation. In K. Hurrelmann & D. Ulich (Hrsg.), *Handbuch der Sozialisationsforschung* (2. Auflage, S. 777-812). Weinheim, Basel: Beltz.

Bilden, H. (1991). Geschlechtsspezifische Sozialisation. In K. Hurrelmann & D. Ulich (Hrsg.), *Neues Handbuch der Sozialisationsforschung* (S. 279-301). Weinheim: Beltz.

Bittner, E., & Hoppe, H. (1998). „Politik ist Männersache; Frauen sind unpolitisch". In M. von Lutzau (Hrsg.), *Frauenkreativität Macht Schule* (S. 83-89). Weinheim: Deutscher Studien Verlag.

Boehnke, K., Fuß, D., & Rupf, M. (2000). Die Kinder der Friedensbewegung: Lebenswege in die Politikverdrossenheit? In H.-P. Kuhn & H. Uhlendorff & L. Krappmann (Hrsg.), *Sozialisation zur Mitbürgerlichkeit* (S. 113-131). Opladen: Leske & Budrich.

Bortz, J. (1993). *Statistik. Für Sozialwissenschaftler* (4. vollst. überarb. Auflage). Berlin: Springer.

Campbell, B. A. (1980). A Theoretical Approach to Peer Influence in Adolescent Socialization. *American Journal of Political Science, 24*(2), 324-344.

Chodorow, N. (1985). *Das Erbe der Mütter. Psychoanalyse und Soziologie der Geschlechter.* München: Frauenoffensive.

Claußen, B. (1982a). Was ist und wie erforscht man politische Sozialisation? In B. Claußen & K. Wasmund (Hrsg.), *Handbuch der politischen Sozialisation* (S. 1-22). Braunschweig: Agentur für wissenschaftliche Literatur, Pedersen.

Claußen, B. (1982b). Welcher Art sind die Beziehungen zwischen der politischen Sozialisation und dem Politikunterricht in den Sekundarstufen I und II des Schulwesens? In B. Claußen & K. Wasmund (Hrsg.), *Handbuch der politischen Sozialisation* (S. 201-235). Braunschweig: Agentur für wissenschaftliche Literatur, Pedersen.

Claußen, B. (1995). Zur Sozialgeschichte der politischen Erziehung in der Bundesrepublik Deutschland: Versäumnisse der Vergangenheitsbewältigung, Pluralismus und die Grenzenlosigkeit strikter West-Orientierung. In B. Claußen & B. Wellie (Hrsg.), *Bewältigungen: Politik und Politische Bildung im vereinigten Deutschland* (S. 376-496). Hamburg: Krämer.

Claußen, B. (1996). Die Politisierung des Menschen und die Instanzen der politischen Sozialisation: Problemfelder gesellschaftlicher Alltagspraxis und sozialwissenschaftlicher Theoriebildung. In B. Claußen & R. Geißler (Hrsg.), *Die Politisierung des Menschen. Instanzen der politischen Sozialisation. Ein Handbuch* (S. 15-48). Opladen: Leske & Budrich.

Conell, R. W. (1972). Political Socialization in the American Family: The Evidence Re-examined. *The Public Opinion Quarterly, 36*, 323-333.

Cornelissen, W. (1993a). Traditionelle Rollenmuster - Frauen- und Männerbilder in westdeutschen Medien. In G. Helwig & H. M. Nickel (Hrsg.), *Frauen in Deutschland 1945 - 1992* (S. 53-69). Berlin: Akademie Verlag.

Cornelissen, W. (1993b). Politische Partizipation von Frauen in der alten Bundesrepublik und im vereinten Deutschland. In G. Helwig & H. M. Nickel (Hrsg.), *Frauen in Deutschland 1945 - 1992* (S. 321-349). Berlin: Akademie Verlag.

Dalton, R. J. (1980). Reassessing Parental Socialization: Indicator Unreliability Versus General Transfer. *The American Political Science Review, 74*(2), 421-431.

Davies, J. C. (1965). The Family's Role in Political Socialization. Origins of Political Legitimacy. *The Annals of the American Academy of Social and Political Science, 361*, 10-19.

Dawson, R. E., Prewitt, K., & Dawson, K. S. (1977). *Political Socialization: An Analytic Study* (2. Auflage). Boston: Little, Brown.

Deutscher Ausschuß für das Erziehungs- und Bildungswesen. (1975). Gutachten zur Politischen Bildung und Erziehung. Bonn, den 22. Januar 1955. In H. Schneider (Hrsg.), *Politische Bildung in der Schule. Grundfragen. Zur Entwicklung der Diskussion in der Bundesrepublik Deutschland* (Bd. 1, S. 295-310). Darmstadt: Wissenschaftliche Buchgesellschaft.

Deutsches PISA-Konsortium (Hrsg.). (2000). *PISA 2000. Basiskompetenzen von Schülerinnen und Schülern im internationalen Vergleich.* Opladen: Leske & Budrich.

Donsbach, W. (1989). Selektive Zuwendung zu Medieninhalten. Einflußfaktoren auf die Auswahlentscheidungen der Rezipienten. In M. Kaase & W. Schulz (Hrsg.), *Massenkommunikation. Theorien, Methoden, Befunde. Kölner Zeitschrift für Soziologie und Sozialpsychologie.* Sonderheft 30 (S. 392-405). Opladen: Westdeutscher Verlag.

Easton, D., & Dennis, J. (1969). *Children in the Political System. Origins of Political Legitimacy.* New York: McGraw-Hill.

Engel, U., & Reinecke, J. (1994). *Panelanalysen. Grundlagen, Techniken, Beispiele.* Berlin: de Gruyter.

Erikson, E. H. (1973). *Identität und Lebenszyklus.* Frankfurt a.M.: Suhrkamp.

Fend, H. (1991). *Identitätsentwicklung in der Adoleszenz* (Bd. 2). Bern: Hans Huber.

Fend, H. (1998). *Eltern und Freunde. Soziale Entwicklung im Jugendalter* (Bd. 5). Bern: Hans Huber.

Fend, H. (2001). *Entwicklungspsychologie des Jugendalters* (2. Auflage). Opladen: Leske & Budrich.

Fischer, A. (1992). Politik und jugendliche Lebenswelt. Gruppenporträts. In Jugendwerk der Deutschen Shell (Hrsg.), *Jugend '92. Lebenslagen, Orientierungen und Entwicklungsperspektiven im vereinigten Deutschland* (Bd. 2, S. 49-71). Opladen: Leske & Budrich.

Fischer, A. (1997). Engagement und Politik. In Jugendwerk der Deutschen Shell (Hrsg.), *Jugend '97. Zukunftsperspektiven, Gesellschaftliches Engagement, Politische Orientierungen* (S. 303-341). Opladen: Leske & Budrich.

Fischer, A. (2000a). Jugend und Politik. In Deutsche Shell (Hrsg.), *Jugend 2000* (Bd. 1, S. 261-282). Opladen: Leske & Budrich.

Fischer, A. (2000b). Jugendliche im Osten - Jugendliche im Westen. In Deutsche Shell (Hrsg.), *Jugend 2000* (Bd. 1, S. 283-303). Opladen: Leske & Budrich.

Förster, P., Friedrich, W., Müller, H., & Schubarth, W. (1993). *Jugend Ost: Zwischen Hoffnung und Gewalt.* Opladen: Leske & Budrich.

Friedrich, W., & Förster, P. (1997). Politische Orientierungen ostdeutscher Jugendlicher und junger Erwachsener im Transformationsprozeß. In H. Sydow (Hrsg.), *Entwicklung und Sozialisation von Jugendlichen vor und nach der Vereinigung Deutschlands* (S. 18-73). Opladen: Leske & Budrich.

Fritzsche, Y. (1997). Jugendkulturen und Freizeitpräferenzen: Rückzug vom Politischen? In Jugendwerk der Deutschen Shell (Hrsg.), *Jugend '97. Zukunftsperspektiven, Gesellschaftliches Engagement, Politische Orientierungen* (S. 343-377). Opladen: Leske & Budrich.

Fritzsche, Y. (2000). Moderne Orientierungsmuster: Inflation am „Wertehimmel". In Deutsche Shell (Hrsg.), *Jugend 2000* (Bd. 1, S. 93-156). Opladen: Leske & Budrich.

Furman, W., & Buhrmester, D. (1992). Age and Sex Differences in Perceptions of Networks of Personal Relationships. *Child Development, 63*, 103-115.

Gaiser, W., & de Rijke, J. (2000). Partizipation und politisches Engagement. In M. Gille & W. Krüger (Hrsg.), *Unzufriedene Demokraten. Politische Orientierungen der 16- bis 29jährigen im vereinigten Deutschland* (S. 267-323). Opladen: Leske & Budrich.

Geissler, R. (1980). Zwischen Allmacht und Ohnmacht. Ergebnisse und Kritik der Wirkungsanalysen zur politischen Sozialisation in der Familie. *Schweizerische Zeitschrift für Soziologie, 6*, 485-500.

Geißler, R. (1982). Welchen Einfluß haben Massenmedien auf politisches Bewußtsein und politisches Handeln? In B. Claußen & K. Wasmund (Hrsg.), *Handbuch der politischen Sozialisation* (S. 84-103). Braunschweig: Agentur für wissenschaftliche Literatur, Pedersen.

Geissler, R. (1982). Neue Entwicklungen im Verhältnis von Familie und Politik. *Schweizerische Zeitschrift für Soziologie, 8*, 451-468.

Geißler, R. (1996). Politische Sozialisation in der Familie. In B. Claußen & R. Geißler (Hrsg.), *Die Politisierung des Menschen. Instanzen der politischen Sozialisation. Ein Handbuch* (S. 51-70). Opladen: Leske & Budrich.

Gensicke, T. (2002). Individualität und Sicherheit in neuer Synthese? Wertorientierung und gesellschaftliche Aktivität. In Deutsche Shell (Hrsg.), *Jugend 2002. Zwischen pragmatischem Idealismus und robustem Materialismus* (S. 139-212). Frankfurt a.M.: Fischer.

Gille, M. (2000). Werte, Rollenbilder und soziale Orientierung. In M. Gille & W. Krüger (Hrsg.), *Unzufriedene Demokraten. Politische Orientierungen der 16- bis 29jährigen im vereinigten Deutschland* (S. 143-203). Opladen: Leske & Budrich.

Gille, M., Krüger, W., & de Rijke, J. (2000). Politische Orientierungen. In M. Gille & W. Krüger (Hrsg.), *Unzufriedene Demokraten. Politische Orientierungen der 16- bis 29jährigen im vereinigten Deutschland* (S. 205-265). Opladen: Leske & Budrich.

Gilligan, C. (1984). *Die andere Stimme. Lebenskonflikte und Moral der Frau.* München, Zürich: Piper.

Greenstein, F. I. (1965). *Children and Politics.* New Haven: Yale University Press.

Greiffenhagen, S. (2002). Politische Sozialisation. In M. Greiffenhagen & S. Greiffenhagen (Hrsg.), *Handwörterbuch zur politischen Kultur der Bundesrepublik Deutschland* (S. 407-418). Wiesbaden: Westdeutscher Verlag.

Habermas, J. (1976). *Zur Rekonstruktion des Historischen Materialismus.* Frankfurt a.M.: Suhrkamp.

Hagemann-White, C. (1984). *Sozialisation: Weiblich - männlich?* Opladen: Leske & Budrich.

Helgeson, V. S. (1994). Relation of Agency and Communion to Well-Being: Evidence and Potential Explanations. *Psychological Bulletin, 116*(3), 412-428.

Hess, R. D., & Torney, J. V. (1967). *The Development of Political Attitudes in Children.* Chicago IL: Aldine.

Hoffmann-Lange, U. (1995). Politische Grundorientierungen. In U. Hoffmann-Lange (Hrsg.), *Jugend und Demokratie in Deutschland. DJI-Jugendsurvey 1* (S. 159-193). Opladen: Leske & Budrich.

Hoffmann-Lange, U. (2000). Bildungsexpansion und politische Kultur in der Bundesrepublik. In H.-P. Kuhn & H. Uhlendorff & L. Krappmann (Hrsg.), *Sozialisation zur Mitbürgerlichkeit* (S. 219-241). Opladen: Leske & Budrich.

Hoffmann-Lange, U., Krebs, D., & de Rijke, J. (1995). Kognitive politische Mobilisierung und politisches Vertrauen. In U. Hoffmann-Lange (Hrsg.), *Jugend und Demokratie in Deutschland. DJI-Jugendsurvey 1* (S. 359-387). Opladen: Leske & Budrich.

Holtz-Bacha, C. (1989). Verleidet uns das Fernsehen die Politik? Auf den Spuren der „Videomalaise". In M. Kaase & W. Schulz (Hrsg.), *Massenkommunikation. Theorien, Methoden, Befunde. Kölner Zeitschrift für Soziologie und Sozialpsychologie. Sonderheft 30* (S. 239-252). Opladen: Westdeutscher Verlag.

Hopf, C., & Hopf, W. (1997). *Familie, Persönlichkeit, Politik. Eine Einführung in die politische Sozialisation.* Weinheim, München: Juventa.

Hurrelmann, K. (2001). *Einführung in die Sozialisationstheorie* (7. Auflage). Weinheim, Basel: Beltz.

Hurrelmann, K., Linssen, R., Albert, M., & Quellenberg, H. (2002). Eine Generation von Egotaktikern? Ergebnisse der bisherigen Jugendforschung. In Deutsche Shell (Hrsg.), *Jugend 2002. Zwischen pragmatischem Idealismus und robustem Materialismus* (S. 31-51). Frankfurt a.M.: Fischer.

Hyman, H. H., & Sheatsley, P. B. (1947). Some Reasons Why Information Campaigns Fail. *Public Opinion Quarterly, 11,* 412-423.

Ingrisch, M. (1997). *Politisches Wissen, politisches Interesse und politische Handlungsbereitschaft bei Jugendlichen aus den alten und neuen Bundesländern. Eine Studie zum Einfluß von Medien und anderen Sozialisationsbedingungen.* Regensburg: Roderer.

Isermann, K., & Weiss, K. (2001). Der Einfluss unterschiedlicher (Aus-)Bildungswege auf das Wahlverhalten von Erstwählern. In H.-P. Kuhn & K. Weiss & H. Oswald (Hrsg.), *Jugendliche Wähler in den neuen Bundesländern. Eine Längsschnittstudie zum Verhalten von Erstwählern bei der Bundestagswahl 1998* (S. 185-213). Opladen: Leske & Budrich.

Jacobi, J. (1991). Sind Mädchen unpolitischer als Jungen? In W. Heitmeyer & J. Jacobi (Hrsg.), *Politische Sozialisation und Individualisierung. Perspektiven und Chancen politischer Bildung* (S. 99-116). Weinheim, München: Juventa.

Jennings, M. K., Allerbeck, K. R., & Rosenmayr, L. (1979). Generations and Families. General Orientations. In S. H. Barnes, M. Kaase u.a (Hrsg.), *Political Action. Mass Participation in Five Western Democracies* (S. 449-486). Beverly Hills CA: Sage.

Jennings, M. K., Ehman, L. H., & Niemi, R. G. (1974). Social Studies Teachers and Their Pupils. In M. K. Jennings & R. G. Niemi (Hrsg.), *The Political Character of Adolescence: The Influence of Families and Schools* (S. 207-227). Princeton, NJ: Princeton University Press.

Jennings, M. K., & Langton, K. P. (1969). Mothers Versus Fathers: The Formation of Political Orientations Among Young Americans. *The Journal of Politics, 31*, 329-358.

Jennings, M. K., Langton, K. P., & Niemi, R. G. (1974). Effects of the High School Civics Curriculum. In M. K. Jennings & R. G. Niemi (Hrsg.), *The Political Character of Adolescence: The Influence of Families and Schools* (S. 181-206). Princeton, NJ: Princeton University Press.

Jennings, M. K., & Niemi, R. G. (1968). The Transmission of Political Values from Parent to Child. *American Political Science Review, 12*, 169-184.

Jennings, M. K., & Niemi, R. G. (1974). *The Political Character of Adolescence: The Influence of Families and Schools*. Princeton, NJ: Princeton University Press.

Jugendwerk der Deutschen Shell (Hrsg.) (1992). *Jugend '92. Lebenslagen, Orientierungen und Entwicklungsperspektiven im vereinigten Deutschland*. Opladen: Leske & Budrich.

Kaase, M. (1989a). Politische Einstellungen der Jugend. In M. Markefka & R. Nave-Herz (Hrsg.), *Handbuch der Familien- und Jugendforschung* (Bd. 2, S. 607-624). Neuwied, Frankfurt: Luchterhand.

Kaase, M. (1989b). Fernsehen, gesellschaftlicher Wandel und politischer Prozeß. In M. Kaase & W. Schulz (Hrsg.), *Massenkommunikation. Theorien, Methoden, Befunde. Kölner Zeitschrift für Soziologie und Sozialpsychologie. Sonderheft 30* (S. 97-117). Opladen: Westdeutscher Verlag.

Kandel, D. B. (1986). Processes of Peer Influences in Adolescence. In R. K. Silbereisen & K. Eyferth & G. Rudinger (Hrsg.), *Development as Action in Context. Problem Behavior and Normal Youth Development* (S. 203-227). Berlin: Springer.

Kandzora, G. (1996). Schule als vergesellschaftete Einrichtung: Heimlicher Lehrplan und politisches Lernen. In B. Claußen & R. Geißler (Hrsg.), *Die Politisierung des Menschen. Instanzen der politischen Sozialisation. Ein Handbuch* (S. 71-89). Opladen: Leske & Budrich.

Kelle, H. (1993). Politische Sozialisation bei Jungen und Mädchen. Kritik und Perspektiven der Forschung. *Feministische Studien, 1*, 126-139.

Kleinert, C. (2000a). Einstellungen gegenüber Migranten. In M. Gille & W. Krüger (Hrsg.), *Unzufriedene Demokraten. Politische Orientierungen der 16- bis 29jährigen im vereinigten Deutschland* (S. 355-397). Opladen: Leske & Budrich.

Kleinert, C. (2000b). Nationale Identität. In M. Gille & W. Krüger (Hrsg.), *Unzufriedene Demokraten. Politische Orientierungen der 16- bis 29jährigen im vereinigten Deutschland* (S. 325-354). Opladen: Leske & Budrich.

Klingemann, H.-D., & Voltmer, K. (1989). Massenmedien als Brücke zur Welt der Politik. Nachrichtennutzung und politische Beteiligungsbereitschaft. In M. Kaase & W. Schulz (Hrsg.), *Massenkommunikation. Theorien, Methoden, Befunde. Kölner Zeitschrift für Soziologie und Sozialpsychologie. Sonderheft 30* (S. 221-238). Opladen: Westdeutscher Verlag.

Knapp, G.-A. (1987). Arbeitsteilung und Sozialisation: Konstellationen von Arbeitsvermögen und Arbeitskraft im Lebenszusammenhang von Frauen. In U. Beer (Hrsg.), *Klasse Geschlecht. Feministische Gesellschaftsanalyse und Wissenschaftskritik* (S. 267-308). Bielefeld: AJZ Verlag.

Kohlberg, L. (1976). Moral Stages and Moralization: The Cognitive Developmental Approach. In T. Lickona (Hrsg.), *Moral Development and Behavior. Theory, Research, and Social Issues* (S. 31-53). New York: Holt, Rinehart & Winston.

Kohlberg, L. (1996). *Die Psychologie der Moralentwicklung*. Frankfurt a.M.: Suhrkamp.

Krampen, G. (1990). Sequenzanalytische Befunde zur Entwicklung politischer Handlungsorientierungen im Jugendalter. *Zeitschrift für Entwicklungspsychologie und Pädagogische Psychologie, 22*, 325-340.

Krampen, G. (1991). *Entwicklung politischer Handlungsorientierungen im Jugendalter. Ergebnisse einer explorativen Längsschnittsequenz-Studie*. Göttingen: Hogrefe.

Krampen, G. (1998). Vorhersage politischer Partizipation und Entwicklung politischer Handlungsorientierungen im Übergang vom Jugend- zum frühen Erwachsenenalter. *Zeitschrift für Entwicklungspsychologie und Pädagogische Psychologie, 30*, 80-88.

Krampen, G., & Ebel, B. (1990). Zur Bedeutung direkter Interaktionserfahrungen für die politische Sozialisation im Jugendalter. *Psychologie in Erziehung und Unterricht, 37*, 269-282.

Krampen, G., & Ebel, B. (1991). *Zur Bedeutung primärer Bezugspersonen in der politischen Sozialisation von Sekundarstufenschülern* (Bd. 18). Trier: Universität Trier. Fachbereich I. Psychologie.

Krapp, A. (1992a). Das Interessenkonstrukt. Bestimmungsmerkmale der Interessenhandlung und des individuellen Interesses aus der Sicht einer Person-Gegenstands-Konzeption. In A. Krapp & M. Prenzel (Hrsg.), *Interesse, Lernen, Leistung. Neuere Ansätze der pädagogisch-psychologischen Interessenforschung* (S. 297-329). Münster: Aschendorff.

Krapp, A. (1992b). Konzepte und Forschungsansätze zur Analyse des Zusammenhangs von Interesse, Lernen und Leistung. In A. Krapp & M. Prenzel (Hrsg.), *Interesse, Lernen, Leistung. Neuere Ansätze der pädagogisch-psychologischen Interessenforschung* (S. 9-52). Münster: Aschendorff.

Krapp, A. (1992c). Interesse - Ein neu entdecktes Forschungsgebiet der empirischen Pädagogik. In K. Ingenkamp & R. S. Jäger & H. Petillon & B. Wolf (Hrsg.), *Empirische Pädagogik 1970-1990. Eine Bestandsaufnahme der Forschung in der Bundesrepublik Deutschland* (Bd. 2, S. 617-623). Weinheim: Deutscher Studien Verlag.

Krappmann, L. (1971). *Soziologische Dimensionen der Identität. Strukturelle Bedingungen für die Teilnahme an Interaktionsprozessen.* Stuttgart: Klett-Cotta.

Krappmann, L. (1991). Sozialisation in der Gruppe der Gleichaltrigen. In K. Hurrelmann & D. Ulich (Hrsg.), *Neues Handbuch der Sozialisationsforschung* (S. 355-375). Weinheim: Beltz.

Kuhn, H.-P. (2000). *Mediennutzung und politische Sozialisation. Eine empirische Studie zum Zusammenhang zwischen Mediennutzung und politischer Identitätsbildung im Jugendalter.* Opladen: Leske & Budrich.

Kuhn, H.-P. (2001). Wahlbereitschaft und Parteipräferenzen von Erstwählern - Entwicklungsverläufe und Determinanten des Wahlverhaltens. In H.-P. Kuhn & K. Weiss & H. Oswald (Hrsg.), *Jugendliche Wähler in den neuen Bundesländern. Eine Längsschnittstudie zum Verhalten von Erstwählern bei der Bundestagswahl 1998* (S. 87-126). Opladen: Leske & Budrich.

Kuhn, H.-P. (2002). Geschlechtsunterschiede im politischen Interesse: Zur Bedeutung des Selbstkonzepts politischer Fähigkeiten. Vortrag auf der 62. Tagung der Arbeitsgruppe Empirische Pädagogische Forschung (AEPF), 18.-20. September, Jena.

Kuhn, H.-P., & Schmid, C. (2004). Politisches Interesse, Mediennutzung und Geschlechterdifferenz. Zwei Thesen zur Erklärung der Geschlechterdifferenz im politischen Interesse von Jugendlichen. In: D. Hoffmann & H. Merkens (Hrsg.): *Jugendsoziologische Sozialisationstheorie. Impulse für die Jugendforschung.* (S. 71-89) Weinheim: Juventa.

Kuhn, H.-P., Weiss, K. & Oswald, H. (Hrsg.). (2001). Jugendliche Wähler in den neuen Bundesländern. Eine Längsschnittstudie zum Verhalten von Erstwählern bei der Bundestagswahl 1998. Opladen: Leske & Budrich.

Kühnel, W. (1992). Orientierungen im politischen Handlungsraum. In Jugendwerk der Deutschen Shell (Hrsg.), *Jugend '92. Lebenslagen, Orientierungen und Entwicklungsperspektiven im vereinigten Deutschland* (Bd. 2, S. 59-71). Opladen: Leske & Budrich.

Kulke, C. (1982). Politische Sozialisation. In K. Hurrelmann & D. Ulich (Hrsg.), *Handbuch der Sozialisationsforschung* (2. Auflage, S. 745-776). Weinheim, Basel: Beltz.

Kulke, C. (1991). Politische Sozialisation und Geschlechterdifferenz. In K. Hurrelmann & D. Ulich (Hrsg.), *Neues Handbuch der Sozialisationsforschung* (S. 595-613). Weinheim: Beltz.

Lazarsfeld, P. F., Berelson, B., & Gaudet, H. (1948). *The People's Choice: How the Voters Makes up his Mind in a Presidential Campaign* (2. Auflage). New York, NY: Columbia University Press.

Linssen, R., Leven, I., & Hurrelmann, K. (2002). Wachsende Ungleichheit der Zukunftschancen? Familie, Schule und Freizeit als jugendliche Lebenswelten. In Deutsche Shell (Hrsg.), *Jugend 2002. Zwischen pragmatischem Idealismus und robustem Materialismus* (S. 53-90). Frankfurt a.M.: Fischer.

Maier, J. (2000). Politisches Interesse und politisches Wissen in Ost- und Westdeutschland. In J. Falter & O. W. Gabriel & H. Rattinger (Hrsg.), *Wirklich ein Volk? Die politischen Orientierungen von Ost- und Westdeutschen im Vergleich* (S. 141-171). Opladen: Leske & Budrich.

Marsh, D. (1975). Political Socialization and Intergenerational Stability in Political Attitudes. *British Journal of Political Science, 5,* 509-516.

Marcia, J. E. (1980). Identity in Adolescence. In J. Adelson (Hrsg.), *Handbook of Adolescent Psychology* (S. 159-187). New York: Wiley.

Meyer, B. (1994). „Wenn man so politisch aktiv ist, muß man sich ja noch lange nicht für Politik interessieren." Zum Politikverständnis von Mädchen. *Zeitschrift für Frauenforschung, 12*(1,2), 64-76.

Ministerium für Bildung, Jugend und Sport (Hrsg.). (1992). *Vorläufiger Rahmenplan des Landes Brandenburg. Politische Bildung. Gymnasiale Oberstufe, Sekundarstufe II*. Potsdam: Brandenburgische Universitätsdruckerei.

Münchmeier, R. (2000a). Deutschlandbild. In Deutsche Shell (Hrsg.), *Jugend 2000* (Bd. 1, S. 305-325). Opladen: Leske & Budrich.

Münchmeier, R. (2000b). Europa - Fassade oder Chance? In Deutsche Shell (Hrsg.), *Jugend 2000* (Bd. 1, S. 327-342). Opladen: Leske & Budrich.

Nie, N. H., Junn, J., & Stehlik-Barry, K. (1996). *Education and Democratic Citizenship in America*. Chicago: University of Chicago Press.

Oerter, R. (1998). Psychologische Aspekte: Können Jugendliche politisch mitentscheiden? In C. Palentien & K. Hurrelamm (Hrsg.), *Jugend und Politik* (S. 32-46). Neuwied: Luchterhand.

Oesterreich, D. (1974). *Autoritarismus und Autonomie*. Stuttgart: Klett.

Oesterreich, D. (2002). *Politische Bildung von 14-Jährigen in Deutschland. Studien aus dem Projekt Civic Education*. Opladen: Leske & Budrich.

Opp, K.-D., & Schmidt, P. (1976). *Einführung in die Mehrvariablenanalyse. Grundlagen der Formulierung und Prüfung komplexer sozialwissenschaftlicher Aussagen*. Reinbek: Rowohlt.

Oswald, H. (1989). Intergenerative Beziehungen (Konflikte) in der Familie. In M. Markefka & R. Nave-Herz (Hrsg.), *Handbuch der Familien- und Jugendforschung* (Bd. 2, S 367-381). Neuwied: Luchterhand.

Oswald, H. (1992). Beziehungen zu Gleichaltrigen. In Jugendwerk der Deutschen Shell (Hrsg.), *Jugend '92. Lebenslagen, Orientierungen und Entwicklungsperspektiven im vereinigten Deutschland* (S. 319-332). Opladen: Leske & Budrich.

Oswald, H. (2004). Politische Identität und freiwilliges Engagement im Jugendalter. *Forschungsjournal Neue Soziale Bewegungen, 17(1)*, 17-25.

Oswald, H., & Boll, W. (1992). Das Ende des Generationenkonflikts? Zum Verhältnis von Jugendlichen zu ihren Eltern. *Zeitschrift für Sozialisationsforschung und Erziehungssoziologie, 12*(1), 30-51.

Oswald, H. & Kuhn, H.-P. (2003). Erstwähler in den neuen Bundesländern. *Aus Politik und Zeitgeschichte, B15*, 18-25.

Oswald, H., Kuhn, H.-P., Rebenstorf, H., & Schmid, C. (1999). *Brandenburger Jugendlängsschnitt. Politische Sozialisation von Gymnasiasten in Brandenburg*

(Teilprojekt B). Ausgewählte Bereiche politischer Identitätsbildung: Entwicklungsverläufe, Übereinstimmungen mit Eltern und gleichaltrigen Freunden (Erhebungswellen 1 - 3). Universität Potsdam: Unveröffentlichtes Manuskript.

Oswald, H., & Völker, I. (1973). Gymnasiasten - Religiöse Partizipation und politische Orientierungen unter dem Einfluß der Eltern. In H.-G. Wehling (Hrsg.), *Jugend zwischen Auflehnung und Anpassung* (S. 116-147). Stuttgart: Kohlhammer.

Owen, D., & Dennis, J. (1988). Gender Differences in the Politicization of American Children. *Women and Politics, 8*(2), 23-43.

Owen, D., & Dennis, J. (1992). Sex Differences in Politicization: The Influence of Mass Media. *Women and Politics, 12*(4), 19-41.

Piaget, J. (1973). *Das moralische Urteil beim Kinde.* Frankfurt a.M.: Suhrkamp.

Pickel, G. (1996). Politisch verdrossen oder nur nicht richtig aktiviert? In R. K. Silbereisen & L. A. Vaskovics & J. Zinnecker (Hrsg.), *Jugendliche und junge Erwachsene 1991 und 1996* (S. 85-98). Opladen: Leske & Budrich.

Pöttker, H. (1996). Politische Sozialisation durch Massenmedien: Aufklärung, Manipulation und ungewollte Einflüsse. In B. Claußen & R. Geißler (Hrsg.), *Die Politisierung des Menschen. Instanzen der politischen Sozialisation. Ein Handbuch* (S. 149-157). Opladen: Leske & Budrich.

Rebenstorf, H. (Hrsg.) (2004). Democratic Development? East German, Israeli, and Palestinian Adolescents. Wiesbaden: VS Verlag.

Reitzle, M., & Riemenschneider. (1996). Gleichaltrige und Erwachsene als Bezugspersonen. In R. K. Silbereisen & L. A. Vaskovics & J. Zinnecker (Hrsg.), *Jungsein in Deutschland. Jugendliche und junge Erwachsene 1991 und 1996* (S. 301-313). Opladen: Leske & Budrich.

Renckstorf, K. (1989). Mediennutzung als soziales Handeln. Zur Entwicklung einer handlungstheoretischen Perspektive der empirischen (Massen-)Kommunikationsforschung. In M. Kaase & W. Schulz (Hrsg.), *Massenkommunikation. Theorien, Methoden, Befunde. Kölner Zeitschrift für Soziologie und Sozialpsychologie. Sonderheft 30* (S. 314-336). Opladen: Westdeutscher Verlag.

Rogosa, D. (1979). Causal Models in Longitudinal Research: Rationale, Formulation, and Interpretation. In J. R. Nesselroade & P. B. Baltes (Hrsg.), *Longitudinal Research in the Study of Behavior and Development* (S. 263-302). New York: Academic Press.

Rosenberg, M. (1954). Some Determinants of Political Apathy. *Public Opinion Quarterly, 18*, 350-366.

Sauer, B. (1995). Geschlecht als Variable oder als Strukturkategorie? "Political Culture Revisited". In E. Kreisky & B. Sauer (Hrsg.), *Feministische Standpunkte in der Politikwissenschaft. Eine Einführung* (S. 161-199). Frankfurt a.M.: Campus.

Schenk, M. (1989). Massenkommunikation und interpersonale Kommunikation. In M. Kaase & W. Schulz (Hrsg.), *Massenkommunikation. Theorien, Methoden, Befunde. Kölner Zeitschrift für Soziologie und Sozialpsychologie. Sonderheft 30* (S. 406-417). Opladen: Westdeutscher Verlag.

Schenk, M. (2002). *Medienwirkungsforschung* (2. vollst. überarb. Auflage). Tübingen: Mohr Siebeck.

Schneekloth, U. (2002). Demokratie, ja - Politik, nein? Einstellungen Jugendlicher zur Politik. In Deutsche Shell (Hrsg.), *Jugend 2002. Zwischen pragmatischem Idealismus und robustem Materialismus* (S. 91-137). Frankfurt a.M.: Fischer.

Schneider, H. (1995). Politische Partizipation - zwischen Krise und Wandel. In U. Hoffmann-Lange (Hrsg.), *Jugend und Demokratie in Deutschland. DJI-Jugendsurvey 1* (S. 275-335). Opladen: Leske & Budrich.

Sebert, S. K., Jennings, M. K., & Niemi, R. G. (1974). The Political Texture of Peer Groups, *The Political Character of Adolescence. The Influence of Families and Schools* (S. 229-248). Princeton, NJ: Princeton University Press.

Silbiger, S. L. (1977). Peers and Political Socialization. In S. A. Renshon (Hrsg.), *Handbook of Political Socialization. Theory and Research* (S. 172-189). New York, NY: Free Press.

Sünker, H. (1996). Informelle Gleichaltrigengruppe im Jugendalter und die Konstitution politischen Alltagsbewußtseins. In B. Claußen & R. Geißler (Hrsg.), *Die Politisierung des Menschen. Instanzen der politischen Sozialisation. Ein Handbuch* (S. 101-111). Opladen: Leske & Budrich.

Tedin, K. L. (1974). The Influence of Parents on the Political Attitudes of Adolescents. *The American Political Science Review, 68*, 1579-1592.

Tedin, K. L. (1980). Assessing Peer and Parent Influence on Adolescent Political Attitudes. *American Journal of Political Science, 24*(1), 136-154.

Todt, E. (1995). Entwicklung des Interesses. In H. Hetzer & R. Arbinger (Hrsg.), *Angewandte Entwicklungspsychologie des Kindes- und Jugendalters* (3. Auflage, S. 213-264). Heidelberg: Quelle & Meyer.

Torney, J. V., Oppenheim, A. N., & Farnen, R. F. (1975). *Civic Education in Ten Countries. An Empirical Study.* New York, NY: Wiley.

Torney-Purta, J., Lehmann, R., Oswald, H., & Schulz, W. (2001). *Citizenship and Education in Twenty-eight Countries. Civic Knowledge and Engagement at Age Fourteen.* Amsterdam: IEA.

Trautner, H. M. (1994). Geschlechtsspezifische Erziehung und Sozialisation. In K. A. Schneewind (Hrsg.), *Psychologie der Erziehung und Sozialisation* (Bd. 1, S. 167-195). Göttingen: Hogrefe.

van Deth, J. W. (1990). Interest in Politics. In M. K. Jennings & u. a (Hrsg.), *Continuities in Political Action. A Longitudinal Study of Political Orientations in Three Western Democracies* (S. 275-312). Berlin, New York: Walter de Gruyter.

Wasmund, K. (1982a). Was wird wie und wann im Prozeß der politischen Sozialisation gelernt? In B. Claußen & K. Wasmund (Hrsg.), *Handbuch der politischen Sozialisation* (S. 143-153). Braunschweig: Agentur Pedersen.

Wasmund, K. (1982b). Ist der politische Einfluß der Familie ein Mythos oder eine Realität? In B. Claußen & K. Wasmund (Hrsg.), *Handbuch der politischen Sozialisation* (S. 23-63). Braunschweig: Agentur Pedersen.

Wasmund, K. (1982c). Sind Altersgruppen die modernen politischen Verführer? In B. Claußen & K. Wasmund (Hrsg.), *Handbuch der politischen Sozialisation* (S. 104-118). Braunschweig: Agentur Pedersen.

Wasmund, K. (1982d). Welchen Einfluß hat die Schule als Agent der politischen Sozialisation? In B. Claußen & K. Wasmund (Hrsg.), *Handbuch der politischen Sozialisation* (S. 64-83). Braunschweig: Agentur Pedersen.

Watts, M. W. (1992). Legitimität unkonventioneller politischer Beteiligung: Unterschiedliche Spuren der „partizipatorischen Revolutionen" in West und Ost. In Jugendwerk der Deutschen Shell (Hrsg.), *Jugend '92. Lebenslagen, Orientierungen und Entwicklungsperspektiven im vereinigten Deutschland* (S. 73-89). Opladen: Leske & Budrich.

Weiss, K., Brauer, J. & Isermann, K. (2000). *Brandenburger Jugendlängsschnitt. Politische und berufliche Sozialisation Jugendlicher in Brandenburg (Teilprojekt A). Entwicklungsverläufe ausgewählter Bereiche politischer Identitätsbildung (Erhebungwellen 1-3).* Arbeitspapier A2/1999. Potsdam: Fachhochschule Potsdam.

Weiss, K., Isermann, K., & Brauer, J. (2000). Die Entwicklung politischer Einstellungen von Jugendlichen im Zusammenhang mit unterschiedlichen (Aus-)Bildungswegen. In H.-P. Kuhn & H. Uhlendorff & L. Krappmann (Hrsg.), *Sozialisation zur Mitbürgerlichkeit* (S. 259-277). Opladen: Leske & Budrich.

Westle, B. (2001a). Politische Partizipation und Geschlecht. In A. Koch & M. Wasmer & P. Schmidt (Hrsg.), *Politische Partizipation in der Bundesrepublik Deutschland. Empirische Befunde und theoretische Erklärungen* (S. 131-168). Opladen: Leske & Budrich.

Westle, B. (2001b). Gender-Asymmetrien zwischen politischem Interesse, subjektiver politischer Kompetenz und politischer Partizipation. *femina politica, 1*(1), 15-29.

Zängle, M. (1978). *Einführung in die politische Sozialisationsforschung.* Paderborn: Schöningh.

Anhang

Tabelle 12: Mittelwerte und Standardabweichungen (in Klammern für die Wichtigkeit von Bezugspersonen

Bezugsperson	t_1, 1996	t_2, 1997	t_3, 1998	t_4, 1998	N
männlich					
Mutter	4.18 (0.87)	4.13 (0.89)	4.06 (0.94)	3.96 (1.04)	182
Vater	4.08 (0.99)	4.06 (0.99)	3.96 (0.99)	3.92 (1.13)	172
guter Freund	4.52 (0.63)	4.47 (0.68)	4.39 (0.74)	4.28 (0.77)	178
Freundesgruppe	4.12 (0.84)	4.19 (0.86)	4.21 (0.84)	4.05 (0.90)	182
feste Freundin	4.27 (1.05)	4.39 (0.89)	4.36 (1.05)	4.41 (0.87)	59
weiblich					
Mutter	4.25 (0.95)	4.30 (0.93)	4.23 (0.93)	4.22 (0.98)	364
Vater	4.07 (1.12)	4.08 (1.08)	4.01 (1.11)	4.07 (1.09)	338
gute Freundin	4.72 (0.59)	4.58 (0.69)	4.48 (0.76)	4.35 (0.81)	351
Freundesgruppe	4.35 (0.79)	4.32 (0.77)	4.24 (0.83)	4.13 (0.85)	363
fester Freund	4.31 (0.92)	4.51 (0.79)	4.54 (0.83)	4.57 (0.77)	140

Messzeitpunkte

Tabelle 13: Mittelwerte und Standardabweichungen (in Klammern) für die Häufigkeit der Exploration im Kontext des Elternhauses

Variablen	t_1, 1996	t_2, 1997	t_3, 1998	t_4, 1998	N
männlich					
Items					
Gespräche über Politik mit Mutter	2.45 (0.98)	2.50 (1.01)	2.53 (0.97)	2.65 (0.95)	179
Auseinandersetzungen über Politik mit Mutter	2.08 (0.93)	2.19 (0.99)	2.36 (0.97)	2.34 (0.93)	181
Gespräche über Politik mit Vater	2.75 (1.18)	2.96 (1.16)	2.97 (1.17)	3.15 (1.18)	170
Auseinandersetzungen über Politik mit Vater	2.36 (1.20)	2.72 (1.27)	2.77 (1.17)	2.85 (1.20)	174
Indizes					
Kommunikation über Politik mit Mutter	2.26 (0.83)	2.36 (0.90)	2.47 (0.89)	2.50 (0.86)	177
Kommunikation über Politik mit Vater	2.54 (1.08)	2.84 (1.09)	2.87 (1.11)	3.00 (1.13)	170
Skala					
Kommunikation über Politik mit Eltern	2.39 (0.84)	2.58 (0.86)	2.66 (0.87)	2.74 (0.88)	166
weiblich					
Items					
Gespräche über Politik mit Mutter	2.45 (1.07)	2.60 (0.98)	2.56 (0.99)	2.71 (0.99)	359
Auseinandersetzungen über Politik mit Mutter	2.10 (0.99)	2.28 (0.97)	2.34 (0.97)	2.43 (0.92)	362
Gespräche über Politik mit Vater	2.71 (1.12)	2.84 (1.06)	2.81 (1.08)	2.99 (1.08)	334
Auseinandersetzungen über Politik mit Vater	2.43 (1.12)	2.57 (1.10)	2.62 (1.13)	2.75 (1.06)	338
Indizes					
Kommunikation über Politik mit Mutter	2.28 (0.94)	2.45 (0.89)	2.45 (0.92)	2.58 (0.86)	356
Kommunikation über Politik mit Vater	2.57 (1.02)	2.71 (1.02)	2.71 (1.05)	2.88 (1.00)	334
Skala					
Kommunikation über Politik mit Eltern	2.41 (0.86)	2.56 (0.84)	2.58 (0.85)	2.74 (0.80)	325

Tabelle 14: Mittelwerte und Standardabweichungen (in Klammern) für die Häufigkeit der Exploration im Gleichaltrigenkontext

Variablen	Messzeitpunkte				N
	t_1, 1996	t_2, 1997	t_3, 1998	t_4, 1998	
männlich					
Items					
Gespräche über Politik mit dem besten Freund	2,68 (0.98)	2,92 (1.03)	2,98 (0.91)	3,23 (0.84)	170
Auseinandersetzungen über Politik mit dem besten Freund	2.36 (1.05)	2.52 (1.05)	2.71 (0.99)	2.84 (0.98)	173
Gespräche über Politik mit Freunden	2.63 (0.92)	2.76 (0.91)	2.90 (0.89)	3.24 (0.91)	180
Auseinandersetzungen über Politik mit Freunden	2.25 (0.92)	2.44 (0.96)	2.62 (0.91)	2.78 (0.91)	179
Gespräche über Politik mit Mitschülern	2.69 (0.91)	2.84 (0.86)	2.98 (0.94)	3.26 (0.87)	183
Auseinandersetzungen über Politik mit Mitschülern	2.53 (1.00)	2.70 (0.96)	2.85 (0.90)	3.09 (0.86)	183
Gespräche über Politik mit der festen Freundin	-	2.19 (1.10)	2.25 (0.91)	2.49 (1.05)	69
Auseinandersetzungen über Politik mit der festen Freundin	-	1.94 (1.06)	2.10 (0.96)	2.07 (1.07)	68
Indizes					
Kommunikation über Politik mit dem besten Freund	2.52 (0.91)	2.73 (0.94)	2.86 (0.85)	3.03 (0.81)	167
Kommunikation über Politik mit Freunden	2.44 (0.84)	2.60 (0.84)	2.77 (0.83)	3.01 (0.84)	175
Kommunikation über Politik mit Mitschülern	2.61 (0.87)	2.78 (0.84)	2.92 (0.83)	3.18 (0.78)	180
Kommunikation über Politik mit der festen Freundin		2.13 (1.02)	2.20 (0.89)	2.32 (0.97)	64
Skala					
Kommunikation über Politik mit Gleichaltrigen	2.48 (0.83)	2.66 (0.82)	2.81 (0.79)	3.02 (0.75)	163

Fortsetzung nächste Seite ...

...Fortsetzung Tabelle 14

Variablen	Messzeitpunkte				N
	t_1, 1996	t_2, 1997	t_3, 1998	t_4, 1998	
weiblich					
Items					
Gespräche über Politik mit der besten Freundin	2.24 (0.85)	2.36 (0.75)	2.43 (0.78)	2.74 (0.75)	327
Auseinandersetzungen über Politik mit der besten Freundin	2.08 (0.92)	2.15 (0.89)	2.20 (0.84)	2.44 (0.83)	331
Gespräche über Politik mit Freunden	2.42 (0.82)	2.54 (0.85)	2.67 (0.81)	2.98 (0.79)	365
Auseinandersetzungen über Politik mit Freunden	2.22 (0.91)	2.33 (0.84)	2.51 (0.84)	2.70 (0.84)	359
Gespräche über Politik mit Mitschülern	2.73 (0.89)	2.79 (0.93)	3.02 (0.85)	3.25 (0.83)	363
Auseinandersetzungen über Politik mit Mitschülern	2.47 (0.95)	2.64 (0.96)	2.81 (0.87)	2.99 (0.87)	363
Gespräche über Politik mit dem festen Freund	-	2.56 (1.04)	2.73 (1.02)	3.13 (1.01)	158
Auseinandersetzungen über Politik mit dem festen Freund	-	2.30 (1.07)	2.50 (1.10)	2.73 (1.04)	154
Indizes					
Kommunikation über Politik mit der besten Freundin	2.15 (0.80)	2.26 (0.75)	2.31 (0.74)	2.59 (0.72)	319
Kommunikation über Politik mit Freunden	2.32 (0.78)	2.44 (0.78)	2.59 (0.75)	2.85 (0.74)	354
Kommunikation über Politik mit Mitschülern	2.60 (0.82)	2.71 (0.86)	2.91 (0.78)	3.12 (0.77)	356
Kommunikation über Politik mit dem festen Freund	-	2.46 (1.01)	2.61 (0.99)	2.94 (0.95)	151
Skala					
Kommunikation über Politik mit Gleichaltrigen	2.22 (0.70)	2.33 (0.68)	2.44 (0.68)	2.71 (0.62)	309

Tabelle 15: Mittelwerte und Standardabweichungen (in Klammern) für die Häufigkeit der Exploration im Kontext des Schulunterrichts und der Massenmedien

Variablen	Messzeitpunkte				N
	t_1, 1996	t_2, 1997	t_3, 1998	t_4, 1998	
männlich					
Items					
Mitarbeit im Schulunterricht bei politischen Themen	3.34 (1.02)	3.39 (1.02)	3.44 (1.05)	3.59 (1.05)	180
Nachrichten im Fernsehen anschauen	3.86 (1.03)	3.86 (1.06)	3.90 (0.96)	3.99 (0.94)	181
Nachrichten im Radio hören	3.11 (1.27)	3.22 (1.22)	3.34 (1.15)	3.28 (1.19)	181
Politische Nachrichten in Tageszeitungen lesen	2.83 (1.19)	2.98 (1.21)	2.99 (1.15)	3.32 (1.17)	181
Politische Informationssendungen im Fernsehen sehen	2.73 (1.23)	2.88 (1.20)	2.98 (1.11)	3.23 (1.16)	181
Skala					
Nutzung von Massenmedien zur politischen Information	3.13 (0.88)	3.23 (0.90)	3.30 (0.83)	3.46 (0.87)	181
weiblich					
Mitarbeit im Schulunterricht bei politischen Themen	3.01 (0.97)	2.99 (0.99)	3.08 (0.98)	3.12 (0.98)	361
Nachrichten im Fernsehen anschauen	3.70 (1.03)	3.58 (0.96)	3.69 (0.92)	3.81 (0.86)	360
Nachrichten im Radio hören	3.51 (1.20)	3.47 (1.10)	3.49 (1.10)	3.56 (1.06)	360
Politische Nachrichten in Tageszeitungen lesen	2.70 (1.08)	2.77 (1.05)	2.98 (1.03)	3.20 (0.96)	362
Politische Informationssendungen im Fernsehen sehen	2.48 (1.07)	2.46 (1.06)	2.63 (0.99)	2.73 (0.97)	362
Skala					
Nutzung von Massenmedien zur politischen Information	3.10 (0.83)	3.07 (0.78)	3.20 (0.76)	3.33 (0.69)	359

Tabelle 16: Mustermatrix der explorativen Faktoranalyse zum ersten Messzeitpunkt

	Komponente		
	1	2	3
Gespräche mit Mutter	-.07	.80	.04
Auseinandersetzungen mit Mutter	.07	.78	-.07
Gespräche mit Vater	-.05	.76	.13
Auseinandersetzungen mit Vater	.12	.76	-.05
Gespräche mit bestem/r Freund/in	.69	.14	-.04
Auseinandersetzungen mit gutem/r Freund/in	.74	.12	-.05
Gespräche mit Freunden	.80	.01	-.01
Auseinandersetzungen mit Freunden	.83	.01	-.05
Gespräche mit Mitschülern	.71	-.12	.06
Auseinandersetzungen mit Mitschülern	.77	-.07	.07
Mitarbeit im Unterricht	.33	.09	.25
Nachrichten im Fernsehen	.01	.01	.82
Nachrichten im Radio	-.04	-.09	.72
Lesen von Tageszeitung	-.01	.16	.70
Politische Sendungen im Fernsehen	.14	.04	.64

Extraktionsmethode: Hauptkomponentenanalyse.
Rotationsmethode: Oblimin mit Kaiser-Normalisierung.

Tabelle 17: Mustermatrix der explorativen Faktoranalyse zum zweiten Messzeitpunkt

	Komponente			
	1	2	3	4
Gespräche mit Mutter	-.15	.07	.78	.09
Auseinandersetzungen mit Mutter	-.07	-.04	.81	.09
Gespräche mit Vater	.14	.04	.76	-.12
Auseinandersetzungen mit Vater	.13	.00	.79	-.06
Gespräche mit bestem/r Freund/in	.55	.01	.10	.32
Auseinandersetzungen mit gutem/r Freund/in	.46	-.03	.16	.39
Gespräche mit Freunden	.64	.01	.02	.34
Auseinandersetzungen mit Freunden	.60	.00	.13	.32
Gespräche mit Mitschülern	.84	.03	-.03	-.18
Auseinandersetzungen mit Mitschülern	.84	-.02	.03	-.08
Gespräche mit festem/r Freund/in	-.00	.07	.03	.86
Auseinandersetzungen mit fester/m Freund/in	-.02	.06	.09	.86
Mitarbeit im Unterricht	.56	.15	-.03	-.09
Nachrichten im Fernsehen	-.03	.85	.03	-.00
Nachrichten im Radio	.00	.66	.11	-.26
Lesen von Tageszeitung	.03	.74	.06	.13
Politische Sendungen im Fernsehen	.10	.70	-.13	.26

Extraktionsmethode: Hauptkomponentenanalyse.
Rotationsmethode: Oblimin mit Kaiser-Normalisierung.

Tabelle 18: Mustermatrix der explorativen Faktoranalyse zum dritten Messzeitpunkt

	Komponente			
	1	2	3	4
Gespräche mit Mutter	-.10	.84	-.02	.04
Auseinandersetzungen mit Mutter	.02	.85	-.13	.07
Gespräche mit Vater	.03	.75	.17	-.12
Auseinandersetzungen mit Vater	.09	.78	.08	-.06
Gespräche mit bestem/r Freund/in	.63	.03	-.04	.30
Auseinandersetzungen mit gutem/r Freund/in	.63	.12	-.09	.29
Gespräche mit Freunden	.69	-.01	.01	.28
Auseinandersetzungen mit Freunden	.72	.07	-.05	.23
Gespräche mit Mitschülern	.78	-.06	.12	-.22
Auseinandersetzungen mit Mitschülern	.81	.03	.02	-.12
Gespräche mit festem/r Freund/in	.01	-.01	.15	.86
Auseinandersetzungen mit fester/m Freund/in	.05	.07	.11	.83
Mitarbeit im Unterricht	.56	.06	.12	-.19
Nachrichten im Fernsehen	-.02	-.00	.84	-.00
Nachrichten im Radio	-.09	.02	.72	-.02
Lesen von Tageszeitung	.14	.05	.66	.09
Politische Sendungen im Fernsehen	.12	.03	.64	.20

Extraktionsmethode: Hauptkomponentenanalyse.
Rotationsmethode: Oblimin mit Kaiser-Normalisierung.

Tabelle 19: Mustermatrix der explorativen Faktoranalyse zum vierten Messzeitpunkt

	Komponente				
	1	2	3	4	5
Gespräch mit Mutter	.02	.82	-.01	.04	.14
Auseinandersetzungen mit Mutter	-.05	.80	-.08	.11	.02
Gespräch mit Vater	.06	.79	.07	-.10	-.06
Auseinandersetzungen mit Vater	-.03	.75	.04	-.01	-.16
Gespräche mit bestem/r Freund/in	-.00	.09	.08	-.05	-.84
Auseinandersetzungen mit gutem/r Freund/in	-.06	.01	.00	.09	-.87
Gespräche mit Freunden	.47	.06	-.00	.09	-.47
Auseinandersetzung mit Freunden	.47	.02	-.02	.13	-.48
Gespräche mit Mitschülern	.90	.05	-.01	-.07	.11
Auseinandersetzungen mit Mitschülern	.86	-.06	-.06	.09	-.05
Gespräche mit fester/m Freund/in	.02	.03	.06	.91	.05
Auseinandersetzungen mit fester/m Freund/in	-.02	.02	.00	.93	-.05
Mitarbeit im Unterricht	.51	.08	.28	-.02	.02
Nachrichten im Fernsehen	.02	.02	.84	-.04	.04
Nachrichten im Radio	-.03	.00	.70	.09	.16
Lesen von Tageszeitung	.03	-.03	.73	.07	-.16
Politische Sendungen im Fernsehen	.03	.06	.58	-.04	-.27

Extraktionsmethode: Hauptkomponentenanalyse.
Rotationsmethode: Oblimin mit Kaiser-Normalisierung.

Tabelle 20: Entwicklungs- und Geschlechtseffekte für die Wichtigkeit von Bezugspersonen (GLMs mit Innersubjektfaktor Messzeitpunkte und Zwischensubjektfaktor Geschlecht)[1]

Modell	F	df^2	p
Wichtigkeit der Mutter (N = 546)			
Messzeitpunkte	4.45	3/1615	.004
t_2- t_3	3.53	1/544	.061
Geschlecht	5.76	1/544	.017
Wichtigkeit des Vaters (N = 510)			
Messzeitpunkte	2.34	3/1468	.074
t_2- t_3	4.28	1/508	.039
Wichtigkeit des/r guten Freund/in (N = 529)			
Messzeitpunkte	22.94	3/1520	.000
t_1- t_2	8.43	1/527	.004
t_2 - t_3	5.22	1/527	.023
t_3 - t_4	9.93	1/527	.002
Geschlecht	6.56	1/527	.011
Wichtigkeit der Freundesgruppe (N = 545)			
Messzeitpunkte	6.26	3/1598	.000
t_3 - t_4	10.46	1/543	.001
Geschlecht	4.49	1/543	.034
Wichtigkeit des/r festen Freundes/in (N = 199)			
Messzeitpunkte	2.39	3/565	.071
t_1 - t_2	4.84	1/197	.029

1 Es werden nur signifikante Effekte und Kontraste berichtet. Die Interaktion Messzeitpunkte x Geschlecht wurde berechnet, war jedoch in keinem Modell signifikant.
2 Für den messwiederholten Faktor „Messzeitpunkte" werden nach Huynh und Feldt korrigierte F-Tests berichtet. Diese Korrektur verändert die Anzahl der Freiheitsgrade.

Tabelle 21: Personenunterschiede und deren Veränderungen über die Zeit für die Wichtigkeit von Bezugspersonen ohne fester/m Freund/in (GLMs mit Innersubjektfaktor Person und Innersubjektfaktor Messzeitpunkte, getrennt für männliche und weibliche Jugendliche)[1]

männlich (N = 164)	F	df[2]	p	α - Fehler - Korrektur[3]
Person	15.62	2/269	.000	
guter Freund - Freundesgruppe	36.33	1/163	.000	**
guter Freund - Mutter	25.68	1/163	.000	**
guter Freund - Vater	30.65	1/163	.000	**
Messzeitpunkte	5.22	3/489	.001	
$t_3 - t_4$	3.69	1/163	.056	
weiblich (N = 308)				
Person	29.00	2/598	.000	
gute Freundin - Freundesgruppe	58.44	1/307	.000	**
gute Freundin - Mutter	31.09	1/307	.000	**
gute Freundin - Vater	60.18	1/307	.000	**
Freundesgruppe - Vater	11.98	1/307	.001	**
Mutter - Vater	23.32	1/307	.000	**
Messzeitpunkte	9.03	3/921	.000	
$t_2 - t_3$	6.23	1/307	.013	
Person x Messzeitpunkte	5.47	7/2118	.000	
gute Freundin - Mutter / $t_1 - t_2$	8.15	1/307	.005	*
gute Freundin - Vater / $t_1 - t_2$	6.40	1/307	.012	(*)
gute Freundin - Vater / $t_3 - t_4$	7.58	1/307	.006	*
Freundesgruppe - Vater / $t_3 - t_4$	9.29	1/307	.003	*

1 Es werden nur signifikante Effekte und Kontraste dargestellt.
2 Für die messwiederholten Faktoren „Person" und „Messzeitpunkte" werden nach Huynh und Feldt korrigierte F-Tests berichtet. Diese Korrektur verändert die Anzahl der Freiheitsgrade.
3 Signifikanzniveau nach der α-Fehler-Korrektur für sechs Einzelvergleiche: ** $p < .01$, * $p < .05$, (*) $p < .10$. Die Korrektur erfolgte nur für den Faktor „Person" und dessen Interaktionen mit anderen Variablen.

Tabelle 22: Personenunterschiede und deren Veränderungen über die Zeit für die Wichtigkeit von Bezugspersonen mit fester/m Freund/in (GLMs mit Innersubjektfaktor Person und Innersubjektfaktor Messzeitpunkte, getrennt für männliche und weibliche Jugendliche)[1]

männlich (N = 53)	F	df^2	p	α - Fehler - Korrektur[3]
Person	3.39	3/136	.025	
guter Freund - Vater	9.44	1/52	.003	*
guter Freund - Freundesgruppe	17.18	1/52	.000	**
guter Freund - Mutter	10.96	1/52	.002	*
weiblich (N = 124)				
Person	8.86	3/318	.000	
fester Freund - Mutter	7.20	1/123	.008	(*)
fester Freund - Freundesgruppe	11.21	1/123	.001	**
fester Freund - Vater	17.14	1/123	.000	**
gute Freundin - Freundesgruppe	17.55	1/123	.000	**
gute Freundin - Vater	17.34	1/123	.000	**
Mutter - Vater	10.15	1/123	.002	*
Messzeitpunkte	2.25	3/369	.082	
$t_2 - t_3$	4.85	1/123	.029	
Person x Messzeitpunkte	4.29	9/1209	.000	
gute Freundin - fester Freund / $t_1 - t_2$	12.56	1/123	.001	**

1 Es werden nur signifikante Effekte und Kontraste dargestellt.
2 Für die messwiederholten Faktoren „Person" und „Messzeitpunkte" werden nach Huynh und Feldt korrigierte F-Tests berichtet. Diese Korrektur verändert die Anzahl der Freiheitsgrade.
3 Signifikanzniveau nach der α-Fehler-Korrektur für zehn Einzelvergleiche: ** p < .01, * p < .05, (*) p < .10. Die Korrektur erfolgte nur für den Faktor „Person" und dessen Interaktionen mit anderen Variablen.

Tabelle 23: Entwicklungs- und Geschlechtseffekte für die Häufigkeit der Exploration in den verschiedenen Kontexten (GLMs mit Innersubjektfaktor Messzeitpunkte und Zwischensubjektfaktor Geschlecht)[1]

Modell	F	df^2	p
Kommunikation über Politik mit Mutter (N = 532)			
Messzeitpunkte	16.06	3/1583	.000
$t_1 - t_2$	11.23	1/531	.001
$t_3 - t_4$	4.49	1/531	.034
Kommunikation über Politik mit Vater (N = 504)			
Messzeitpunkte	26.19	3/1414	.000
$t_1 - t_2$	25.29	1/502	.000
$t_3 - t_4$	14.86	1/502	.000
Kommunikation über Politik mit bestem/r Freund/in (N = 486)			
Messzeitpunkte	42.87	3/1413	.000
$t_1 - t_2$	12.59	1/484	.000
$t_2 - t_3$	5.28	1/484	.022
$t_3 - t_4$	34.02	1/484	.000
Geschlecht	68.39	1/484	.000
Kommunikation über Politik mit Freunden (N = 529)			
Messzeitpunkte	72.35	3/1565	.000
$t_1 - t_2$	13.01	1/527	.000
$t_2 - t_3$	19.45	1/527	.000
$t_3 - t_4$	43.26	1/527	.000
Geschlecht	8.19	1/527	.004
Kommunikation über Politik mit Mitschülern (N = 536)			
Messzeitpunkte	67.10	3/1555	.000
$t_1 - t_2$	11.99	1/534	.001
$t_2 - t_3$	19.46	1/534	.000
$t_3 - t_4$	41.25	1/534	.000
Kommunikation über Politik mit fester/m Freund/in (N = 215)[3]			
Messzeitpunkte	9.31	2/417	.000
$t_3 - t_4$	9.49	1/213	.002
Geschlecht	16.30	1/213	.000

Fortsetzung nächste Seite ...

... Fortsetzung Tabelle 23

Modell	F	df²	p
Mitarbeit im Unterricht über politische Themen (N = 541)			
Messzeitpunkte	6.69	3/1560	.000
$t_3 - t_4$	5.40	1/539	.021
Geschlecht	29.03	1/539	.000
Nutzung von Massenmedien zu politischen Themen (N = 540)			
Messzeitpunkte	25.70	3/1564	.000
$t_2 - t_3$	8.96	1/538	.003
$t_3 - t_4$	21.59	1/538	.000
Geschlecht	3.26	1/538	.072
Nachrichtensendungen im Fernsehen sehen (N = 541)			
Messzeitpunkte	5.63	3/1561	.001
$t_2 - t_3$	3.03	1/539	.082
$t_3 - t_4$	6.87	1/539	.009
Geschlecht	8.98	1/539	.003
Nachrichtensendungen im Radio hören (N = 541)			
Messzeitpunkte	2.34	3/1594	.072
Geschlecht	10.71	1/539	.001
Lesen politischer Nachrichten in Tageszeitung (N = 543)			
Messzeitpunkte	36.55	3/1606	.000
$t_1 - t_2$	4.14	1/541	.042
$t_2 - t_3$	5.69	1/541	.017
$t_3 - t_4$	35.82	1/541	.000
Politische Magazin-, Diskussions-, Informationssendungen im Fernsehen sehen (N = 543)			
Messzeitpunkte	20.38	3/1589	.000
$t_2 - t_3$	6.78	1/541	.009
$t_3 - t_4$	14.71	1/541	.000
Geschlecht	26.51	1/541	.000

1 Es werden nur signifikante Effekte und Kontraste berichtet. Die Interaktion Messzeitpunkte x Geschlecht wurde berechnet, war jedoch in keinem Modell signifikant.
2 Für den messwiederholten Faktor „Messzeitpunkte" werden nach Huynh und Feldt korrigierte F-Tests berichtet. Diese Korrektur verändert die Anzahl der Freiheitsgrade.
3 Der Index für die Kommunikation über Politik mit der/m festen Freund/in konnte erst ab dem zweiten Messzeitpunkt gebildet werden, da die Häufigkeit der Gespräche über Politik erst ab dem zweiten Messzeitpunkt erhoben wurden.

Tabelle 24: Kontextunterschiede und deren Veränderungen über die Zeit für die Häufigkeit der Exploration in den verschiedenen Kontexten (GLMs mit Innersubjektfaktor Kontext und Innersubjektfaktor Messzeitpunkte, getrennt für männliche und weibliche Jugendliche)[1]

männlich (N = 144)	F	df[2]	p	α - Fehler - Korrektur[3]
Kontext	58.08	4/632	.000	
Unterricht - Mitschüler	63.43	1/143	.000	**
Unterricht - Vater	60.19	1/143	.000	**
Unterricht - bester Freund	81.65	1/143	.000	**
Unterricht - Freunde	98.74	1/143	.000	**
Unterricht - Mutter	169.66	1/143	.000	**
Medien - Mitschüler	48.06	1/143	.000	**
Medien - Vater	41.39	1/143	.000	**
Medien - bester Freund	88.12	1/143	.000	**
Medien - Freunde	101.22	1/143	.000	**
Medien - Mutter	172.59	1/143	.000	**
Mitschüler - Freunde	22.27	1/143	.000	**
Mitschüler - Mutter	57.69	1/143	.000	**
Vater - Mutter	44.76	1/143	.000	**
bester Freund - Mutter	41.55	1/143	.000	**
Freunde - Mutter	26.43	1/143	.000	**
Messzeitpunkte	26.61	3/404	.000	
$t_1 - t_2$	17.18	1/143	.000	
$t_2 - t_3$	4.17	1/143	.043	
$t_3 - t_4$	11.00	1/143	.001	
Kontext x Messzeitpunkte	3.34	15/2094	.000	

Fortsetzung nächste Seite ...

... *Fortsetzung Tabelle 24*

weiblich (N = 268)	F	df^2	p	α - Fehler - Korrektur^3
Kontext	102.33	4/1181	.000	
Medien - Mitschüler	70.12	1/267	.000	**
Medien - Vater	91.72	1/267	.000	**
Medien - Freunde	291.16	1/267	.000	**
Medien - Mutter	294.29	1/267	.000	**
Medien - beste Freundin	465.96	1/267	.000	**
Unterricht - Mitschüler	30.99	1/267	.000	**
Unterricht - Vater	31.16	1/267	.000	**
Unterricht - Freunde	129.49	1/267	.000	**
Unterricht - Mutter	139.09	1/267	.000	**
Unterricht - beste Freundin	234.47	1/267	.000	**
Mitschüler - Freunde	102.01	1/267	.000	**
Mitschüler - Mutter	82.99	1/267	.000	**
Mitschüler - beste Freundin	198.19	1/267	.000	**
Vater - Freunde	11.01	1/267	.001	**
Vater - Mutter	40.52	1/267	.000	**
Vater - beste Freundin	55.89	1/267	.000	**
Freunde - Mutter	11.32	1/267	.001	**
Freunde - beste Freundin	71.33	1/267	.000	**
Messzeitpunkte	51.96	3/759	.000	
$t_1 - t_2$	6.25	1/267	.013	
$t_2 - t_3$	13.21	1/267	.000	
$t_3 - t_4$	44.83	1/267	.000	
Kontext x Messzeitpunkte	5.15	16/4254	.000	
Medien - Mutter / $t_1 - t_2$	8.77	1/267	.003	(*)
Mitschüler - Vater / $t_2 - t_3$	15.22	1/267	.000	**
Mitschüler - Mutter / $t_2 - t_3$	12.81	1/267	.000	**
Mitschüler - beste Freundin / $t_2 - t_3$	10.35	1/267	.001	*
Medien - Freunde / $t_3 - t_4$	8.75	1/267	.003	(*)
Unterricht - Freunde / $t_3 - t_4$	9.34	1/267	.002	(*)

1 Es werden nur die signifikanten Effekte und Kontraste dargestellt.
2 Für die messwiederholten Faktoren „Kontext" und „Messzeitpunkte" werden nach Huynh und Feldt korrigierte F-Tests berichtet. Diese Korrektur verändert die Anzahl der Freiheitsgrade.
3 Signifikanzniveau nach der α-Fehler-Korrektur für 21 Einzelvergleiche: ** p < .01, * p < .05, (*) p < .10. Die Korrektur erfolgte nur für den Faktor „Kontext" und dessen Interaktionen mit anderen Variablen.